現代訳
正法眼蔵
【新装版】

禅文化学院
編

誠信書房

氣宇軒昂人清山
老秋觀天井皓
月浮一血寄六
峻住活騰騰粥之
餃足活鱍鱍止
尾上頭丈上天
下雲自水由
是長己酉月圓
日越州吉田郡
祥山永平寺用
閞門奇自贊

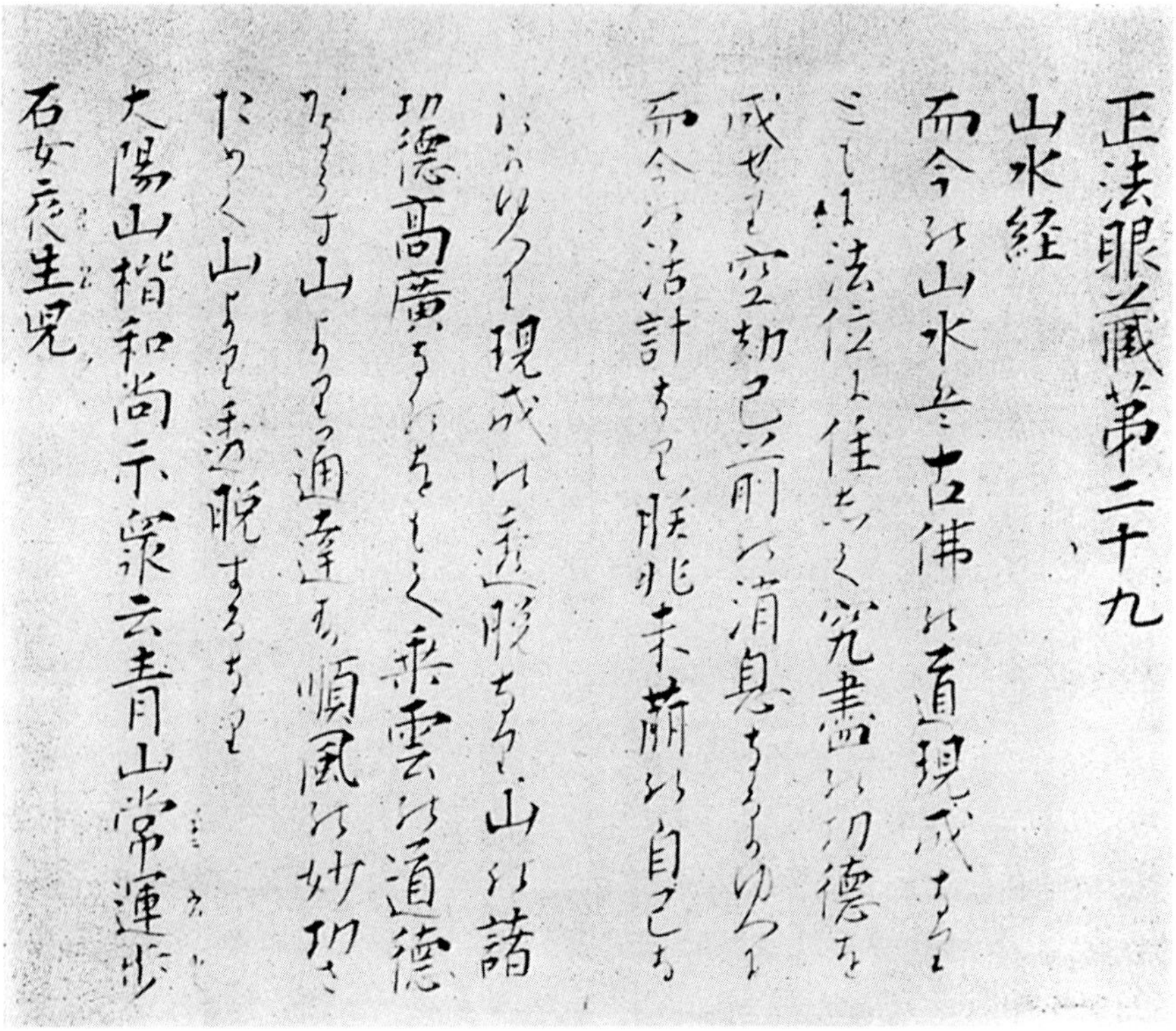
正法眼藏第二十九
山水経
而今の山水は古佛の道現成なり
ともに法位に住して究尽の功德を
成ぜり空劫已前の消息なるがゆゑに
而今の活計なり朕兆未萌の自己なる
がゆゑに現成の透脱なり山の諸
功德高廣なるをもて乗雲の道德
かならず山より通達す順風の妙功さ
だめて山より透脱するなり
大陽山楷和尚示衆云青山常運歩
石女夜生児

序

正法眼蔵は、永平高祖が宗乗の根本儀を唱えられたものである。九十五巻のうち一巻として高祖の皮肉骨髄でないものはない。

されば宗門の至宝として、歴代相承として、高閣に秘蔵されてきたのである。文化十三年永平寺において開版されるまでは、宗門の学匠といえども、容易に拝覧することが許されなかったのである。それゆえ今日これを拝読するものは、仏縁の浅からぬことを思うべきである。思量分別を寄せつけず日夜拝読して不惜身命に参ずべきである。

このたび禅文化学院によって、眼蔵の現代語訳がなされることになった。開山の鉄語はまことに難解難得である。それが本書においては非常にわかりやすく老婆心をもって訳されている。同学の皆さんによって、単に禅門に身をおく学人のみならず、一般の求道者にたいして、高祖のご撰述の真意が伝えられ、向後の参学の指針を与えられたことは、誠に慶賀すべきことである。

ここに宗門を代表して、一言お慶びを申し述べる次第である。

曹洞宗管長　高階瓏仙

序

茶禅同一味とは誰れもが一応口にすることであるが、きびしい修行体においても、その悟底と真味においても、二にして一、一にして二の間柄であることを知るには、参禅探究せなければならない。

また茶道の修練と共に、絶えず禅の語録や古典に親しむことが必要であるが、これ等は漢文体で素人には難解のものが多く、社会が複雑化した現今、つい遠ざかり勝ちの状態である。

曹洞宗の永平寺開山道元禅師がものされた和文体の正法眼蔵は、不朽の名著として、予ねて拝読しているが、この度、中村宗一老師、棚橋一晃氏らが語訳略解を加えて、上梓されると聞き、喜びに堪えない。

茶祖利休居士は三十年飽参の徒といわれ、当時の教養第一は、参禅透徹する事と、茶の湯のたしなみを持つことであった。茶の湯の創始は禅宗の茶礼に端を発して完成され、帰着するところは無賓主の境地に至るまでの、厳しい実践によって得られるもので、禅宗で言語を離れ冷暖自知することを主とせられるのと等しいが、古人の指月も亦、おこたり勝ちの我々にとって、大きな指針となることは言うを俟たない。

茶道は大徳寺系の臨済禅によるところが多いが、道元禅師は京都の公卿貴族の出身でありながら、艱難辛苦の結果入宋して徹底された高徳、その際に瀬戸の陶祖藤四郎を伴われたこと、その帰国第一声がただ単に眼横鼻直なるを得たりと述べられ、奇をもとめ超を願う輩への一撈を加えられたところは、茶道に直結して、尊いお言葉であるなど、因縁浅からぬ善知識と、景仰を久しくしている。

殊に永平清規によって、正しい禅家の規制を定められ、後世に範を貽されたことは、茶道完成期の規矩制定に際して、茶祖も大いに参考にされたものであると思われるのである。

何れにせよ、今回の発起は双手をあげて賛同いたし、茶道人にとっても大いに益するものと、期待するところであり、聊か蕪辞をつらねて、その法施を謝する次第である。

裏千家宗家　千　宗室

はじめに

正法眼蔵は、日本精神文化の偉大な所産である。禅門の聖典としてばかりでなく、思想的、文学的古典としても高い価値をもつ名著である。

しかし、原典が難解なため、よほど熱心な研究者でなくては、その内容を垣間みることはできなかった。それを少しでもわかりやすい現代語になおして、読者のみなさんに、じかに、道元禅師の息吹きに触れていただきたいというのが、わたくしどもの願いである。日々に生きることの意義とよろこびを、この書から汲みとっていただきたいのである。日本の中世文化の根底をつらぬく禅精神の体系的な解説書である原書は、時代をこえたあたらしさをもって迫ってくるはずである。

本書を編むにあたっては、中村宗一のもとに竹内三郎、棚橋一晃があつまり、三者で討議して、棚橋が執筆した。途中、田中忠雄氏、北川秀則博士より御教示を賜った。編集、索引作製については中村修三氏の御助力によった。清書、校正は中村宗淳、小笠原剣一が担当した。

禅文化学院

現代訳 正法眼蔵 目次

序　高階瓏仙　i
序　千　宗室　iii
はじめに　v

正法眼蔵〔訳文・原文・要約〕

I
現成公案　二
全機　一五
生死　二三
有時　二六

II
山水経　四六
梅華　七一
画餅　九一

III
辨道話　一〇四

仏性　一一三
行持　一三四

IV

坐禅儀　一四八
菩提薩埵四摂法　一五一

註（一―七二九）　一六一
人名（一―三八）　二〇三
道元禅師年譜　二〇八
解題　二一七
正法眼蔵の主張（二一八）　正法眼蔵の特色（二二一）
正法眼蔵の成立と伝播（二二五）　正法眼蔵の解釈につ
いて（二三〇）　所収巻解説（二三二）
索引　二六〇

口絵　道元禅師像（福井県・宝慶寺蔵）
真筆本　正法眼蔵山水経（愛知県・全久院蔵）
挿図　中国禅宗関係地図（二〇五）
正法眼蔵伝播系統図（二二九）

凡例

一、以下に訳文、原文をかかげる。訳文を上にかかげたのは、訳書としての本書の性格上、最初に訳文を読まれたあとで原文に親しんで頂きたいという編訳者の意図からである。

一、訳文だけでは大意が通じない場合が考えられるので、各段ごとに簡単な〔要約〕を付けた。

一、訳文と原文の位置が、なるべく上下に対応するような組み方にした。

一、底本には衛藤即応博士校訂の岩波文庫版を用い、所によっては句読点を変更した。また、漢文を、延べ書きにした個所は「　」によって示した。

一、ふりがなは編訳者の判断によって、ほぼ現在曹洞宗内において行われていると考えられる読み方に従い、字音は、現代かなづかいの表記に従った。前記の岩波版および国訳大蔵経曹洞宗聖典を参照した。

一、原文中の漢字は、できる限り現行の当用漢字略体に改めた。

一、原文中の個所の思想的背景、字義、翻訳の根拠を明らかにするため、後尾に註を付けた（一六一―二〇二頁）。番号は下段の原文の左側に付けて対照させた。主要人名は二〇三頁以下にまとめて略記した。

一、各巻の排列の基準は解説二三二頁に述べた。

一、索引には、広く原文・註・年譜・解題からも集め、助詞以外は現代かなづかいの五十音順。原文の語句では、解説ある註の番号を先に示し、ついで本文中の主要な検索ページを示した。また註欄の仏教術語も掲げた。固有名詞の異称・略号などは参照（→）で関連させた。註番号は立体太字、年譜は西暦を斜体細字で示し、立体細字の本文ページの表示とを区別した。正法眼蔵各巻の番号は、九十五巻本（例：岩波文庫本）探索の便宜のためである。

正法眼蔵 一

〔訳文・原文・要約〕

かつて岸沢惟安《きしざわいあん》老師が、「正法眼蔵九十五巻は、只管打坐《しかんたざ》の注脚でありますー」（岩波文庫版正法眼蔵跋）といわれたように、正法眼蔵はあくまでも、坐禅の書であり、実践の書である。文学書でも哲学書でも宗教思想書でもない。

しかしこの書を文学的感動なしに読むことは難しいであろうし、思想的深さに打たれることなしに学ぶことはできないであろう。というよりは寧ろ、われわれ現代人には、文学的、思想的な触れあいを通して、内面的、宗教的に入ってゆこうとする傾向が強いのではなかろうか。そのような考えから、わたくしたちは、訳出した十二巻を仮りに四つのグループにわけて排列することにした。

第Ⅰ部　思想的、哲学的方面から比較的入りやすいと考えられる諸巻
「現成公案」「全機」「生死」「有時」

第Ⅱ部　文学的、芸術的方面から比較的入りやすいと考えられる諸巻
「山水経」「梅華」「画餅」

第Ⅲ部　宗教的思想的に重要だと考えられる諸巻
「辦道話」「仏性」「行持」

第Ⅳ部　具体的な実践問題を取り扱った諸巻
「坐禅儀」「菩提薩埵四摂法」

このような分け方は、ひとえに、わたくしたち編訳者の私意によるもので、難解とされている正法眼蔵に近づくための一便法に過ぎないことはいうまでもない。

（本文二三二頁「所収巻解説」より）

I

現成公案・全機・生死・有時

現《げん》成《じょう》公《こう》案《あん》[二]

――真理を実現すること――

すべてのものごとを仏道の立場から見るとき、迷いと悟《さと》り、修行のあるなし、生と死、解脱《げだつ》した人とそうでない人の違いが明らかになる。すべてのものごとを無我の立場から見るとき、迷いもなく悟りもなく、解脱した人もなく解脱しない人もなく、生もなく死もない。

もともと仏道は、有るという立場にも、無いという立場にも囚われないものであるから、生死を解脱したところに生死があり、迷悟を解脱したところに迷悟があり、解脱のあるなしを問題としないところに解脱があるのである。しかしなおそのことがわかっていながら、解脱を愛し求めれば解脱は遠ざかり、迷いを離れようとすれば迷いは拡がるばかりである。

諸法《しょほう》の仏法《ぶっぽう》[三]なる時節、すなはち迷悟《めいご》[四]あり修《しゅ》行《ぎょう》あり、生《しょう》あり死《し》あり、諸仏《しょぶつ》[五]あり衆《しゅ》生《じょう》[六]あり。万法《まんぽう》[七]ともにわれにあらざる時[八]節、まどひなくさとりなく、諸仏なく衆生なく、生なし滅なし。仏道もとより豊《ほう》倹《けん》[九]より跳出《ちょうしゅつ》[一〇]せるゆゑに、生滅《しょうめつ》あり、迷悟あり、生仏《しょうぶつ》[一一]あり。しかもかくのごとくなりといへども、華《はな》は愛惜《あいじゃく》にちり、[一二]草は棄嫌《きけん》におふるのみなり。

〔要約〕 人間は現実のものごとに執着して縛られているが、そのような状態から自由になって、ありのままの真実を知ることが「解脱」である。一度《ひとたび》この境地に至れば、あらゆる差別観から自由になって、解脱することそのものにも囚われなくなる。それは理論によってできることではなく、あくまでも実践によって達成されることである。

自己をはこびて万法《まんぼう》を修証《しゅしょう》するを迷《めい》とす、万法すすみて自己を修証[一三]するはさと
[一四]りなり。

自己の立場から、あれこれと思案して、ものごとの真実を明らかにしようとするのが迷いである。ものごとの真実が自然に明らかになるのが、悟りである。

〔要約〕 自己をむなしくして客観を生かすことによって、真実が明らかになる。

迷《めい》を大悟《だいご》するは諸仏なり、悟《ご》に大迷《だいめい》なるは衆生《しゅじょう》なり。さらに悟上に得悟する漢あり、迷中又迷《うめい》の漢あり。諸仏のまさしく諸仏なるときは、自己は諸仏なりと覚
[一五]知することをもちゐず、しかあれども証
[一六]仏なり、仏《ぶつ》を証《しょう》しもてゆく。

迷いを迷いと知るのが悟った人であり、悟りに執するのが悟っていない人である。悟りの上に悟る人があり、迷いの上に迷う人もいる。悟った人が本当に悟った人であるならば、自分の悟っていることすら自覚しない。しかし、その人は、本当に悟った人であり、悟りからも迷いからも自由な、解脱の境地を行い現わしてゆく。

〔要約〕　無知に束縛されない生き方、人間が本来持っている自由な生き方に目覚めることが、悟るということである。そのためには、「悟り」とか「迷い」とかいう観念からさえ自由にならねばならない。

身心を一体として、ものごとを見聞きするならば、見るもの聞くものを直接に知ることができるが、そのありさまは鏡に影が映るようでも、水に月が映るようでもない。主観と客観は一体であるから、その一方だけを知ろうとするならば、あとの一方は消えてしまう。

〔要約〕　ものごとを認識するということは、全人格的な行為であって、単なる知的な行為ではない。そのような行為にあっては、主観も客観も一体である。

仏道を学ぶということは自己を学ぶことである。自己を学ぶということは自己を忘れることである。自己を忘れるということは、すべてのものごとが自然に明らかになることである。すべてのものごとが自然に明らかになるということは、自分をも他人を

身心《しんじん》を挙《こ》して色《しき》〔一七〕を見取し、身心を挙して声《しゃう》〔一七〕を聴取するに、したしく会取《えしゅ》すれども、かがみに影をやどすがごとくにあらず、水と月とのごとくにあらず。一方を証《しょう》するときは一方はくらし。〔一八〕

仏道をならふといふは、自己をならふなり。自己をならふといふは、自己をわするるなり。自己をわするるといふは、万《まん》法《ぼう》に証せらるるなり〔一九〕。万法に証せらるる

も解脱させることである。悟りのあとかたさえ残さないのである。そのことをいつまでも行い現わしてゆくのである。

〔要約〕 人間の真実の生き方は自己のうちに求めねばならない。しかしそれは自己中心的な考えを貫いてゆくことではなく、むしろ、そういう自分の在り方を否定してゆくことのうちにある。それによって客観的真実がなんの夾雑物もなしに見られるのである。このように真実の自己を生かすことが他者を他者として生かすことである。

人が始めて真理を求めるとき、それを自己のそとに求めるから、遙かにそこから離れてしまっている。真実がもともと自分のうちにあることが正しく理解されれば、すぐさま「本当の人」となる。

〔要約〕 人間の本質に目覚めることが「本当の人」となることである。ここにいう「真理」とは、人間が自覚的に生きてゆくための実践原理である。「正しく理解する」とは、正しい師を通して、自分が自分を悟ることである。

といふは、自己の身心《しんじん》および他己の身心をして脱落《だつらく》[二〇]せしむるなり。悟迹《ごしゃく》の休歇《きゅうかつ》[二一]なるあり、休歇なる悟迹を長長出《ちょうちょうしゅつ》ならしむ。

人はじめて法をもとむるとき、はるかに法の辺際《へんざい》を離却《りきゃく》せり。法すでにおのれに正伝《しょうでん》[二二]するとき、すみやかに本分人《ほんぶんにん》[二三]なり。

人が舟に乗って岸を見れば、岸が動いていると錯覚し、目を下に向けて舟を見れば、舟の進んでいることを知る。そのように自己の身心を動揺させて、ものごとの真実を知ろうとすれば、自分の心や本質が永久不変であると思い誤る。もし自分の行いを正しくして、それによって事実を直視するならば、どのようなものごとも永久不変でないことがわかるはずである。

〔要約〕　形あるものは必ず滅し、生あるものは必ず死す。この真実を直視することによって、はじめて「人間いかに生きるか」という問題に真剣に取り組むことができる。

薪《たきぎ》は燃えて灰となり、それが再び薪に戻ることはない。しかしそれをいちがいに、薪は始めにあるものであり、灰はそれに続くものであると考えてはならない。薪は薪になりきっていて、始めから終わりまで薪である。見かけの上では前後があるが、それは、つながりのない前後であって、薪はどこまでも薪である。灰もまた灰になりきっていて、始めから終わりまで灰である。

人舟にのりてゆくに、目をめぐらしてきしをみれば、きしのうつるとあやまる。めをしたしくふねにつくれば、ふねのすすむをしるがごとく、身心《しんじん》を乱想して万《まん》法を辨肯《べんこう》するには、自心自性《じしょう》は常住[二四]なるかとあやまる。もし行李《あんり》[二五]をしたしくして箇裏《こり》[二六]に帰《き》すれば、万法のわれにあらぬ道理[二七]あきらけし。

たきぎははひとなる、さらにかへりてたきぎとなるべきにあらず。しかあるを、灰はのち薪はさきと見取すべからず。しるべし、薪は薪の法位[二八]に住して、さきありのちあり、前後《ぜんご》ありといへども、前後際断《さいだん》[二九]せり。灰は灰の法位にありて、後《のち》あり先あり。

〔要約〕　生が死につながるものだと考えるのが、常識の立場である。生が生として完結している絶対の境地であることを知るのが常識よりも、さらに高い死生観である。

ちょうど、薪が灰となった後に、再び薪となることがないように、人が死んでから、再び生に戻ることはない。このように、生といえば生になりきっていて、生が死に移り変わるといわないのが、仏道において定められた教えである。したがってそれを「生死を超えた生」というのである。死といえば死になりきっていて、死が生に移り変わるといわないのが、仏道において定められた教えである。したがってそれを「生死を超えた死」というのである。

生といえば一瞬々々において生になりきっており、死といえば一瞬々々において死になりきっている。それは、譬えば冬と春のようなものである。人は、冬そのものが春に変わるとは思わず、春そのものが夏になるとはいわない。

〔要約〕　もし不滅の生命というものがあるとすれば、それは死後の世

かの薪、はひとなりぬるのち、さらに薪とならざるがごとく、人のしぬるのち、さらに生《しょう》とならず。しかあるを、生の死になるといはざるは、仏法《ぶっぽう》のさだまれるならひなり、このゆゑに不生《ふしょう》[二〇]といふ。死の生にならざる、法輪のさだまれる仏転[二一]なり、このゆゑに不滅[二二]といふ。生も一時《いちじ》のくらゐなり[二三]、死も一時のくらゐなり。たとへば冬と春とのごとし。冬の春となるとおもはず[二四]、春の夏となるといはぬなり。

界にあるのではなく、現実の世界における、一瞬一瞬の充実した生き方のうちにこそあるのである。ひとたび生に会えば、生そのものを生きぬくということである。いわゆる「一会一期《いちえいちご》」とは、このようなことである。

人が悟りを得るのは、ちょうど水に月が宿るようなものである。月は濡れず、水は破れない。広く大きな光ではあるが、寸尺の水にも宿る。月全体が草の露にも宿り、一滴の水にも宿る。悟りが人を破らないのは、月が水に穴をあけないようなものである。人が悟りを妨げないのは、一滴の露が天の月を妨げないようなものである。一滴の水の深さは、天の月の高さを宿している。

月影が宿る時の長短にかかわらず、それが大水にも小水にも宿ることを学び、天の月の大きさを知りなさい。

〔要約〕ここにいう「悟り」とは、特殊な神秘的なものではなく、すべての人間に普遍的に具わっている「自由そのもの」とでもいうべき偉大な宗教性である。それは破ったり破られたり、増やしたり減らし

人の悟《さとり》をうる、水に月のやどるがごとし。月ぬれず、水やぶれず。ひろくおほきなる光にてあれど、尺寸《せきすん》の水にやどり、全月《ぜんげつ》も弥天《みてん》も、くさの露にもやどり、一滴の水にもやどる。悟の人をやぶらざること、月の水をうがたざるがごとし。人の悟を罣礙《けいげ》[三五]せざること、滴露《てきろ》の天月を罣礙せざるがごとし。ふかきことはたかき分量なるべし。時節の長短[三六]は、大水小水を検点し、天月の広狭《こうきょう》を辨取すべし。

たりすることのできないものである。なぜならばそれが、すべての人に本質的に平等に具わっているからである。

真理が本当に体得されていないときには、かえってそれが十分であると思う。もしそれが本当に体得されているならば、どこか一方は足りないと思う。譬えば、船に乗って海に出て四方を眺めるとき、海は円く見えるばかりで、そのほかの形には見えない。しかし、海は円いものでもなく四角いものでもなく、そのほかにさまざまの姿かたちがある。海は魚が見れば宮殿であり、天人が見れば玉飾りである。それがわれわれの目に円く見えるに過ぎないのである。

すべてのものごとがそうである。常識の立場にも、仏道の立場にもさまざまの立場があるが、人はただ、自分の能力の範囲内でしかそれを知ることができない。ものごとの真実を知るためには、海山が円いとか四角いとか見えるほかに、そのほかの姿かたちが極まりなく、無限の世界があることを知るべきである。自分の周りがそうであるばかりでなく、自分自身のうちにも、無限の世界があることを知るべきである。

身心《しんじん》に法いまだ参飽《さんぽう》せざる[三七]には、法すでにたれりとおぼゆ。法もし身心に充足すれば、ひとかたは、たらずとおぼゆるなり。たとへば船にのりて、山なき海中にいでて四方をみるに、ただまろにのみみゆ、さらにことなる相みゆることなし。しかあれど、この大海、まろなるにあらず、方《ほう》なるにあらず、のこれる海徳[三八]、つくすべからざるなり。宮殿のごとし、瓔《よう》珞《らく》のごとし[三九]。ただわがまなこのおよぶところ、しばらくまろにみゆるのみなり。かれがごとく、万法《まんぼう》もまたしかあり。塵《じん》中格外《ちゅうかくがい》[四〇]、おほく様子を帯《たい》せりといへども、参学眼力《げんりき》のおよぶばかりを、見取会《え》取《しゅ》するなり。万法の家風をきかん[四一]には、

〔要約〕 自分の立場を固定して、それに満足することは危険である。常に自分の限界を知って、それよりもいっそう高い立場があることを自覚すべきである。それによって人生に対するいっそう深い洞察が可能になるのである。

魚が水を行くとき水には限りがなく、鳥が空を飛ぶとき空には限りがない。しかし魚や鳥は昔から水や空を離れず、広く行く必要があれば広く行き、狭く行く必要があれば狭く行く。そのようにしてそれぞれの限界を尽くしているとはいえ、鳥が空を離れればたちまち死に、魚が水を離れればたちまち死ぬ。

〔要約〕 これは人間と真理の関係である。ここにいう「真理」とは、自然界の根本法則といってもよいし、人間救済の諸原理といってもよい。

魚が水を命《いのち》とし、鳥が空を命としていることを、人は知ってい

方円とみゆるよりほかに、のこりの海徳山徳、おほくきはまりなく、よもの世界あることをしるべし。かたはらのみかくのごとくあるにあらず、直下《じきげ》[四二]も一滴もしかあるとしるべし。

魚《うお》の水を行《ゆく》に、ゆけども水のきはなく、鳥そらをとぶに、とぶといへどもそらのきはなし。しかあれども、魚鳥《ぎょちょう》、いまだむかしよりみづそらをはなれず。ただ用大《ようだい》のときは使大《しだい》なり。要小《ようしょう》のときは使小《ししょう》なり。かくのごとくして、頭頭《ずず》に辺際《へんざい》をつくさずといふことなく、[四三]処処《しょしょ》に踏翻《とうほん》せずといふことなしといへども、鳥もしそらをいづれば、たちまちに死す、魚もし水をいづれば、たちまちに死す。

以水為命《いすいいみょう》[四四]しりぬべし、以空為命《いくういみょう》しりぬべ

る。そのうえは、鳥の無いところに空は無く、魚の無いところに海は無いことを知りなさい。命は鳥において実現し、魚において実現するのである。このことを進んで行い現わしなさい。修行のうちに悟りがあり、それによって長短を超えた命が実現されるということは、このようなことである。

〔要約〕 人間は真理を離れて生きることができず、真理は人間によってしか体現されない。われが真理を知り、真理を実現することによって、真理が真理として生かされ、われがわれとして生かされるのである。「修行」という個体的な体験が「悟り」という普遍的な体験を可能にする。

それをもし、水を究め尽くし空を究め尽くしてから後に、水や空を行こうとする鳥魚があるならば、水にも空にも、行くべき道を得ることができず、安住すべき処を得ることができない。

今の自分のいるところに気がつけば、おのずから修行ができて、真理が実現するのである。今の自分の行くべき道に気がつけば、おのずから修行ができて、真理が実現するのである。なぜな

し、以鳥為命《いちょういみょう》あり、以《い》魚《ぎょ》為命《いみょう》あり、以《い》命為鳥《みょういちょう》なるべし、以命為魚《いみょういぎょ》なるべし。このほか、さらに進歩あるべし。四五 修証《しゅしょう》あり、四六 その寿者命者《みょうしゃ》四七 あることかくのごとし。

しかあるを、水をきはめ、そらをきはめてのち、水そらをゆかんと擬《ぎ》する鳥魚《ちょうぎょ》あらんは、水にも、そらにも、みちをうべからず、ところをうべからず。このところをうれば、四八 この行李《あんり》したがひて現《げん》成公案《じょうこうあん》す。四九 このみちをうれば、五〇 この行

らば、真理を実現するための道や処は、大きなものでも小さなものでもなく、自分のものでも他人のものでもなく、前からあるのでも、いま現われようとしているのでもなく、いつどこにおいても実現されるものだからである。

〔要約〕　現実をはなれたところに理想はない。現実の一歩々々が、理想実現のための絶対境なのである。

以上の譬えのように、仏道の修行をして悟りを得るということは、一つのことにあえばそのことを究め、一つの行いをなせばその行いを貫くことである。

そこに真理を実現する境地があり、真理を実現する道がありながら、なかなか、そのことを悟ることができない。なぜならば、そのことを悟ることとそのものが、仏道の究極を知ることにほかならないからである。

〔要約〕　修行は悟りを得るための手段ではなく、修行することとそのものが悟りなのであり、仏道の究極なのである。

李したがひて現成公案なり。このみち、このところ、大にあらず小にあらず、自にあらず他にあらず、さきよりあるにあらず、いま現ずるにあらざる五二がゆゑに、かくのごとくあるなり。

しかあるがごとく、人もし仏道を修証《しゅしょう》するに、得一法通一法《とくいっぽうつういっぽう》五三なり、遇一行修《ぐういちぎょうしゅ》一行《いちぎょう》なり。これにところあり、みち通《つう》達《だつ》せるによりて、しらるるきはのしるからざるは、このしることの仏法《ぶっぽう》の究尽《ぐうじん》と同生《どうしょう》し五四同参《どうさん》するゆゑに、しかあるなり。

悟ったことが、必ず知識となって論理的に理解されるとは限らない。悟りの究極は修行によってすぐさま体験されるものであるが、それが自分によって気づかれるとは限らない。なぜならば、それが表面的理解を超えていることだからである。

〔要約〕　悟りと修行の関係は余りにも密接すぎて、それを分析的に理解することはむずかしい。

麻谷山《まよくさん》の宝徹禅師《ほうてつぜんじ》が、あるとき扇をつかっていた。そこへある僧が来て問うた。

「風の本質は変わらず、どこにも行きわたらないところはないのに、どうしてあなたは扇をつかっておられるのですか」

「おまえは風の本質が変わらないことは知っているが、それがゆきわたらないところはないという言葉のほんとうの意味を知らないようだ」

「それならば、それはどういうことですか」

師はだまって扇をつかうばかりであった。僧はふかく感じて礼拝した。

得処《とくしょ》かならず自己の知見となりて、慮知《りょち》[五四]にしられんずるとならふことなかれ。証《しよう》究《きゆう》すみやかに現成《げんじよう》すといへども、密有《みつう》[五五]かならずしも見成《げんじよう》にあらず、見成[五六]これ何必《かひつ》[五七]なり。

麻谷山宝徹禅師《まよくざんほうてつぜんじ》[五八]、あふぎをつかふ。ちなみに僧きたりてとふ、風性《ふうしよう》常住、無処《むしよ》不周《ふしゆう》[五九]なり、なにをもてかさらに和尚《おしよう》あふぎをつかふ。師いはく、なんぢただ風性常住をしれりとも、いまだところとしていたらずといふことなき道理をしらずと。僧いはく、いかならんかこれ無処不周底《てい》の道理。ときに師あふぎをつかふのみなり。僧、礼拝《らいはい》す。仏法《ぶつぽう》の証験、正《しよう》伝《でん》の活路、それかくのごとし。常住なれ

真理を知るということ、正しく伝えられた教えを生かすということは、このようなことである。「風の本質は変わらないから扇をつかわなくてもよい。扇をつかわなくても風を感じることができる」というのは、風の本質を知らず、その本質が変わらないということも知らないもののいうことである。

風の本質が変わらないからこそ、仏道を行うものの風が、大地の黄金であることを実現し、長河の水を酪乳に成熟させたのである。

〔要約〕 すべての人間が偉大な宗教性を具えているならば、どうしてそのうえに修行する必要があるのかという問題である。その答えは、人間がそのような本質をそなえているからこそ、それを生かしてゆかねば意味がないというのである。

ばあふぎをつかふべからず、つかはぬをりも風《ふう》をきくべきといふは、常住をもしらず、風性をもしらぬなり。風性は常住なるがゆゑに、仏家の風は大地の黄金なるを現成せしめ[六〇]、長河の酥酪《そらく》[六一]を参熟《さんじゆく》せり。

全《ぜん》機《き》

——普遍的自己——

仏道の究極は「透脱」であり「現成」である。

「透脱」とは、生においては生を解脱し、死においては死を解脱することである。生死を離れること、生死に投入することが、いずれも仏道の究極である。また、生死を捨て、生死を救うことが、いずれも仏道の究極である。

〔要約〕人間の生き方の究極は、徹底した自己否定と、それによって可能な徹底した自己肯定である。

「現成」とは、生きることである。生きるとは、いまここに、われの生命を実現していることである。それが実現するときには、生命のすべてが現われないはずがなく、死のすべてが現われ

諸仏の大道《だいどう》、その究尽《ぐうじん》するところ、透脱《とうだつ》なり、現成《げんじょう》なり。その透脱といふは、あるひは生《しょう》も生を透脱し、死も死を透脱するなり。このゆゑに、出《しゅっ》生死《しょうじ》あり、入《にゅう》生死《しょうじ》あり、ともに究尽の大道なり。捨《しゃ》生死《しょうじ》あり、度《ど》生死《しょうじ》あり、ともに究尽の大道なり。

現成《げんじょう》これ生《しょう》なり、生これ現成《げんじょう》なり。その現成のとき、生の全現成《ぜんげんじょう》にあらずといふことなし、死の全現成にあらずとい

ないはずがない。

〔要約〕 いったん小さな自分を捨ててしまえば、それよりも更に大きな普遍的生命、すなわち、命の全体を体験することができるのである。

このような体験が、生を生としてあらしめ、死を死としてあらしめるのである。このような体験が実現するとき、それは大きいともいえず小さいともいえず、無限であるともいえず有限であるともいえず、長いともいえず短いともいえず、遠くにあるともいえず近くにあるともいえない。

われわれの今の命はこのような体験によってあらしめられるのであり、同時にわれわれの命がこのような体験をあらしめてゆくのである。

〔要約〕 普遍者としての体験は無我の体験である。そこでは、すべての個的要素が問題でなくなる。しかし同時にそれは、生きるという個的な体験によってしか実現されないのである。

ふことなし。

この機関[六四]、よく生ならしめよく死ならしむ。この機関の現成《げんじょう》する正当恁麼時《しょうとういんもじ》[六五]、かならずしも大《だい》にあらず、かならずしも小にあらず。遍界《へんかい》にあらず、局量にあらず。長遠《ちょうおん》にあらず、短促《たんそく》にあらず。いまの生《しょう》はこの機関にあり、この機関はいまの生にあり。

命そのものは向こうからやって来るものでもなく、こちらから去って行くものでもなく、いま現われるものでもなく、新たに成立するものでもない。しかし、生は生の全体験であり、死は死の全体験である。

〔要約〕 個々の生命は生成滅却するものであるが、それを全体として見るならば、生命そのものは、生成することもなく滅却することもない。

自己のうちに、はかり知れない世界があるなかに、生があり死があることを知るべきである。今の自己の命、及びそれとともにあるすべてのものごとが、互いに密接な関係を持っているかどうかといえば、一時一物として命とかかわりを持たないものはなく、一事一心として命とかかわりを持たないものはない。そのことを静かに思いめぐらすべきである。

〔要約〕 主観を主観としてあらしめ、客観を客観としてあらしめることが生きるということである。一事一物として、われの命とかかわり

生《しょう》は来《らい》にあらず、生は去《きょ》にあらず[六六]、生は現にあらず、生は成《じょう》にあらざるなり。しかあれども、生は全機現なり、死は全機現なり。

しるべし、自己に無量の法あるなかに[六七]、生《しょう》あり、死あるなり。しづかに思量すべし、いまこの生、および生と同生《どうしょう》せるところの衆法《しゅほう》[六八]は、生にともなりとやせん、生にともならずとやせん。一《いち》時《じ》一法《いっぽう》[六九]としても、生にともならざることなし。一事一心としても、生にともならざるなし。

のないものはない。

生きるということは、人が舟に乗るようなものである。われが帆を使い、われが舵をとり、われが棹をさしているとはいえ、舟がわれを乗せ、舟のほかにわれはない。われが舟に乗ることによって、その舟を舟としている。

このような体験が現われるときのことを、身をもって学ぶべきである。そのときには舟の時でないものはどこにもない。天も水も岸も、みな舟の時になりきっていて、もはや、舟でない時と同じではない。このように、命はわれが生じさせるのである。われを命になりきっているわれとするのである。

われが舟に乗るならば、われの身心および、その周りのすべてのものが、舟の世界となり、大地のすべて、大空のすべてが舟の世界となるのである。われが生と一体であり、生がわれと一体であるとは、このようなことである。

〔要約〕われを捨てて、命のなかに没入するとき、命でないものはなに一つない。

生《しょう》といふは、たとへば人のふねにのれるときのごとし。このふねは、われ帆をつかひ、われかぢをとれり、われさほをさすといへども、ふねわれをのせて、ふねのほかにわれなし。われふねにのりて、このふねをもふねならしむ。この正当《しょうとう》恁麽時《いんもじ》を功夫《くふう》参学すべし。この正当恁麽時は、舟の世界にあらざることなし。天も水も岸も、みな舟の時節となれり、さらに舟にあらざる時節とおなじからず。このゆゑに、生はわが生ぜしむるなり、われをば生のわれならしむるなり。舟にのれるには、身心《しんじん》・依正《えしょう》、ともに舟の機関なり、尽大地《じんだいち》・尽虚空《じんこくう》、ともに舟の機関なり。生なるわれ、われなる生、それかくのごとし。

圜悟禅師《えんごぜんじ》（克勤《こくごん》）がいっている。

「生とは生の全体を体験することであり、死とは死の全体を体験することである」

このことばの意味を明らかにし、身をもって究めるべきである。

身をもって究めるべきであるのは、生の全体験が、始め終わりの順にかかわりなく、大地のすべて、大空のすべてを覆い尽くすものでありながら、そのほかの生の全体験、死の全体験を妨げるものではないということである。また、死の全体験が、大地のすべて、大空のすべてを覆い尽くすものでありながら、そのほかの死の体験、生の全体験を妨げるものではないということである。

〔要約〕 生の全体、死の全体を体験することが、普遍者として生きることである。しかしそれは、他者が普遍者として生きることを妨げるものではない。

したがって、生は死を妨げず、死は生を妨げない。大地のすべて、大空のすべてを覆い尽くす全体験が、生においてもなされ、

圜悟禅師《えんごぜんじ》克勤《こくごん》[七一]和尚《おしょう》云く、生也全機現《しょうやぜんきげん》[七二]、死也全機現《しゃぜんきげん》。

この道取[七三]、あきらめ参究すべし。参究すといふは、生也全機現の道理、はじめをはりにかかはれず、尽大地《じんだいち》・尽虚空《じんこくう》なりといへども、生也全機現をあひ罣礙《けいげ》せざるのみにあらず、死也全機現をも罣礙せざるなり。死也全機現のとき、尽大地・尽虚空なりといへども、死也全機現をあひ罣礙せざるのみにあらず、生也全機現をも罣礙せざるなり。

このゆゑに、生《しょう》は死を罣礙《けいげ》せず、死は生を罣礙せざるなり。尽大地《じんだいち》・尽虚空《じんこくう》、と

死においてもなされるのである。しかしそのことは、全世界が、生においても死においても、同じものとして体験されるということではない。世界は、同じものではないが異なるものでもなく、異なるものではないが等しいものでもなく、等しいものではないが多いものでもない。したがってすべての事物が、生においても死においても、生でもなく死でもないところにも、全体として体験されるのである。このような体験のうちに、生があり死があるのである。

〔要約〕世界はすべての人間にとって同じものでも異なったものでもなく、そのような差別を超えた普遍的全体なのである。

このため、生の全体験、死の全体験は、ちょうど若者が素早く腕を屈伸するときのように、わずかの隙間もなく実現する。人が眠りながら枕を探るように、なんのこだわりもなしに実現する。修行というすぐれた行いによって、それが実現するのである。

もに生にもあり、死にもあり。しかあれども、一枚の尽大地、一枚の尽虚空を、生にも全機し、死にも全機するにはあらざるなり。一《いち》にあらざれども異《い》にあらず、異にあらざれども即《そく》にあらず、即に[一四]あらざれども多《た》にあらず。このゆゑに、生にも全機現の衆法《しゅほう》あり、死にも全機現の衆法あり、生にあらず死にあらざるにも全機現あり。全機現に生あり死あり。

このゆゑに、生死《しょうじ》の全機は、壮士の臂《ひじ》を屈伸《くっしん》するがごとくにもあるべし、[一五]「人の夜間《やかん》に手を背にして枕子《ちんす》を摸《さぐ》るが如く」[一六]にてもあるべし。これに許多《きょた》の神通光《じんつうこう》明《みょう》[一七]ありて現成するなり。

〔要約〕 われわれは日常のうちに普遍的世界を体験し、普遍的生命を生きているのである。それが修行によって自覚的な行いとなるのである。

このような体験は、世界のすべてを体験することなのであるから、今より以前には全体験はなかったというかも知れない。しかし、今の全体験の前には、それ以前の全体験があり、それが今の全体験を妨げないのである。それだからこそ、そのような誤った考え方をすることができるのである。

〔要約〕 現在の普遍的生命にめざめるということは、過去に普遍的生命が無かったことではなく、かえって過去の普遍的生命、他者の普遍的生命を生かすことである。

正当現成《しょうとうげんじょう》のときは、現成に全機せらるるによりて、現成よりさきに現成あらざりつると見解《けんげ》するなり。しかあれども、この現成よりさきは、さきの全機現なり。さきの全機現ありといへども、いまの全機現を罣礙《けいげ》せざるなり。このゆゑに、しかのごとくの見解[16]、きほひ[17]現成するなり。

生《しょう》死《じ》[八〇]

生死《しょうじ》のなかに仏《ほとけ》あれば[八一]、生死なし。またいはく、生死のなかに仏なければ、生死にまどはず[八二]。こころは、夾山《かっさん》・定山《じょうざん》[八三]といはれし、ふたりの禅師《ぜんじ》のことばなり。得道《とくどう》の人のことばなれば、さだめてむなしくまうけじ。生死をはなれんとおもはむ人、まさにこのむねをあきらむべし。

「生死のなかに仏があるから、生死に惑わない」という。また、「生死のなかに仏が無いから、生死に惑わない」という。この意味のことを、夾山、定山という二人の禅者がいっている。道を得た人のことばであるから、おろそかにしてはならない。

生死の悩みを離れようとするものは、まずこのことばの意味を明らかにしなさい。

〔要約〕 仏（目覚めた人）とは、生死を逃れることなく生死を解脱した人のことをいうのである。それをここでは、「仏は生死のなかにある」とも、「仏は生死のなかにない（生死にこだわらない）」ともいうのである。

生死のほかに仏を求めるのは、轅《ながえ》を北に向けて南国に向かい、顔を南に向けて北斗七星を見ようとするようなものである。いよいよ生死の迷いを集めて、解脱の道から離れてしまう。

ただ生死がそのまま解脱の境地であると心得て、苦しいものとしていとい捨てることなく、安らかなものとして求め願うことのないときに、始めて生死への執着を離れることができる。

〔要約〕 生死から逃れようとしても、あるいは生死を愛しもとめても、解脱することはできない。

生から死に移り変わると考えるのは誤りである。生といえば生になりきっていて、始めから終わりまで生である。したがって、仏道では、生のことを「生死を超えた生」というのである。死といえば死になりきっていて、始めから終わりまで死である。したがってそれを「生死を超えた死」というのである。

生というときには、生のほかのなにものもなく、死というときには、死のほかのなにものもない。そのため生が来れば、ただ生に向かい、死が来れば死に向かうばかりであって、生や死を我が

もし人、生死《しょうじ》のほかにほとけをもとむれば、ながえをきたにして越《えつ》(八三)にむかひ、おもてをみなみにして北斗をみんとするがごとし。いよいよ生死の因《いん》をあつめて、(八四)さらに解脱《げだつ》のみちをうしなへり。ただ生死すなはち涅槃《ねはん》(八五)とこころえて、生死としていとふべきもなく、涅槃としてねがふべきもなし。このときはじめて生死をはなるる分《ぶん》あり。

生《しょう》より死にうつるとこころうるは、これあやまりなり。生はひとときのくらゐに(八六)て、すでにさきありのちあり。かるがゆゑに仏法《ぶっぽう》のなかには、生すなはち不生《ふしょう》(八七)といふ。滅《めつ》もひとときのくらゐにて、またさきありのちあり、これによりて滅すなはち不滅(八七)といふ。生といふときには、生よりほかにものなく、滅といふときは、

物にしようなどといってもならないし、願ってもならない。

〔要約〕 生のときは生の全体験であり、死のときは死の全体験である。一瞬々々の生に没入したとき、生からも死からも自由になれるのである。

われの命《いのち》は、仏の御命である。これを厭《いと》い捨てようとするのは、仏の御命を失うことである。これにとどまって生死に執着するのは、仏の御命を失い、仏をただ表面的に理解することである。

ただ生死を厭うことなく、慕うことないとき、始めて仏の心に至る。しかし、そのことをいたずらに頭でわかろうとしてはならない。ただわが身をも心をも投げ棄てて、われを忘れて仏の道にうちこみ、仏の方から導かれて、これに従って行くとき、力もいれず、心も費やさず、生死を離れて仏となる。そのとき、だれの心にもとどこおりがないのである。

〔要約〕 生死の迷いを解脱するには、自己が修行しなければならな

滅のほかにものなし。かるがゆゑに生きたらばただこれ生、滅きたらばこれ滅にむかひてつかふべし。いとふことなかれ、ねがふことなかれ。

この生死《しょうじ》は、すなはち仏《ほとけ》の御《おん》いのちなり。これをいとひすてんとすれば、すなはち仏の御いのちをうしなはんとするなり。これにとどまりて生死に著《じゃく》すれば、これも仏の御いのちをうしなふなり、仏のありさまをとどむるなり[六]。いとふことなく、したふことなき、このときはじめて仏のこころにいる。ただし、心をもてはかることなかれ、ことばをもていふことなかれ。ただわが身をも心をもはなちわすれて、仏のいへになげいれて、仏のかたよりおこなはれて、これにしたがひ

い。修行をすれば自己以上のものにつきあたり、それに導かれて解脱する。自力がそのまま他力になることが、修行ということである。

仏となるのにやさしい方法がある。さまざまな悪をなさず、生死に執着することなく、生きとし生けるものにいつくしみ深くし、修行の進んだ人を敬い、衆生をいつくしみ、なにごとも厭うことなく、願うこともない。心に悩みもなく、憂いもない。そのような人を仏と名づけるのである。さらにこのほかに、仏を求めてはならない。

〔要約〕　仏としての行いをなすことによって、すべての人が仏となることができるのである。

もてゆくとき、ちからをもいれず、こころをもつひやさずして、生死をはなれ仏となる。たれの人か、こころにとどこほるべき。

仏となるにいとやすきみちあり。もろもろの悪をつくらず、生死に著《じゃく》[八九]するこころなく、一切衆生《いっさいしゅじょう》[九〇]のために、あはれみふかくして、かみをうやまひ[九一]、しもをあはれみ、よろづをいとふこころなく、ねがふこころなくて、心におもふことなく、うれふることなき、これを仏となづく。またほかにたづぬることなかれ。

有《う》時《じ》[九二]

――普遍的時間――

先覚者がいっている。

「あるときは高い山頂に立ち、あるときは深い海底を行く。あるときは鬼神の姿となり、仏の姿となる。あるときは杖や払子《ほっす》（導師が法式に用いる道具）となり、あるときは仏殿の柱や灯籠となる。あるときは太郎や次郎となり、あるときは大地、大空となる」

この「あるとき」（有時）という語は、「時間はそのまま存在であり、存在はみな時間である」という意味を含んでいる。

〔要約〕「有時《うじ》」という語は、一般には「あるときに」という意味に用いられてきたが、ここではそれとは全く違った意味に用いる。

すなわち、時間を離れて空間はありえず、空間を離れて時間は無い

古仏《こぶつ》[九三]言《いわ》く、〔有時《うじ》は高高《こうこう》たる峰頂《ほうちょう》に立《た》ち、有時《うじ》は深深《しんしん》たる海底《かいてい》に行《ゆ》[九四]く、有時《うじ》は三頭八臂《さんずはっぴ》[九五]、有時《うじ》は丈六八尺《じょうろくはっしゃく》[九六]、有時《うじ》は拄杖払子《しゅじょうほっす》、有時《うじ》は露柱燈籠《ろちゅうとうろう》、有時《うじ》は張三李四《ちょうさんりし》[九七]、有時《うじ》は大地虚空《だいちこくう》〕。いはゆる有時《うじ》は、時すでにこれ有《う》[九八]なり、有はみな時なり。

のであるから、時間と空間を総合して「存在時間」あるいは「時間的存在」というものを考える。それを「有時」と呼ぶのである。

仏の姿そのものが時である。そのため、あらゆる時に、仏の荘厳なかがやきがあるのである。それが今の日常の時にほかならない。

〔要約〕　時間は抽象的非現実的なものではなく、日常的現実的なものである。

一日二十四時間の長さを計ったことのない人も、一日が二十四時間であることを疑わない。時の移り変わりが明らかであるから、それを疑わないのである。しかしそのことを知っているわけではない。

もともと、人が自分の知らないことについて疑うとき、その疑いは一定しないから、後になってそれが、今の疑いと一致するとは限らない。しかし、疑いそのものが時の姿であることは違いない。

丈六金身《じょうろくこんじん》これ時なり、時なるがゆゑに時の荘厳光明《そうごんこうみょう》[九九]あり。いまの十二時《じ》に習学すべし。三頭八臂これ時なり、時なるがゆゑにいまの十二時に一如《いちにょ》なるべし。

十二時《じ》の長遠短促《ちょうおんたんそく》、いまだ度量せずといへども、これを十二時といふ。去来《きょらい》の方迹《ほうせき》あきらかなるによりて、人これを疑《ぎ》著《じゃく》せず。疑著せざれども、しれるにあらず。衆生《しゅじょう》もとよりしらざる毎物毎事《まいもつまいじ》を疑著すること一定《いちじょう》せざるがゆゑに、疑著する前程《ぜんてい》[100]、かならずしもいまの疑著に符合することなし。ただ疑著しばらく時

〔要約〕自覚していると否とにかかわらず、われわれはみな時間的存在なのである。

一切世界のすべてが自己のうちにあり、一切の世界の事々物々が、みな時であることを学ぶべきである。事々物々が邪魔し合わないのは、時が時を邪魔しないようなものである。したがって、自己が発心《ほっしん》すれば、一切世界も同時に発心し、自己と同じ心を持つ時が始まるのである。このことは、修行、成道《じょうどう》についてもいえることである。一切世界のすべてが自己のうちにあり、それを自己が体験するのである。「自己が時である」とは、このようなことである。

〔要約〕われも世界もともに時間的存在であり、その両者を切り離して考えることはできない。

このような道理によって、世界にさまざまの事物やもろもろの草があり、それがみな時であり、そのおのおのの時が、一切世界を覆い尽くしていることを学ぶべきである。そのように学ぶこと

なるのみなり。[一〇一]

われを排列《はいれつ》しおきて尽界《じんかい》とせり[一〇二]、この尽界の頭頭物物《ずずもつもつ》を時時《じじ》なりと覰見《ちょけん》すべし。物物《もつもつ》の相礙《あいげ》せざるは、時時の相礙せざるがごとし。このゆゑに同時発心《ほっしん》あり、同心発時《ほつじ》あり[一〇三]。および修行成道《しゅぎょうじょうどう》もかくのごとし。われを排列して、われこれをみるなり[一〇四]。自己の時なる道理[一〇五]、それかくのごとし。

恁麼《いんも》[一〇六]の道理なるゆゑに、尽地に万象《ばんぞう》百《ひゃく》草《そう》あり、一草一象《いっそういちぞう》おのおの尽地にあることを参学すべし。かくのごとくの往来[一〇七]

が修行の始めである。
そのような境地に至るとき、始めて、一本の草、一つの事物の真実が明らかにされるのである。それが一つの事物を悟ることであり、一本の草を悟ることである。

〔要約〕世界を部分と全体に分けてしまわずに、「世界のなかに一本の草木があり、一本の草木のなかに世界がある」という相互関係によって見て行くべきである。

このような時のほかに時は無いのであるから、その時がすべての時を究め尽くしているのである。ある草も、ある事物も、ともに時であり、それぞれの時において、一切世界を究め尽くしているのである。このような時のほかに、どのような時も無いことを考えてみるべきである。

〔要約〕世界を成り立たせるものは、われの一瞬々々の全体験である。

は、修行の発足《ほっそく》なり。到恁麼《とういんも》の田地《でんじ》一〇八のとき、すなはち一草一象なり、会象不会象《えぞうふえぞう》一〇九なり、会草不会草《えそうふえそう》なり。

正当恁麼時《しょうとういんもじ》一一〇のみなるがゆゑに、有時《うじ》みな尽時《じんじ》なり、有草有象《うそううぞう》ともに時なり。時《じ》時《じ》の時に尽有尽界《じんうじんかい》あるなり。しばらく、いまの時にもれたる尽有尽界ありやなしやと観想すべし。

ところが仏道を学ばないものはみな、「あるときは鬼神の姿となり、あるときは仏の姿となる」ということばを聞いて、「それは譬えば、河を過ぎ山を過ぎるようなものである。われはすでに山河を通り過ぎて、今では宮殿に住んでいる。したがって山河とわれは天と地のように隔たっている」と思う。

しかし、それが真実のすべてではない。山を登り河を渡ったときにも、われはあったのである。

〔要約〕「過去はすぎさったものである」という考え方は、常識的な考え方にすぎない。

われのうちに時があり、われは以前からあったのである。したがって時はわれから過ぎ去るものではない。そのような立場からすれば、過去の時も、われの現在のうちにある。もし、時がわれのうちを過ぎ行くものであるならば、われのうちには、常に現在がある。それが「有時《うじ》」ということであり、過去の時、現在の時を、呑みつくし吐きつくしているのである。

しかあるを、仏法をならはざる凡夫《ぼんぷ》の時節に、あらゆる見解《けんげ》は、有時《うじ》のことばをきくにおもはく、あるときは三頭八臂《さんずはっぴ》となれりき、あるときは丈六八尺《じょうろくはっしゃく》となれりき、たとへば河をすぎ、山をすぎしがごとくなりと。いまは、その山河《さんが》たとひあるらめども、われすぎきたりて、いまは玉殿朱楼《ぎょくでんしゅろう》に処せり、山河とわれと天と地となりとおもふ。しかあれども、道理この一条のみにあらず。いはゆる山をのぼり河をわたりし時に、われありき。

われに時あるべし。われすでにあり、時さるべからず。[二一] 時もし去来《きょらい》の相《そう》にあらずば、[二二] 上山《じょうざん》の時は有時《うじ》の而今《にこん》なり。時もし去来の相を保任せば、[二三] われに有時の而今ある、これ有時なり。かの上山渡河《とが》の時、[二四] この玉殿朱楼《ぎょくでんしゅろう》の時を[二五] 呑却《どんきゃく》[二六] せざらん

〔要約〕　時間は常に現在から現在へ体験されるものである。過去も、われが刻々の現在において、過去として体験しているものであって、現在のわれなしには体験されることがない。

たとえ鬼神の姿が昨日のとき、仏の姿が今日のときであるとしても、昨日も今日も、われが山の上から千峰万峰を見渡すときのように、われが今ここにおいて見るのである。昨日の時も、今のわれによって体験されるのであるから、離れているように見えても、現在である。このような考え方からすれば、松も時である。竹も時である。

〔要約〕　あらゆる時間は、自己によって体験される時間である。あらゆる存在もまた、自己によって体験される存在である。

時が飛び去るものとばかり考えてはならない。飛び去ることだけが時の働きであると学んではならない。時が飛び去るだけであるならば、時とわれのあいだに隙ができるに違いない。今までに

や、吐却《ときやく》[二六]せざらんや。

三頭八臂《さんずはっぴ》はきのふの時なり、丈六八尺《じょうろくはっしゃく》はけふの時なり。しかあれどもその昨今《さくこん》の道理、ただこれ山のなかに直入《ぢきにゅう》して、千峰万峰《せんぽうばんぽう》をみわたす時節なり、すぎぬるにあらず。三頭八臂もすなはちわが有時《うじ》にて一経《いっきょう》す、彼方《かなた》にあるににたれども而今《にこん》なり。丈六八尺もすなはちわが有時にて一経す、彼処《かしこ》にあるににたれども而今なり。しかあれば、松も時なり、竹も時なり。

時は飛去《ひきょ》するとのみ解会《げえ》すべからず、飛去は時の能《のう》とのみは学すべからず。時もし飛去に一任せば、間隙《かんげき》ありぬべし。有

有時《うじ》の道理を明らかにしたものがいないのは、みな時が去るものとばかり考えているからである。

この問題について要点をいうならば、一切世界のあらゆる事物は、つらなっている時である。それは有時であるから、われの有時である。

〔要約〕 時は自己から飛び去って行くものではなく、常に自己において体験され、自己によって実現されるものなのである。

有時《うじ》には経歴の働きがある。それはいわゆる今日という日から明日という日へ経歴する。今日から昨日へ経歴する。昨日から今日へ経歴する。今日から今日へ経歴する。明日から明日へ経歴する。

〔要約〕 「経歴」とは、時の全体が現在において体験され、現在において成立することである。時は常に現在から現在へ流動的に体験される。

時の道《どう》を経聞《けいもん》せざるは、すぎぬるとのみ学するによりてなり。要をとりていはば、尽界にあらゆる尽有《じんう》は、つらなりながら時時《じじ》なり。有時なるによりて吾有時《ごうじ》なり。

有時《うじ》に経歴《けいれき》の功徳《くどく》あり。いはゆる、今日《きょう》より明日《あす》に経歴す、今日より昨日《きのう》に経歴す、昨日より今日に経歴す、今日より今日に経歴す、明日より明日に経歴す。

経歴は時の働きであるから、過去と現在が重なり合うことはないが、過去の禅者たちは、青原《せいげん》も、黄檗《おうばく》も、江西《こうぜい》の馬祖《ばそ》も、石頭《せきとう》も、みな時である。われもかれも、すべてが時なのであるから、修行も悟りも時である。泥まみれになって衆生を導くのも時である。

〔要約〕現在において過去の全体が互いに邪魔しあうことなく体験される。

ところが、前述のような、仏道を学ばないものの考えや、そのもととなる考え方が誤っているために、彼らは真実を知らない。しかし、真実はすでに彼らのうちにあるのであって、ただそれに気がつかないだけなのである。

かれらは、今の時、今の自分が真実でないと思うから、仏の姿は自分にないときめてしまうのである。しかし、自分には仏の姿がないといって逃れようとすることもまた、有時《うじ》のひとかけらにほかならないのである。それがまだ悟っていないものの学ぶべきところである。

経歴はそれ時の功徳《くどく》なるがゆゑに、古今《ここん》の時かさなれるにあらず、ならびつもれるにあらざれども、青原《せいげん》[二七]も時なり、黄檗《おうばく》[二七]も時なり、江西《こうぜい》[二七]も石頭《せきとう》[二七]も時なり。自他すでに時なるがゆゑに、修証《しゅしょう》は諸時なり。入泥入水《にゅうでいにゅうすい》、おなじく時なり。

いまの凡夫《ぼんぷ》の見《けん》、および見の因縁《いんねん》、これ凡夫のみるところなりといへども、凡夫の法にあらず。[二八] 法しばらく凡夫を因縁せるのみなり。[二九] この時この有は、法にあらずと学するがゆゑに、丈六金身《じょうろくこんじん》は、われにあらずと認ずるなり。われを丈六《じょうろく》金身《こんじん》にあらずと、のがれんとする、またすなはち有時《うじ》の片片《へんぺん》なり、未証拠者《みしょうこしゃ》の看看《かんかん》なり。[三〇]

〔要約〕 時間というものに真実の時間とかりそめの時間があるのではなく、すべての時間が真実な充実した時間なのである。

今のこの世界に午《うま》の刻（午前十一時-午後一時）や未《ひつじ》の刻（午後一時-午後三時）をあらしめているのも、それぞれの時を繰り返している有時《うじ》の働きである。子《ね》（午後十一時-午前一時）も時であり、寅《とら》（午前三時-午前五時）も時である。解脱していない人も時であり、解脱している人も時である。

〔要約〕 一日を繰り返している時の流れは、自己が体験する時であるとともに、すべての人に普遍的な時である。

このような時が鬼神の姿となり、仏の姿となって、一切世界を照らすのである。このように、一切世界が一切世界を究め尽くすことを「究尽」という。仏の姿が仏の姿のままに、発心《ほっしん》、修行、悟り、解脱《げだつ》と実現することが有時《うじ》なのである。

〔要約〕 人間が修行して段々ほとけになるのではなく、本来ほとけで

いま世界に排列せる、むまひつじを、あらしむるも、住法位《じゅうほうい》[三一]の恁麼《いんも》なる昇降上《じょう》下《げ》[三二]なり。ねずみも時なり、とらも時なり。生《しょう》[三三]も時なり、仏《ぶつ》も時なり。

この時、三頭八臂《さんずはっぴ》にて尽界《じんかい》を証《しょう》し、丈《じょう》六金身《ろくこんじん》にて尽界を証す。それ尽界をもて尽界を界尽《かいじん》するを、究尽《ぐうじん》するとはいふなり。丈六金身をもて丈六金身するを、発《ほっ》心《しん》・修行《しゅぎょう》・菩提《ぼだい》[三四]・涅槃《ねはん》[三五]と現成《げんじょう》する、すなはち有《う》なり、時なり。[三六]

ある自分にめざめて、それを実現することが、真実の時間を生かすことなのである。

一切の時が一切の事物として究め尽くされていて、そのほかに余りはない。余りは余りとして有時なのであるから、たとえ半分しか究め尽くされていないときでも、半分なりに究め尽くされているのである。たとえ、つまずいたと見えるときも、有時にほかならない。さらにこれをつきつめてゆけば、つまずきが現われる前も後も、ともに有時である。それぞれの時においての、このような活潑なありさまが、有時なのである。

〔要約〕　時間は常に充実した時間であって、充実していない時間はない。

したがって、有時《うじ》ということを固定して考えてはならない。人は、時が過ぎ去るものだとばかり考えていて、それが過ぎ去らないという一面には気がつかない。そのことに気がつくことが、そのまま時なのであるが、気がつかないこともまた時なのである。

尽時《じんじ》を尽有《じんう》と究尽《ぐうじん》するのみ、さらに剰《じょう》法《ほう》なし。剰法これ剰法なるがゆゑに、たとひ半究尽《はんぐうじん》の有時《うじ》も、半有時《はんうじ》の究尽なり。たとひ蹉過《しゃか》すとみゆる形段《ぎょうだん》[二七]も有《う》なり。さらにかれにまかすれば、蹉過の現《げん》成《じょう》する前後《ぜんご》ながら、有時の住位《じゅうい》[二八]なり。住《じゅう》法位《ほうい》の活鱍鱍地《かっぱっぱっち》なる、これ有時なり。

無《む》と動著《どうじゃく》すべからず、有《う》と強為《ごうい》すべからず。[二九]時は一向《いっこう》にすぐるとのみ計功《けこう》して、未到《みとう》と解会《げえ》せず。解会は時なりといへども、他にひかるる縁《えん》[三〇]なし。去来《こらい》と認

もし人が有時について知らないとすれば、それを解脱することはできない。たとえ、時が去らないものであるということを認めても、それが自己のうちにあることを理解できない。たとえそれを理解しても、やはり空しく、まことの自己を摸索している。そのようなものから見れば、悟りの智慧も解脱の境地も、ただ一時的なものに過ぎないということになる。

〔要約〕　自己のうちにあって、自己を去ることのない普遍的時間に気づくことがさとりなのである。

しかし、そのような考えにかかわりなく、有時《うじ》は今ここに実現している。

天界のあちこちに現われる天王や天人たち（インドの神々）も、今のわれが体験する有時である。水の上や陸の上にいるものたちの有時も、われが体験し、われが実現しているのである。生の世界、死の世界にいるすべての生物も、みな、われが体験し、実現し、経歴しているのである。今のわれにおいて実現し、われにおいて経歴するのでなければ、一事一物として現われることなく、

じて、住位の有時と見徹《けんてつ》せる皮袋《ひたい》[三一]なし、いはんや透関の時あらんや。たとひ住位を認ずとも、たれか既得恁麼《きとくいんも》の保任を道《どう》得《とく》せん。[三二]たとひ恁麼と道得せることひさしきも、いまだ面目現前《めんもくげんぜん》を摸揉《もさく》せざるなし。[三三]凡夫《ぼんぷ》の有時なるに一任すれば、菩提《ぼだい》涅槃《ねはん》も、わづかに去来の相のみなる有時なり。

おほよそ籮籠《らろう》とどまらず、有時現成《うじげんじょう》なり。いま右界《うかい》[三四]に現成し、左方《さほう》に現成する天王天衆《てんのうてんしゅ》、いまもわが尽力《じんりき》する有時《うじ》なり。その余外《よげ》にある水陸の衆有時《しゅうじ》、これわがいま尽力して現成するなり。冥陽《めいよう》に有時なる諸類諸頭《しょるいしょず》、みなわが尽力現成なり、尽力経歴《けいれき》なり。わがいま尽力経歴にあらざれば、一法一物《いっぽういちもつ》も現成することな

経歴することがないことを学ぶべきである。

〔要約〕 過去、現在、未来の存在のすべてが、現在のわれにおいて成立するのである。

経歴ということが、ただ風雨が東西に動くようなものだと考えてはならない。一切世界がめぐり動き、一切世界が進み退くことが経歴なのである。

経歴とは、譬えば春が一時に万物を覆い尽くすようなことである。春といえば春のほかに何ものもないのに、春が移り変わることを学ぶべきである。春はかならず、春から春へ移り変わるのである。経歴そのものは春ではないが、それが春の時に成立するのである。このことを、詳しく学ぶべきである。

「経歴とは、経歴すべき世界がかなたにあって、経歴するものがそれに向かって多くのところをすぎ、長時間を経て行くことである」と考えるのは、仏道を学ぶに真剣でないからである。

〔要約〕 時間が現在から現在へ移り変わるありさまは、ちょうど春か

し、経歴することなしと参学すべし。

経歴といふは、風雨《ふうう》の東西《とうざい》するがごとく学しきたるべからず。尽界《じんかい》は不動転なるにあらず、不進退なるにあらず、経歴なり。経歴は、たとへば春のごとし。春に許多般《きょたはん》の様子《ようす》あり、これを経歴といふ。外物《げもつ》なきに経歴すると参学すべし。たとへば、春の経歴はかならず春を経歴するなり。経歴は春にあらざれども、春の経歴なるがゆゑに、経歴いま春の時に成《じょう》道《どう》せり。審細《しんさい》に参来参去すべし。経歴をいふに、[一三五]境《きょう》は外頭《がいとう》にして、能経歴《のうけいれき》の法は、東《ひんがし》にむきて百千世界をゆきすぎて、[一三六]百千万劫《こう》[一三七]をふるとおもふは、仏道の参

ら春へ全世界が移り変わるようなものである。仏道の理想は遠い未来にあるのではなく、今のこの現実のうちに達成されるのである。

薬山弘道大師《やくさんこうどうだいし》が、あることから無際大師《むさいだいし》（石頭《せきとう》）の指示に従って、江西《こうぜい》の大寂禅師《だいじゃくぜんじ》（馬祖《ばそ》）をたずねて問うた。

「経典の内容は大体わかりましたが、経典に書いていないことはまだわかりません。達磨大師《だるまだいし》が西から来られたことの意味を教えて下さい」

これに対して、大寂《だいじゃく》は次のように答えた。

「あるときは彼に眉をあげ、目を瞬《しばた》かせ、あるときは彼に眉をあげ目を瞬かせない（釈尊が優曇華《うどんげ》を拈じて揚眉瞬目されたときに、弟子のカーシャパがその真意をさとって微笑したという故事にもとづく）。あるときは彼に眉をあげ目を瞬かせるのがそれであり、あるときは彼に眉をあげ目を瞬かせるのがそれでない」

薬山はこれを聞いて大悟していった。

「わたしが以前に石頭和尚のところで学んだときには、蚊が鉄牛に留まったように歯が立ちませんでしたが、今ではよくわかりました」

学、これのみを専一《せんいつ》にせざるなり。

薬山弘道大師《やくさんこうどうだいし》、[一三八]ちなみに無際《むさい》大師[一三九]の指示によりて、江西大寂禅師《こうぜいだいじゃくぜんじ》[一四〇]に参問す。三乗十二分教[一四一]、某甲《それがし》ほぼその宗旨《しゅうし》をあきらむ、〔如何《いか》なるか是《これ》、祖師西来意《そしせいらいい》[一四二]〕。かくのごとくとふに、大寂禅師いはく、〔有《う》時《じ》は伊《かれ》をして揚眉瞬目《ようびしゅんもく》[一四三]せしむ、有時は伊をして揚眉瞬目せしめず、有時は伊をして揚眉瞬目せしものは[一四四]是《ぜ》なり、有時は伊をして揚眉瞬目せしものは[一四四]不是《ふぜ》なり〕。

薬山きて大悟《だいご》し、大寂にまうす、「某甲かつて石頭《せきとう》にありし、蚊子《ぶんす》の鉄牛《てつぎゅう》にのぼれるがごとし」。

〔要約〕 経典に書いてない禅の奥儀はなにか、という薬山の問いに対して、大寂が、それは釈尊の無言のおしえを自在に行いあらわしてゆくことだと答えているのである。

大寂《だいじゃく》のいっていることは、ほかのもののいうことと同じではない。ここにいう眉目《びもく》とは、山海のことである。なぜならば、解脱者は自然と一体となっているからである。

彼に眉をあげさせるものは、山を見るであろう。彼に目を瞬かせるものは、海を学ぶであろう。真実は彼に具わっており、眉をあげさせることによって、彼が生かされる。真実でないことは眉をあげさせないことではなく、眉をあげさせないことは真実でないことではない。

これらの時がすべて有時《うじ》なのである。

〔要約〕 真実のわれをあらしめるのが他者であり、真実の他者をあらしめるのがわれである。ここにいう「彼」とは、釈尊、解脱者、真実の自己をあらわしている。

大寂《だいじゃく》の道取するところ、余者《よしゃ》とおなじからず。眉目は山海《せんがい》なるべし、山海は眉目なるゆゑに。その教伊揚《きょういよう》は山をみるべし、その[一四五]教伊瞬《きょういしゅん》は海を宗《しゅう》すべし。是《ぜ》は伊《い》に慣習せり、伊は教に誘引《ゆういん》[一四六]せらる。[一四七]不是《ふぜ》は不教伊《ふきょうい》にあらず、不教伊は不是にあらず。[一四八]これらともに有時なり。

山も時であり、海も時である。時でなければ山海のあるはずがないのであるから、山海が今の時でないとは思ってはならない。もし時が壊《こわ》れるならば山海も壊れるであろう。時が壊れないならば山海も壊れないであろう。このような道理によって明星（釈尊の成道のときに現われたと伝えられる星）が現われ、仏が現われ、悟りの智慧が現われ、以心伝心が現われたのである。これらがみな時である。時でなければ、そのようなことは起こらなかったであろう。

〔要約〕世界が時間によって成り立っているからこそ、われわれが真実を悟る時もくるのである。

葉県《せっけん》の帰省禅師《きせいぜんじ》は臨済宗の直系の師であり、首山《しゅざん》の教えを受け継いだ人である。あるとき僧たちに示していった。

「あるときは心が到ってことばが到らない。あるときはことばが到って心が到らない。あるときは心もことばも、ともに到り、あるときは心もことばも、ともに到らない」

心もことばも、ともに有時《うじ》である。到るのも到らないのも、と

山も時なり、海も時なり。時にあらざれば山海あるべからず、山海の而今《にこん》に時あらずとすべからず。時もし壊《え》すれば山海も壊す、時もし不壊《ふえ》なれば、山海も不壊なり。この道理に明星《みょうじょう》[一四九]出現す、如来《にょらい》[一五〇]出現す、眼睛《がんぜい》[一五一]出現す、拈華《ねんげ》[一五二]出現す、これ時なり。時にあらざれば不恁麼《ふいんも》なり。

葉県《せっけん》の帰省禅師《きせいぜんじ》[一五三]は、臨済《りんざい》の法孫なり、首《しゅ》山《ざん》[一五三]の嫡嗣《ちゃくし》なり。あるとき、大衆《だいしゅ》にしめしていはく、「有時《うじ》は意到りて句到らず[一五四]。有時は句到りて意到らず。有時ら意句両《ふた》ながら倶に到り、有時は意句倶に到らず」。

もに有時である。到る時が来ていなくても、到らない時はすでに来ているのである。

　そうであるとすれば、心は去ることのないものであり、ことばはすでに到来しているものである。すでに到来しているものは心であり、去ることのないものはことばである。到るときはよそから来るのではなく、到らないときはまだ来ていないのではない。

〔要約〕あらゆる時間は現在なのであるから、未来はよそからやって来るものではなく、自己のうちに未来として刻々に成立している現在なのである。

　有時《うじ》とは、このようなものである。到ることは到ることに覆い尽くされ、到らないことには覆い尽くされない。到らないことは到らないことに覆い尽くされ、到ることには覆い尽くされない。こころはこころを覆い尽くし、こころのほかのなにものでもない。ことばはことばを覆い尽くし、ことばのほかのなにものでもない。覆い尽くすことが、覆い尽くすことを覆い尽くす。それが時の働きである。

意句ともに有時なり、到不到《とうふとう》ともに有時なり。到時未了《とうじみりよう》なりといへども、不到《ふとう》時来《じらい》なり。意は驢《ろ》[155]なり、句は馬《ば》[155]なり。馬を句とし、驢を意とせり。到それ来《らい》にあらず、不到これ未にあらず。

有時《うじ》かくのごとくなり。到は到に罣礙《けいげ》せられて、不到に罣礙せられず。不到は不到に罣礙せられて、到に罣礙せられず。意は意をさへ、意をみる。句は句をさへ、句をみる。礙は礙をさへ、礙をみる。礙は礙を礙する[156]なり、これ時なり。礙は他法に使得《すて》せらる[157]といへども、他法

覆い尽くすこと自体は、何ものか（われ）によってなされるのであるが、結果的にみれば、覆い尽くすことを覆い尽くす以外には、覆い尽くすことはないのである。そのことは、譬えば「われが出て人に会う」というとき、われが人に会い、人が人に会い、われがわれに会い、出ることが出ることに会うことと同じである。これらのことがすべて時でないならば、そのようなことは起こらないであろう。

〔要約〕　現在は現在の全体験であり、未来は未来の全体験である。

また、これを修行の立場から見るならば、心は真理が現われる時であり、ことばは向上の扉を開く時である。到る時は解脱の時であり、到らない時は着かず離れずの時である。このように認め、このような有時をあらしめてゆきなさい。

〔要約〕　現在においては現在を解脱し、未来に対しては未来を解脱した時、真実を学ぶことができるのである。

を礙する礙いまだあらざるなり。我逢人《がほうにん》なり、人逢人《にんほうにん》なり、我逢我《がほうが》なり、出逢《しゅっほう》[一五八]出《しゅっ》なり。これらもし時をえざるには、恁《いん》麽《も》ならざるなり。

また意《い》は現成公案《げんじょうこうあん》の時なり、句は向上関棙《かんれい》[一五九]の時なり。到は脱体《とったい》の時なり、不到は即此離此《そくしりし》[一六〇]の時なり。かくのごとく辨肯《べんこう》すべし。有時《うじ》すべし。

以上が先覚者たちのことばであるが、そのほかにいうべきことはないであろうか。いや、次のようにいうべきである。

「心とことばが半ば到るのも有時《うじ》であり、心とことばが半ば到らないのも有時である」

このことを身をもって究めなさい。

彼に眉をあげ目を瞬かせるのも半有時であり、迷いの有時である。彼に眉をあげ目を瞬かせないのも半有時であり、迷いの有時である。このように学び来たり、学び去り、学び到り、学び到らないことが、有時なのである。

〔要約〕 どのような中途半端に見える時も、迷っている時も、すべてが完結した時である。生きることそのものが、最高の体験なのである。

向来《こうらい》の尊宿《そんしゅく》[一六二]ともに恁麽《いんも》いふとも、さらに道取すべきところなからんや。いふべし、意句半到也有時《いくはんとうやうじ》、意句半不到也有《いくはんふとうやう》時《じ》。かくのごとくの参究あるべきなり。

〔伊《かれ》をして揚眉瞬目《ようびしゅんもく》せしむるも也半有《またはんう》時《じ》、伊をして揚眉瞬目せしむるも也錯《またしゃく》有時《うじ》、伊をして揚眉瞬目せしめざるも也《また》半有時《はんうじ》、伊をして揚眉瞬目せしめざるも也錯有時《またしゃくうじ》〕。恁麽《いんも》のごとく参来参去、参到不到する、有時《うじ》の時《とき》なり。

II

山水経・梅華・画餅

山《さん》水《すい》経《きょう》[一六二]

——山水がほとけの教えを説くこと——

今ここにみられる山水は、諸仏の方々の悟った境地を現わされている。山は山になりきっており、水は水になりきっていて、そのほかのなにものでもない。

それはあらゆる時を超えた山水であるから、今ここに実現している。あらゆる時を超えた自己であるから、自己であることを解脱している。

〔要約〕 自然は真理が実現されるところであり、自己が自己を発見するところである。

山の働きは大きくて限りないから、雲に乗って空を行くものは、かならず山から出ている。風に従って進むものは、かならず

而今《にこん》の山水《さんすい》は、古仏の道現成《どうげんじょう》なり。[一六三]ともに法位に住して、[一六四]究尽《ぐうじん》の功徳《くどく》[一六五]を成ぜり。空劫已前《くうごういぜん》[一六六]の消息なるがゆゑに、而今の活計なり。朕兆未萌《ちんちょうみほう》[一六六]の自己なるがゆゑに、現成の透脱《とうだつ》なり。

山の諸功徳高広《しょくどくこうこう》なるをもて、乗雲《じょううん》の道徳、[一六七]かならず山より通達《つうだつ》す。順風《じゅんぷう》の妙《みょう》

山から解脱している。

〔要約〕常識の立場をはなれて、山の真実に迫ることによって、自己を知り、自己を解脱することができる。

大陽山の道楷和尚が一山の僧たちに示していった。

「青山《せいざん》は常に運歩し、石女《うまずめ》は夜《よる》子を生む」

山の働きに欠けたところはないから、山は常に安住し、常に歩むのである。そのことを詳しく学ぶべきである。山の歩みは人の歩みと同じなのであって、たとえ表面的にはそのように見えなくても、それを疑ってはならない。ここで道楷和尚のいっていることは、仏道の根本問題なのであるから、真剣に学びなさい。

〔要約〕山が動かないと考えるのは、常識的見解にすぎない。その奥にある静中の動、動中の静を見徹すべきである。

青山《せいざん》は歩むことによって、安住している。その歩みは風より速

[一六七]功《こう》、さだめて山より透脱《とうだつ》するなり。

大陽山楷和尚《たいようざんかいおしょう》、[一六八]〔衆に示して云く、青山《せいざん》常《つね》に運歩《うんぽ》し[一六九]、石女《せきじょ》は夜児《よるじ》を生《しょう》ず」。

山はそなはるべき功徳《くどく》の虧闕《きけつ》することなし。[一七〇]このゆゑに常安住《じょうあんじゅう》なり、常運歩《じょううんぽ》なり。その運歩の功徳、まさに審細《しんさい》に参学すべし。山の運歩は人の運歩のごとくなるべきがゆゑに[一七一]、人間の行歩《こうほ》におなじくみえざればとて、山の運歩をうたがふことなかれ。いま仏祖[一七二]の説道《せつどう》、すでに運歩を指示《しじ》す、これその得本《とくほん》[一七三]なり。常運歩《じょううんぽ》の示衆《じしゅ》を究辧《きゅうはん》すべし。

運歩《うんぽ》のゆゑに常《じょう》なり。青山《せいざん》の運歩は、其《ご》

いが、山になりきっている人はそのことに気がつかない。山の中には一切世界が開いているが、山になりきっている人はそのことに気がつかない。山を見る眼がないものもまた、そのような道理を知ることがなく、見ることも聞くこともない。

〔要約〕「山が歩む」ということは、生滅するもののなかに永遠の相を見ることである。それに気づいても気がつかなくても、われわれは永遠の世界を生きているのである。

もし山の歩みを疑うならば、自己の歩みも本当にわかっていないのである。自己に歩みがないのではなく、自己の歩みを未だ知らず、未だ明らかにしていないのである。自己の歩みを知るように、青山の歩みを知るべきである。われわれが青山を見るとき、青山も自己も、生物でも無生物でもなく、両者の間には何の隔たりもない。そのため青山の歩みを疑うことができないのである。

〔要約〕われが山を見ることによってわれが山と一体になる。それを「山が歩く」といっても、「山が山を見る」といってもよいのである。

疾如風《しつにょふう》よりもすみやかなれども、山中《さんちゅう》人《にん》[一七四]は不覚不知[一七五]なり。山中とは、世界裏《せかいり》華開《けかい》[一七六]なり。山外人《さんげにん》[一七七]は不覚不知なり。山をみる眼目《がんもく》あらざる人は、不覚、不知、不見、不聞《もん》、這箇《しゃこ》[一七八]道理《どう》なり。

もし山の運歩を疑著《ぎじゃく》するは、自己の運歩をもいまだしらざるなり[一七九]。自己の運歩なきにはあらず、自己の運歩いまだしらざるなり、あきらめざるなり。自己の運歩をしらんがごとき、まさに青山《せいざん》の運歩をもしるべきなり。青山すでに有情《うじょう》にあらず、非情《ひじょう》にあらず[一八〇]。自己すでに有情にあらず、非情にあらず。いま青山の運歩を疑著せんこと、うべからず。

世界全体という立場から、青山《せいざん》を明らかにすべきことを、人は知らない。しかし真実を知るためには、そのような立場から、青山の歩み、すなわち自己の歩みを検べてみる必要がある。それがあらゆる時を超えて前へ進むばかりでなく、後へ退き歩み、歩み退くことを検べてみる必要がある。

もしその歩みに休みがあるならば、諸仏祖たちは現われなかったであろう。もしその歩みに極まりがあるならば、仏の教えは今日まで伝わらなかったであろう。進歩も休まず、退歩も休まない。進歩は退歩にそむかず、退歩は進歩にそむかない。このことを、「山が流れる」といい、「流れるのは山である」というのである。

〔要約〕ここにいう「山」とは一瞬のとどこおりもない永遠の万物流転の様相にほかならない。

青山《せいざん》自身も歩むことを学び、東山《とうざん》自身も、水上を行くことを学ぶから、山を学ぶことは、山が山を学ぶことである。山が山の姿のまま、自分のことを学んできたのである。それを、「青山が歩

いく法界《ほっかい》を量局《りょうこく》[一八一]として、青山を照鑑《しょうかん》すべしとしらず。青山の運歩および自己の運歩、あきらかに検点すべきなり。退歩《たいほ》歩退《ほたい》、ともに検点あるべし。未朕兆《みちんちょう》[一八二]の正当時《しょうとうじ》、および空王那畔《くうおうなはん》[一八二]より、進歩退歩に運歩しばらくもやまざること、検点すべし。運歩もし休《きゅう》することあらば、仏祖不出現なり。運歩もし究極《きゅうごく》あらば、仏法不到今日《ぶっぽうふとうこんにち》ならん。進歩いまだやまず、退歩いまだやまず。進歩のとき退歩に乖向《けこう》せず、退歩のとき進歩を乖向せず。この功徳を山流《さんりゅう》とし、流山《りゅうざん》[一八三]とす。

青山《せいざん》も運歩を参究し[一八四]、東山《とうざん》も水上行《すいじょうこう》[一八五]を参学するがゆゑに、この参学は山の参学なり。山の身心をあらためず、山の面目

むことなどはできない。東山が水上を行くことなどはできない」といって山をそしってはならない。自己の考えが足りないから、青山運歩のことばを怪しむのである。見聞が浅いから、「山が流れる」ということばに驚くのである。そのようなものたちは、「水が流れる」ということばさえよくわかっていないのに、自己のあさはかな見解に溺《おぼ》れている。

　このように、山の働きのすべてが、真理を現わしているのである。山には山の歩みがあり、山の流れがあり、山が山を生むときがある。山が山を学んで諸仏らとなることによって、諸仏祖がこのように実現しているのである。

〔要約〕　われが山を学ぶだけでは、いつまで経っても山のことはわからない。山が山を学ぶという境地に至ったときに始めて、山の真実を知ることができる。

　たとえ、「山は草木、土石、土塀によって成り立っている」という見方があっても、それはとりたてて疑ったり迷ったりすべきことではなく、またそれによって山のすべてがわかるわけではな

ながら廻途《えと》参学[一六六]しきたれり。青山は運歩不得《ふとく》なり、東山水上行不得なると、山を誹謗《ひぼう》することなかれ。低下《ていげ》の見処《けんじょ》[一六七]のいやしきゆゑに、青山運歩の句をあやしむなり。少聞《しょうもん》のつたなきによりて、流山《りゅうざん》の語をおどろくなり。いま流水の言《ごん》も、七《しっ》通《つう》八《はっ》達《たつ》せずといへども、小見小聞に沈溺《ちんでき》せるのみなり。しかあれば、所積《しょせき》の功徳《くどく》[一六八]を挙《こ》せるを形《ぎょう》名《みょう》とし、命《めい》脈《みやく》とせり[一六九]。運歩あり流行あり。山の山児《さんじ》を生《しょう》ずる時節あり。山の仏祖となる[一七〇]道理によりて、仏祖かくのごとく[一七一]出現せるなり。

たとひ草木・土石・牆壁《しょうへき》[一七二]の見成《げんじょう》する眼《がん》睛《ぜい》あらむときも、疑著《ぎじゃく》にあらず、動著《どうじゃく》にあらず、全《ぜん》現成にあらず。たとひ七宝《しっぽう》[一七三]

い。また、「山は宝玉の輝くところである」と見る時があっても、そればかりが真実ではない。また、「山は諸仏が修行するところである」という考えがあってもそのような考えに執着してはならない。また、「山は仏の不思議な働きを現わしている」という最も適切な考え方が現われても、真実はそればかりではない。それぞれの考えはそれぞれの立場にもとづいているのであって、いずれも諸仏祖が悟ったこととは異なる狭い考えである。

このように、物と心をわけて考えることは、釈尊の戒しめられたところである。心と本質をわけて説くことは、諸仏祖の求めなかったところである。まして、心や本質を表面的に見ようとすることは、異教徒のすることである。そして、言句にこだわることは、悟りの道ではない。

このような立場を超えることがある。それが今ここにいう「青《せい》山《ざん》が常に歩む」「東山《とうざん》が水上を行く」ということである。このことを詳しく学ぶべきである。

荘厳《そうごん》なりと見取せらるる時節現成すとも、実帰《じっき》にあらず。たとひ諸仏行道《ぎょうどう》の境界《きょうがい》[一九四]と見《けん》現成あるも、あながちの愛処《あいしょ》にあらず。たとひ諸仏不思議の功徳と見現成の頂顙《ちょうねい》をうとも、如実《にょじつ》これのみにあらず、各各《かくかく》の見成は、各各の依正《えしょう》[一九五]なり。これらを仏祖の道業《どうごう》とするにあらず、一偶《いちぐう》の管見《かんけん》なり。転境転心《てんきょうてんしん》[一九六]は大聖《だいしょう》の所呵《しょか》なり、説心説性《せっしんせっしょう》[一九七]は仏祖の所不肯《しょふこう》なり。見心見性《けんしんけんしょう》[一九八]は外道《げどう》の活計なり、滞《たい》言滞句《ごんたいく》は解脱《げだつ》の道著《どうじゃく》にあらず。かくのごとくの境界を透脱せるあり、いはゆる青山常運歩《せいざんじょううんぽ》なり、東山水上行《とうざんすいじょうこう》なり。審《しん》細《さい》に参究すべし。

〔要約〕「主観と客観」「理想と現実」「目覚めたものと迷うもの」という対立的な見方や、表面的な論理を否定することが「山が歩く」ということなのである。

「石女《うまずめ》が夜《よる》子を生む」ということは、石の女が子を生むときは、ちょうど夜がすべてを一体としてしまうように、すべての対立から自由であるということである。

石には男石、女石、非男女石があって、天地の欠けたところを補っているという。また、天石、地石があるという。これは俗世間の人のいうことであるが、知る人は稀《まれ》である。

われわれはこの「生児」ということばの真意を学ぶべきである。生児のときには、親と子が別々にあるのではない。子を生んで親となることも生児であり、親が子となるときにも生児が実現することを学ぶべきである。

〔要約〕 真実の自分を悟ってみれば、それはもとからの自分と別のものではない。親も子も一つだと知ることを、「石女《うまずめ》が子を生む」というのである。

雲門匡真大師《うんもんきょうしんだいし》がいっている。

石女夜生児《せきじょやしょうじ》は、石女の生児するときを夜《や》といふ。[199] おほよそ、男石女石《なんせきにょせき》[200]あり、非男《ひなん》女石《にょせき》あり、これよく天を補《ふ》[201]し、地を補す。天石あり、地石あり。俗のいふところなりといへども、人のしるところまれなるなり。生児の道理しるべし、生児のときは、親子並化《しんしへいか》[202]するか。児の親となるを、生児現成と参学するのみならんや、親の児となるときを、生児現成の修証《しゅしょう》[203]なりと参学すべし、究徹《きゅうてつ》すべし。

雲門匡真大師《うんもんきょうしんだいし》[204]いはく、東山水上行《とうざんすいじょうこう》[205]。こ

「東山《とうざん》は水上を行く」

このことばの意味は、すべての山が東山であり、すべての山が水上を行くということである。それによって、九山《きゅうざん》や須弥山《しゅみせん》（古代インドの伝説で、世界の中心にあるとされている山々）を始めとして、すべての山々がここに実現し、修行し、悟っているのである。しかし、雲門自身が果たして、東山についてのそのような理解から解脱していたかどうかはわからない。

〔要約〕われが修行して悟ることは、われという一切の人間が修行し、悟ることにほかならない。

今、宋の国には、あさはかなものたちが多く群をなしており、少数の真実者によって撃退することができない。彼らはいう。「今の東山水上行《とうざんすいじょうこう》の公案や、南泉の鎌の公案のようなものは、もともと理解できないことである。なぜならば、すべて思慮によって理解できる語話は、禅の語話ではないからである。思慮によって理解できないものこそ、先覚者の語話である」したがって黄檗《おうばく》の痛棒や臨済《りんざい》の大喝は、理解することができず、思慮によって

の道現成《どうげんじょう》の宗旨《しゅうし》は、諸山《しょざん》は東山なり、一切《いっさい》の東山は水上行なり。このゆゑに、九山迷盧《くせんめいろ》二〇六等の現成せり、修証《しゅしょう》せり。これを東山といふ。しかあれども、雲門いかでか東山の皮肉骨髄《ひにくこつずい》二〇七・修証活計《しゅしょうかっけい》に透脱ならむ。二〇八

いま現在大宋国に杜撰《ずさん》のやから一類あり、いまは群《ぐん》をなせり。小実の撃不能《きゃくふのう》二〇九なるところなり。かれらいはく、いまの東山水上行話《とうざんすいじょうこうわ》、および南泉の鎌子話《けんすわ》二一〇ごときは、無理会話《むりえわ》なり。その意旨《いし》は、もろもろの念慮にかかはれる語話《ごわ》は、仏祖の禅話《ぜんな》にあらず、無理会話これ仏祖の語話

はかり知ることができないから、あらゆる時を超えた大悟であるというのである。そして、「先覚者たちが人を導く手段として、しばしば、はからいを絶つことばを用いたが、それらのことばは理解することはできない」という。そのようにいうものは、未だかつて正しい師に逢わず、学ぶ力を持たない、取るに足りない者たちである。宋の国には二、三百年このかた、このような悪者たちが多い。哀しむべきことである。正しい仏道がすたれてしまっているのである。かれらの考えは、小乗のものに及ばず、異教徒よりも愚かである。かれらは俗人でもなく僧侶でもなく、人間でもなく天人でもなく、仏道を学んでいる動物たちよりも愚かである。

彼らが理解できないというのは、彼らばかりが理解できないのであって、諸仏祖はそうではない。自分たちが理解できないからといって、諸仏祖が理解したところを見過ごしにしてはならない。もし、理解することができないならば、彼らの「理解できない」という理解も正しくないはずである。

このようなものたちが宋の国の諸方に多い。私がまのあたりに見聞してきたことである。まことに哀れむべきである。彼らは先

なり。かるがゆゑに、黄檗《おうばく》[21]の行棒《ぎょうぼう》および臨済《りんざい》[22]の挙喝《こかつ》、これら理会《りえ》およびがたく、念慮にかかはれず。これを朕兆未《ちんちょうみ》萌已前《ほういぜん》[23]の大悟《だいご》とするなり。先徳の方便《ほうべん》、おほく葛藤断句《かっとうだんく》[24]をもちゐるといふは無理会なり。かくのごとくいふやから、かつていまだ正師《しょうし》をみず、参学眼《さんがくげん》なし、いふにたらざる小獣子《しょうがいす》[25]なり。宋土《そうど》ちかく二三百年よりこのかた、かくのごとくの魔子六群禿子《ましろくぐんとくし》[26]おほし。あはれむべし、仏祖の大道の廃するなり。これらが所解《しょげ》、なほ小乗声聞《しょうじょうしょうもん》[27]におよばず、外道《げどう》よりもおろかなり。俗にあらず、僧にあらず、人《にん》にあらず、天にあらず、学仏道《がくぶつどう》の畜生《ちくしょう》よりもおろかなり。禿子《とくし》がいふ無理会話、なんぢのみ無理会なり、仏祖はしかあらず。なんぢに理会せられざればとて、仏祖の理会路《りえろ》を参学せざるべから

覚者のことばが思慮あることばであることを知らず、そのようなことばの背後にある思慮を超えることを知らない。宋の国にいたとき、彼らを笑ったところ、彼らは何もいうことができず、一語も答えなかった。今かれらのいう「理解できない」という考えは、よこしまな考えに過ぎない。かれらを教える真実の師がなかったとはいえ、それは異端者の考えである。

〔要約〕禅の語話は、理性によって理解できない無意味なものではなく、常識よりもいっそう高い理性によって明らかにされるものである。

この「東山《とうざん》が水上を行く」ということばが、諸仏祖の悟った真実であることを知るべきである。諸水が東山の麓に現われるから諸山が雲に乗り、天を歩むのである。諸水の上にあるのは諸山であり、登りも下りも、ともに水上を行くのである。諸山のつまさきは、諸水を歩み、諸水を躍らせるから、その歩みは自由自在に

ず。たとひ畢竟《ひっきょう》じて無理会なるべくば、なんぢがいまいふ理会もあたるべからず。しかのごときのたぐひ、宋朝《そうちょう》の諸方におほし。まのあたり見聞《けんもん》せしところなり。あはれむべし、かれら念慮の語句なることをしらず、語句の念慮を透脱することをしらず。在宋《ざいそう》のとき、かれらをわらふに、かれら所陳《しょちん》[二八]なし、無語なりしのみなり。かれらがいまの無理会の邪計《じゃけい》なるのみなり。たれかなんぢにをしふる。天真《てんしん》の師範《しはん》[二九]なしといへども、自然《じねん》の外道見《げどうけん》なり。

しるべし、この東山水上行《とうざんすいじょうこう》は、仏祖の骨髄《こつずい》なり。諸水は東山の脚下に現成《げんじょう》せり。このゆゑに、諸山くもにのり、天を[三〇]あゆむ。諸水の頂𩕳《ちょうねい》は諸山なり。向上《こうじょう》直下《じきげ》の行歩《こうほ》、ともに水上なり。諸山の脚《きゃく》

修行・悟りを実現しているのである。

〔要約〕「山が水上を行く」ということは、われが解脱しているということにほかならない。このことがわかれば、先覚者の境地が自由自在に理解される。

水はもともと、強弱、湿乾、動静、冷暖、有無といった差別を超えている。固まれば金剛石よりも堅く、誰もそれを破ることはできない。融ければ乳水よりも柔らかく、誰もそれを破ることはできない。したがって、水が具え現わしている性質を疑うことはできない。われわれはしばらく、諸方の水をありのままに見ることを学ぶべきである。人間や天人が水を学ぶときばかりが、学ぶときではない。水が水を見て、水を学ぶことがある。水が水を悟るのであるから、水が水のことを説いているのである。われわれはそのようにして、自己が自己にあう道を実現すべきである。他者が他者を学び究め、それを超えて行くことを学ぶべきである。

〔要約〕ここにいう「水」とは、解脱の境地をいうのである。

尖《せん》、よく諸水を行歩し[三]、諸水を趯出《てきしゅつ》せしむるゆゑに、運歩七縦八横《しちじゅうはちおう》なり、修《しゅ》証即不無《しょうそくふむ》[三]なり。

水は強弱《ごうじゃく》にあらず、湿乾《しっかん》にあらず、動《どう》静《じょう》にあらず、冷煖《れいなん》にあらず、有無《うむ》にあらず、迷悟《めいご》にあらざるなり。こりては金剛《こんごう》よりもかたし、たれかこれをやぶらん。融《ゆう》じては乳水《にゅうすい》よりもやはらかなり、たれかこれをやぶらん。しかあればすなはち、現成所有《げんじょうしょう》の功徳をあやしむことあたはず。しばらく十方の水を十方にして著眼看《じゃくがんかん》すべき時節を参学すべし。人天《にんでん》の水をみるときのみの参学にあらず、水の水をみる参学あり。水の水を修証《しゅしょう》するがゆゑに、水の水を道著《どうじゃく》する参究あ

およそ山水の見方は、見るものの種類によってさまざまに異なる。ある経典によれば、われわれが水と呼んでいるものが、天人たちには玉飾りに見えるという。それでは天人たちは、われわれが何と思っているものを水とするのであろうか。とにかくわれわれは、彼らが玉飾りと思っているものを水と考えているのである。また天人たちは、水を麗しい花とみるというが、それを水として用いているわけではない。餓鬼は水を猛火とみ、濃血とみる。竜魚は水を宮殿、楼閣、宝玉とみる。あるものは水を樹林、土塀とみる。あるいは悟りの本質とみる、真実の人体とみる。あるいは心、姿とみる。人間はそれを水とみる。水はこのように、それぞれの立場によって、生かしたり殺したりされるのである。このように諸類によって見方が同じでないことを、しばらく考えてみるべきである。一つのものを見るに、その見方がさまざまにあるのであろうか。それともさまざまにあるものを、われわれが

り。自己の自己に相逢《そうほう》する通路を現成《げんじょう》せしむべし。他己の他己を参徹《さんてつ》する活路を進退すべし、跳出すべし。

おほよそ山水をみること、種類にしたがひて不同あり。いはゆる水をみるに瓔珞《ようらく》とみるもの[三三]あり。しかあれども、瓔珞を水とみるにはあらず。われらがなにとみるかたちを、かれが水とすらん。かれが瓔珞は、われ水とみる。水を妙華《みょうげ》とみる[三四]あり。しかあれど、華《はな》を水ともちゐるにあらず。鬼は水をもて猛火とみる、濃血《のうけつ》とみる。龍魚は宮殿《ぐうでん》とみる[三五]、楼台《ろうだい》とみる、あるひは七宝摩尼珠《しっぽうまにじゅ》[三六]とみる、あるひは樹林牆壁《じゅりんしょうへき》とみる、あるひは清浄解脱《しょうじょうげだつ》の法性《ほっしょう》とみる、あるひは真実人体《しんじつにんたい》とみる、あるひは身相心性《しんそうしんしょう》とみる、人間これを水とみる、殺活《せっかつ》の因縁《いんねん》[三七]なり。すでに

一つのものと見誤っているのであろうか。このことを繰り返し考えてみるべきである。このように、修行悟りの道も、一つや二つではないのである。学び究めるべきところが、さまざまにあることを理解しなさい。

〔要約〕同じものでも、見る立場が異なれば、別のものに見えることを知って、広い視野で学ぶべきである。

さらにこのことを考えてみると、たとえ諸類によって水がさまざまに見られるとしても、水そのものというものはなく、また諸類共通の水というものはないようである。しかし水はわれわれの身心によって勝手に生じたものでもなく、行いによって生じたものでもなく、自己や他者によって生じたものでもない。水はただ水でありながら水であることを解脱しているのである。したがって水は物質的要素、色彩的要素、感覚的要素を解脱しながら、しかも物質として実現しているのである。

したがって今のこの世界が、何によって成り立っているかを明らかにすることはむずかしい。世界が円盤状の物質の上に乗って

随類《ずいるい》の所見不同なり、しばらくこれを疑《ぎ》著《じやく》すべし。一境をみるに諸見しなじななりとやせん、諸象《しよぞう》を一境なりと誤錯《ごしやく》せりとやせん。功夫《くふう》の頂𩕳《ちようねい》にさらに功夫《くふう》すべし。しかあればすなはち、修証辨道《しゆしようべんどう》も一般両般《いつぱんりようはん》なるべからず、究竟《くきよう》の境界[二八]も千種万般《せんしゆばんぱん》なるべきなり。

さらにこの宗旨《しゆうし》を憶想《おくそう》するに、諸類の水たとひおほしといへども、本水《ほんすい》なきがごとし、[二九]諸類の水なきがごとし。しかあれども、随類《ずいるい》の諸水、[三〇]それ心《しん》によらず、身によらず、業《ごう》より生《しよう》ぜず。依自《えじ》にあらず、依他《えた》[三一]にあらず、依水《えすい》の透脱あり。[三二]しかあれば、水は地水火風空識《ちすいかふうくうしき》等にあらず、水は青黄赤白黒《しやうおうしやくびやくこく》等にあらず、色《しき》声香味触法《しようかうみそくほう》等にあらざれども、地水火風空等の水おのづから現成せり。[三三]かくの

いると考えるのは、主観的にも客観的にも真実でなく、あさはかな論にすぎない。何ものかに頼らなければ安住することができないと思うから、そのように考えるのである。

〔要約〕 解脱の立場から世界を見るならば、世界のすべての事物がなにものにもとらわれず、ありのままの姿で実現していることを知るのである。

釈尊がいわれている。

「すべての物事は悉く解脱していて、留まるところがない」解脱していて、束縛されることがないとはいえ、すべての物事が、それぞれのものになりきっていることを知るべきである。ところが人間は水を見て、「水は流れ行くものである」と見るばかりである。水の流れにはさまざまあるのであるから、そのように見るのは、人間の部分的な見方に過ぎない。水はいわゆる地を流れ、空を流れ、上に向かって流れ、下に向かって流れる。あるときには河の一隅を流れ、あるときは深い淵を流れる。のぼっては雲となり、下っては淵となる。

ごとくなれば、而今《にこん》の国土・宮殿、なにものの能成所成《のうじようしよじよう》とあきらめいはんことかたかるべし。空輪《くうりん》・風輪《ふうりん》にかかれると[二三四]道著《どうじやく》する、わがまことにあらず、他《た》のまことにあらず、小見の測度《しきたく》を擬議《ぎぎ》するなり。かかれるところなくば住《じゆう》すべからずとおもふによりて、この道著するなり。

仏言《ぶつのたまわ》く、「一切《いつさい》の諸法《しよほう》は畢竟解脱《ひつきようげだつ》にして、所住有《しよじゆうあ》ること無し」。しるべし、解《げ》脱《だつ》[二三五]にして繋縛《けばく》なしといへども、諸法住位せり。しかあるに、人間の水をみるに、流注《るちゆう》[二三六]してとどまらざるとみる一途《いちづ》あり。その流《りゆう》に多般《たはん》あり、これ人見《にんけん》の一端なり。いはゆる地を流通《るづう》し、空を流通し、上方に流通し、下方に流通す。一曲《いつきよく》にもながれ、九淵《きゆうえん》[二三七]にもながる。のぼりて雲をなし、くだりてふちをなす。文子《もんし》[二三八]曰《いわ》

隋の文子がいっている。

「水の道は、天にのぼっては雨露となり、地に下っては江河となる」

俗世間の人でさえ、このようにいっているのである。仏の子孫であると称しているものたちは、俗世間のものたちよりも愚かであることを恥ずべきである。このことばの意味は、水の道を水が知っているかどうかにかかわらず、水は水として働いているということである。

文子が「天にのぼって雨露となる」といっているように、水はどのような上空、上方へものぼっても雨露となることを知るべきである。雨露は、行く世界によってさまざまな形をとる。水の至らない処があるというのは、小乗の教えである。それとも仏道以外の誤った教えである。水は火焔のうちにも至り、心、思慮分別のうちにも至り、仏の本質のうちにも至るのである。

〔要約〕「水は火焔のうちにもいたる」という自然的事実によって象徴される人間救済の原理は何かということを考えなければならない。

く、〔水之道は天に上《のぼ》りて雨露《うろ》と為《な》り、地に下りて江河と為る〕[三九]。いま俗のいふところ、なほかくのごとし。仏祖の児孫《じそん》と称せんともがら、俗よりもくらからんは、もともはづべし。いはく、水の道は水の所知覚《しょちかく》にあらざれども、水よく現《げん》行《ぎょう》す。水の不知覚にあらざれども、水よく現行するなり。上天為雨露《じょうてんいうろ》といふ。しるべし、水はいくそばくの上天上方へものぼりて雨露をなすなり。雨露は世界にしたがふて、しなじななり。水のいたらざるところあるといふは、小乗声聞《しょうもん》教《きょう》なり、あるいは外道《げどう》の邪教なり。水は火焔裏《かえんり》にもいたるなり、心念・思量・分《ふん》別裏《べつり》にもいたるなり、覚智仏 性裏《かくちぶっしょうり》にもいたるなり。[四〇]

また文子が「地に下って江河となる」といっているように、水が地に下るとき、江河となり、江河の一滴がよく賢人となることを知るべきである。凡庸のものたちは、水はかならず江河海川にあると思っている。しかし、そうではない。水の中にも江河があるのである。したがって江河でない処にも水はあるのであって、水が地に下るとき、江河を形づくるに過ぎない。また、「水が江河をなしているのであるから、水の中に世界のあるはずがなく、仏の国のあるはずがない」と考えてはならない。一滴の水の中にも、無限に広い仏の国が実現するのである。したがって、仏の国の中に水があるともいえず、水の中に仏の国があるともいえない。水は時間や存在のあり方にかかわりなく、水としての真実を実現しているのである。諸仏祖の行くところに、水はかならず行き、水の行く処に、諸仏祖がかならず現われるのである。そのため諸仏祖たちは、かならず水を自己の身心として学んできたのである。

〔要約〕 仏という特殊な存在のなかに解脱があるのではなく、解脱した人すべてがほとけなのである。

下《げ》地《ち》為《い》江河《こうが》。しるべし、水の下地するとき、江河をなすなり。江河の精《せい》、よく賢人となる。いま凡愚庸流《ぼんぐようる》のおもはくは、水はかならず江河海川《かいせん》にあるとおもへり。しかにはあらず、水のなかに江海をなせり。しかあれば、江海ならぬところにも水はあり、水の下地するとき、江海の功《こう》をなすのみなり。また水の江海をなしつるところなれば、世界あるべからず、仏土《ぶつど》あるべからずと学すべからず。一滴のなかにも無量の仏国土《ぶっこくど》現成《げんじょう》なり。しかあれば仏土のなかに水あるにあらず、水裏《すいり》に仏土あるにあらず。水の所在、すでに三際《さんさい》〔四〕にかかはれず、法界《ほっかい》にかかはれず。しかもかくのごとくなりといへども、水現成《みずげんじょう》の公案なり。仏祖のいたるところには、水かならずいたる、水のいたるところには、仏祖かならず現成

したがって、「水が上にのぼらない」ということばは、仏道の内外の典籍にない。尤《もっと》も、ある経のなかに「火風は上にのぼり、水火は下にくだる」という一節があるが、ここにいう「上下」ということばは、さらに検討する必要がある。それは仏道のうえでの上下である。いわゆる地や水の行くところを、仮に下とするのである。下として始めから定まっている処に、地や水が行くのではない。同じようにして、火や風の行くところを仮に上とするのである。

存在世界に初めから上下四方の差別があるのではなく、物質の働きを基準として、仮に、方角のある世界を考えるのである。天界は上、地獄は下にあるのではない。地獄も一切世界にあり、天界も一切世界にあるのである。

〔要約〕 仏と衆生という差別が始めからあるのではない。真実にめざめたものが仏であり、いつまでも迷っているものが衆生なのである。

するなり。これによりて、仏祖かならず水を拈《ねん》じて身心《しんじん》とし、思量とせり。[二二]

しかあればすなはち、水はかみにのぼらずといふは、内外《ないげ》の典籍《てんせき》にあらず。水之道は上下縦横に通達《つうだつ》するなり。しかあるに、仏経《ぶっきょう》[二三]のなかに、火風は上《かみ》にのぼり、[二四]地水は下《しも》にくだる。この上下は、参学するところあり。いはゆる、仏道の上下を参学するなり。いはゆる、地水のゆくところを下とするなり、下を地水のゆくところとするにあらず。火風のゆくところは上《かみ》なり。法界《ほっかい》かならずしも上下《じゃうげ》四維《しゆい》の量にかかはるべからざれども、四大・五大・六大等[二五]の行処《ぎょうしょ》によりて、しばらく方隅法界《ほうぐうほっかい》を建立《こんりゅう》するのみなり。無想天《むそうてん》[二六]はかみ、阿鼻獄《あびごく》[二七]はしもとせるにあらず、阿鼻《あび》も尽法界《じんほっかい》なり、無想も尽法界なり。

ところが、竜魚が水を宮殿と見るときには、ちょうど人がこの世の宮殿を見るときのように、宮殿が流れるとは思わないであろう。もし傍観者がいて、「おまえが宮殿と見ているものは実は流水なのだ」といえば、われわれがいま「山が流れる」ということばを聞いて驚くように、竜魚はたちまち驚き疑うであろう。しかしなかには、「宮殿楼閣の欄干《らんかん》や柱がみな流水だということもありうる」というように理解する竜魚もあろう。この道理について静かに思いめぐらすべきである。

われわれはこのようにして、対立した見方を超えることを学ばねばならない。それでなければ凡夫の身心を解脱することができず、諸仏祖の国土、凡夫の国土、凡夫の宮殿を正しく理解することができない。

いま人間は、海の中にあるもの、河の中にあるものが水であることを知っているが、竜魚やそのほかのものたちが、どのようなものを水として用いているかを知らない。自分が水と考えているものを、どの類もみな水として用いているに違いないと、愚かにひとりぎめしてはならない。

いま仏道を学ぶものが水について学ぶとき、人間の考えだけに

しかあるに、龍魚の水を宮殿《ぐうでん》とみるとき、人の宮殿をみるがごとくなるべし、さらにながれゆくと知見すべからず。もし傍観ありて、なんぢが宮殿は流水《りゅうすい》なりと為説《いせつ》せんときは、われらがいま山《さん》流《りゅう》の道著《どうじゃく》を聞著《もんじゃく》するがごとく、龍魚たちまちに驚疑《きょうぎ》すべきなり。さらに宮殿楼閣の欄堦《らんかい》露柱《ろちゅう》は、かくのごとくの説著《せつじゃく》ありと保任する二四八こともあらん。この料《りょう》理《り》二四九、しづかにおもひきたり、おもひもてゆくべし。この辺表《へんぴょう》二五〇に透脱を学せざれば、凡夫《ぼんぷ》の身心《しんじん》を解脱《げだつ》せるにあらず、仏祖の国土を究尽《ぐうじん》せるにあらず、凡夫の国土を究尽せるにあらず、凡夫の宮殿を究尽せるにあらず。いま人間には、海のこころ、江《こう》のこころをふかく水と知見せりといえども、龍魚等、いかなるものをもて、水と知見し、水と使用すといまだし

止まっていてはならない。進んで仏道の上での水を学ぶべきである。諸仏祖が自由自在に用いている水をどのように見ればよいかを学ぶべきである。先覚者の境地に水があるかないかを学ぶべきである。

〔要約〕常識的な考えにとどまらずに、すすんで解脱者の境地をまなぶべきである。

山は常に、すぐれた聖人たちの住居である。賢人も聖人も、ともに山を住居《すまい》とし、山を身心としている。賢人聖人によって山の真実の姿が現われるのである。およそ山にはどれほど多くの聖賢が集まっているかと考えられるのであるが、彼らが山に入ってからこのかた、誰も、その一人にも会ったことがないのである。ただ山の働きが実現しているばかりであって、彼らが山に入った形跡は残っていないのである。

世間から山を眺めるときと、山の中で山に会うときでは、山の

らず。おろかにわが水と知見するを、いづれのたぐひも、水にもちゐるらんと認ずることなかれ。いま学仏《がくぶつ》のともがら、水をならはんとき、ひとすぢに人間のみにはとどこほるべからず、すすみて仏道のみづを参学すべし。仏祖のもちゐるところの水は、われらこれをなにとか所見《しよけん》すると参学すべきなり。仏祖の屋裏《おくり》、また水ありや水なしやと参学すべきなり。[二五一]

山は超古超今《ちようこちようこん》より大聖《だいしやう》の所居《しよご》なり。[二五二]賢《けん》人聖人《じんせいじん》、ともに山を堂奥《どうおう》とせり、[二五三]山を身《しん》心《じん》とせり、賢人聖人によりて、山は現《げん》成《じよう》せるなり。おほよそ山は、いくそばくの大聖大賢いりあつまれるらんとおぼゆれども、山はいりぬるよりこのかたは、一人《いちにん》にあふ一人もなきなり。[二五四]ただ山の活計の現成するのみなり。さらにいりきた

姿は遥かに異なる。したがって、山が流れないという見方は、水が流れないという竜魚の見方と同じであってはならない。人間や天人は、それぞれの世界に安住しており、それを他類が疑ったり疑わなかったりする。

そこでわれわれは、「山が流れる」ということばを諸仏祖に学ぶべきである。いたずらに驚きや疑いにまかせておいてはならない。同じことについて、一方は流れるといい、一方は流れないという。あるときは流れるといい、あるときは流れないという。このことを学ばなければ、仏の教えを学んだとはいえない。

諸仏祖がいっている。

「焦熱地獄へ行きたくないならば、仏の教えをそしってはならない」

このことばを、身心のすべてに銘記しなさい。身心の内外に銘記しなさい。形のないところにも、形のあるところにも銘記しなさい。あるいは木にも、石にも、田にも、里にも銘記しなさい。

〔要約〕「山に入る」とは、解脱するということである。ひとたび解脱すれば、解脱したあとかたさえ残らないのである。

りつる蹤跡《しょうせき》、なほのこらず。世間にて山をのぞむ時節と、山中にて山にあふ時節と、頂顎眼睛《ちょうねいがんぜい》[二五五]はるかにことなり。不《ふ》流《りゅう》の憶想《おくそう》、および不流の知見も、龍魚の知見と一斉《いっせい》なるべからず。人天《にんでん》の自界にところをうる、他類これを疑著《ぎじゃく》し、あるひは疑著におよばず。しかあれば山流《さんりゅう》の句を仏祖に学すべし、驚疑《きょうぎ》にまかすべからず。拈一《ねんいち》はこれ流《りゅう》なり、拈一はこれ不流《ふりゅう》なり[二五六]。一回は流なり、一回は不流なり。この参究なきがごときは、如来正《にょらいしょう》[二五七]法輪《ぼうりん》[二五八]にあらず。

古仏[二五九]いはく、〔無間業《むげんごう》を招かざることを得んと欲せば[二六〇]、如来《にょらい》の正法輪を謗《ぼう》することなかれ〕。この道《どう》を皮肉骨髄《ひにくこつずい》に銘ずべし、身心依正《しんじんえしょう》[二六一]に銘ずべし、空《くう》に銘ずべし、色《しき》に銘ずべし、若樹若石《にゃくじゅにゃくせき》[二六二]に銘せり、若田若里《にゃくでんにゃくり》[二六三]に銘せり。

もともと山は国家に属しているとはいえ、山を愛する人に属している。山がその主《あるじ》を愛するとき、聖賢、高徳の人はかならず山に入る。聖賢が山に住むとき、山はかれらに属するから、樹石は繁茂し、鳥獣はすぐれている。それは聖賢たちがかれらに徳を及ぼすからである。山が賢人聖人を好むことを知るべきである。帝王たちがしばしば山に行幸して、賢人を拝し聖人を拝して教えを乞うたことは、古今のすぐれた事実である。そのようなときには、帝は師礼をもって敬い、世間のしきたりに従わない。帝の権威が山の賢人に及ぶことは全くないのである。帝たちは山が俗界から離れていることを知っていたに違いない。

黄帝《こうてい》が崆峒山《こうどうざん》に広成《こうせい》を訪ねた昔、帝は師を敬って膝で進み、ぬかづいて道を問うた。また釈尊は、昔、父王の王宮を出て山に入られた。しかし父王は山を恨まず、山にあって王子釈尊を導いた者たちを怪しまなかった。釈尊は、十二年の修行期間をほとんど山で過ごされ、悟りを開かれたのも山においてである。転輪王《りんてんおう》（インド伝説の理想王）のような力を持った父王ですら、なお山に対して無理強いすることをしなかったのである。

山は人間界のものでもなく、天界のものでもないことを知りな

おほよそ山は国界に属せりといへども、山を愛する人に属するなり。山かならず主《しゅ》を愛するとき、聖賢高徳《せいけんこうとく》やまにいるなり。聖賢やまにすむとき、やまこれに属するがゆゑに、樹石鬱茂《うつも》なり、禽獣霊《きんじゅうれい》秀《しゅう》なり。これ聖賢の徳をかうぶらしむるゆゑなり。しるべし、山は賢をこのむ実《じつ》あり、聖《しょう》をこのむ実《じつ》あり。帝者おほく山に幸《みゆき》して賢人を拝し、大聖《だいしょう》を拝問するは、古今《ここん》の勝躅《しょうちょく》[二六四]なり。このとき、師礼をもてうやまふ、民間の法に準ずることなし。聖化《せいか》のおよぶところ、またく山賢を強為《ごうい》することなし、山の人間をはなれたることしりぬべし。崆峒華封《こうどうかほう》[二六五]のそのかみ、黄帝《こうてい》これを拝請《はいしょう》するに、膝行《しっこう》して叩頭《こうとう》して、広成にとふしなり。釈迦牟尼《しゃかむに》[二六六]仏《ぶつ》かつて父王《ふおう》の宮《ぐう》をいでて山へいれり、しかあれども父王やまをうらみず。父

さい。人間のおしはかりによって山を考えてはならない。人間の狭い考えに囚われさえしなければ、誰も山の流れることや、山の流れないことを疑わないであろう。

〔要約〕 ひとたび「山は流れない」という観念を打破したならば、「山は流れる」という観念も打破しなければならない。

また、昔から賢人聖人たちが水に住むこともある。水に住むとき、魚を釣ることもあり、人を釣ることもあり、道を釣ることもある。いずれも水中のすぐれたおもむきである。さらに進んでは自己を釣ることもあろう、釣を釣ることもあろう、釣に釣られることもあろう、道に釣られることもあろう。

昔、徳誠和尚《とくじょうおしょう》が唐の武宗《ぶそう》の弾圧にあって、あわただしく薬山《やくさん》を離れ、華亭江《かていこう》の上に舟を浮かべて住んでいた時に、後に華亭江の賢聖と呼ばれた夾山《かっさん》を弟子とした。これこそ、魚を釣ることではなかろうか、人を釣ることではなかろうか、水を釣ることでは

王、やまにありて太子《たいし》をしふるともがらをあやしまず、十二年の修道《しゅどう》おほく山にあり。法王の運啓《うんけい》[二六七]も在山《ざいざん》なり。まことに輪王《りんおう》[二六六]なほ山を強為せず。しるべし、山は人間のさかひにあらず、上天《じょうてん》のさかひにあらず。人慮《にんりょ》の測度《しきたく》をもて山を知見すべからず。もし人間の流《りゅう》に比準《ひじゅん》せずば、たれか山流《さんりゅう》、山《さん》不流等《ふりゅうとう》を疑著《ぎじゃく》せん。

あるひはむかしよりの賢人聖人、ままに水にすむもあり、水にすむとき、魚《うお》をつるあり、人をつるあり、道《どう》をつるあり。これともに古来《こらい》水中の風流[二六九]なり。さらにすすみて自己をつるあるべし、釣《つり》をつるあるべし、釣につらるるあるべし、道につらるるあるべし。むかし徳誠和尚《とくじょうおしゃう》[二七〇]、たちまちに薬山《やくさん》をはなれて江心《こうしん》にすみ[二七一]し、すなはち華亭江《かていこう》[二七二]の賢聖《けんじょう》をえたるな

なかろうか。夾山が徳誠に会うことができたのは、かれが自分をすてて徳誠に学んだからである。徳誠が夾山に接したということは、彼がまことの自己に会ったということである。

〔要約〕人が人に会うということは、真実の自分に会うということである。よき師に会い、よき後継者に会うことによって自分の価値を生かして行くことである。

世界の中に水があるばかりでなく、水の中にも世界がある。水中がそうであるばかりでなく、雲の中にも自己の世界がある。風の中にも、火の中にも、地の中にも、存在世界の中にも、一茎の草の中にも、一本の杖の中にも、自己の世界がある。そして自己の世界のあるところには、かならず諸仏祖の世界がある。このことを、よくよく学ぶべきである。

〔要約〕解脱者の立場から見れば、世界中のすべてのものが、等しく解脱者の境地にある。

り。魚をつらざらんや、人をつらざらんや、水をつらざらんや、みづからをつらざらんや。人の徳誠をみることをうるは、徳誠なり[二七三]、徳誠の人を接するは、人にあふなり。[二七四]

世界に水ありといふのみにあらず、水界に世界あり。水中《すいちゆう》のかくのごとくあるのみにあらず、雲中《うんちゆう》にも有情《うじよう》世界あり[二七五]、風中《ふうちゆう》にも有情世界あり、火中《かちゆう》にも有情世界あり、地中《ちちゆう》にも有情世界あり、法界《ほつかい》中《ちゆう》にも有情世界あり、一茎草中《いつきようそうちゆう》[二七六]にも有情世界あり、一拄杖中《いちしゆぢやうちゆう》にも有情世界あり。有情世界あるがごときは、そのところかならず仏祖世界あり。かくのごとくの道理、よくよく参学すべし。

したがって、水は真実を悟った竜が見た宮殿のようなものであって、流れ去るばかりではない。水が流れるばかりであると、ひとりぎめするのは、水をそしることである。なぜならばそのようなものは、ひとたび立場を代えれば、水は流れないときめてしまうからである。しかし、水はありのままの水なのである。水は水なのであって、流れではない。

このようにして、ひとすくいの水の流れることや流れないことを学び究めるとき、すべてのものごとの究極が、たちまち理解されるのである。

〔要約〕　表面的事実に囚われて、その背後にある普遍的真実を見過ごしにしてはならない。一掬《ひとすく》いの水について学ぶことは、とりもなおさず、究極的真理を理解することにほかならないのである。

山には、宝の中に隠れている山があり、沢の中に隠れている山があり、空の中に隠れている山があり、山の中に隠れている山があり、さらには隠れることの中に隠れている山があることを学びなさい。

しかあれば、水はこれ真龍《しんりゅう》[二七七]の宮《ぐう》なり、流落《りゅうらく》にあらず。流《りゅう》のみなりと認ずるは、流のことば水を謗《ぼう》するなり。たとへば非流と強為《ごうい》する[二七八]がゆゑに。水は水の如是実《にょぜじつ》相《そう》[二七九]のみなり、水是水功徳《すいぜすいくどく》なり、流《りゅう》にあらず。一水《いっすい》の流を参究し、不流《ふりゅう》を参究するに、万法《まんぼう》の究尽《ぐうじん》、たちまちに現成《げんじょう》するなり。

山も宝《たから》にかくるる山あり、沢にかくるる山あり、空にかくるる山あり、山にかくるる山あり、蔵《ぞう》に蔵山《ぞうさん》する[二八〇]参学あり。古仏[二八一]いはく、山是山《やまこれやま》、水是水《みずこれみず》[二八二]。この道取

これについて先覚者がいっている。

「山は山であり、水は水である」

このことばの真意は、山はただ山であるというのではなく、解脱者の見た山であるということである。したがってわれわれは、そのような山のことを身をもって学ぶべきである。山を学ぶというのは、自己が山となって学ぶことである。そのような山水が、おのずから賢人となり、聖人となるのである。

〔要約〕 人間の求めている真実は、学ぶ心さえあれば、自然界のどこにでも見出すことができるのである。それを「山が仏の教えを説き、水が仏の教えを説く」というのである。

は、山是山《やまこれやま》といふにあらず、山是山といふなり。しかあれば、山を参究すべし。山を参究すれば山に功夫《くふう》なり。(二三)かくのごとくの山水、おのづから賢《けん》をなし、聖《しょう》をなすなり。

梅《ばい》　華《か》

いまはなき師、天童如浄禅師《てんどうにょじょうぜんじ》は、宋《そう》の国、慶元府《けいげんふ》、天童山景徳寺第三十代の大和尚である。あるとき法堂《はっとう》にのぼり、一山の僧たちに示していわれた。

「天童山、仲冬（旧暦の十一月）の第一句。するどく角《かど》たつ老梅樹。たちまち一華二華を開く。三華四華五華、無数華を開く。その清らかさを誇ることがなく、香りのたかさを誇ることがない。散っては春風となって草木を吹き、僧たちの頭を禿げさせる。突如として狂風、暴雨となり、あるいは大地に降って雪漫々となる、老梅樹の働きには限りがない。寒さ冷たさが鼻にしみる」

今ここに述べられている老梅樹の働きには限りがない。たちまち花を開いて実を結ぶ。あるいは春となり、あるいは冬となる。

先師天童古仏者《せんじてんどうこぶつは》[二六四]、大宋慶元府《だいそうけいげんふ》[二六五]、太白名山《たいはくめいざん》天童景徳寺《てんどうけいとくじ》、第三十代堂上大和尚也《どうじょうだいおしょうなり》。

〔上堂《じょうどう》、衆《しゅ》に示して云《いわ》く、天童仲冬《ちゅうとう》の第一句、槎槎牙牙《ささがが》たり老梅樹、忽《たちまち》開華《かいけ》す一華両華《いっけりょうけ》[二六六]、三四五華《け》、無数華《むしゅけ》、清《せい》は誇らむ可《べ》からず、香《こう》は誇らむ可《べ》からず、散じて春容《しゅんよう》と作《な》って草木を吹く。衲僧箇《のうそうこ》箇《こ》の頂門《ちょうもん》を禿《とく》す。驀箚《まくとう》に変怪《へんげ》す狂風暴雨、乃至《ないし》は大地に交袞《こうこん》して雪漫漫たり。老梅樹　太無端《はなはだむたん》なり[二六七]、寒凍摩挲《かんとうまさ》して鼻孔《びこう》酸《さん》す〕。

いま開演ある老梅樹、それ太《はなはだ》無端なり、

あるいは狂風となり、あるいは暴雨となる。あるいは僧のあたまとなり、あるいは諸仏祖の眼《まなこ》となる。あるいは草木となり、あるいは清香となる。突然の不思議な変化のさまは、究め尽くすことができない。大地、高天も、日月も、みな老梅樹の働きのうちにあり、ともに同じ働きを現わしている。

〔要約〕ここにいう「老梅樹」とは、全宇宙と自己をひとつと見る、解脱者の広大な境地をいうのである。

老梅樹がたちまち開花するとき、花の開く世界が起こる。花の開く世界が起こるとき、春が来る。このとき、一華が五華を開く。この一華の開くとき、よく三華四華五華があり、百華千華万華億華があり、さらには無数華がある。これらの開花は、みな老梅樹の一枝、二枝、無数枝の働きである。優曇華《うどんげ》（三千年に一度咲くといわれる稀有の花）や睡蓮も、同じく老梅樹の一枝、二枝である。およそ一切の開花は、老梅樹の恵みによる。人間界、天上界を覆う老梅樹があり、老梅樹の中に人間界、天上界を現わし

忽《たちまち》開華す、自《おのずから》結果《けつか》す。あるひは春をなし、あるひは冬をなす。あるひは狂風をなし、あるひは暴雨をなす。あるひは衲僧の頂門なり、あるひは古仏の眼睛《がんぜい》なり。あるひは草木となれり、あるひは清香となれり。驀箚なる神変神怪《しんぺんしんげ》きはむべからず。乃至《ないし》大地高天、明日《めいじつ》清月、これ老梅樹の樹功より樹功せり[二八八]、葛藤の葛藤を結纏《けつてん》するなり。[二八九]

老梅樹の忽《たちまち》開華《かいげ》のとき、華開世界起《けかいせかいき》なり。華開世界起の時節、すなはち春到《しゅんとう》[二九〇]なり。この時節に、開五華《かいごけ》の一華《いっけ》あり[二九一]。この一華時《いっけじ》、よく三華四華五華あり、百華千華万華億華あり、乃至無数華《ないしむしゅけ》あり。これらの華開、みな老梅樹の一枝《いっし》・両《りょう》枝《し》・無数枝《むすうし》の不可誇《ふかこ》[二九二]なり。優曇華《うどんげ》[二九三]・優鉢《うはつ》羅華《らげ》[二九四]等、おなじく老梅樹華の一枝・両枝

ている。したがって百千の花を、人間、天人の花というのである。万億の花はすべて、諸仏祖の花である。このような梅華の開くときを、「諸仏たちが出現してこの世にある」というのである。「祖師達磨《だるま》が本来この地にある」というのである。

〔要約〕　われの解脱によって、一切世界が解脱の境地となるのである。

わが師が示されている。

「釈尊の悟りの成ずるとき、雪の中の梅華はただ一枝。至る処にとげとなり、春風の乱れ吹くのを笑う」

今は、この諸仏祖の教えを世界の隅々にまで及ぼし、一切の人間、天人が真実に目覚める時である。さらには雲雨・風水及び草木・昆虫に至るまで、真理の恵みを蒙らないものはない。天地国土も、この教えを受けて活々としている。未だかつて聞いたことのない教えを聞くということは、このようなことを聞くことである。未だかつてありえなかったことを得るとはこのようなことを得ることである。およそ信じられないほどの幸せがないならば、

なり。おほよそ一切の華開は、老梅樹の恩給なり。[二九五]人中《にんちゅう》天上の老梅樹あり、老梅樹中に人間天堂を樹功《じゅこう》せり。百千華を人天華《にんでんげ》と称す、万億華《け》は仏祖華なり。恁《いん》麼《も》の時節を、諸仏出現於世《しょぶつしゅつげんおせ》と喚作《かんそ》[二九六]するなり、祖師本来兹土《しど》[二九七]と喚作するなり。

先師《せんじ》古仏、上堂《じょうどう》〔衆《しゅ》に示して云《いわ》く、瞿《く》曇眼睛《どんがんぜい》を打失《だしつ》する時、[二九八]雪裏《せつり》の梅華只一《ただいっ》枝《し》、而今《にこん》到処《いたるところ》荊棘《けいきょく》と成り、却《かえ》って笑ふ春風の繚乱として吹くことを〕。

いまこの古仏の法輪を、尽界の最極《さいごく》に転ずる、一切人天《いっさいにんでん》の得道《とくどう》[二九九]の時節なり。乃至《ないし》雲雨風水《うんうふうすい》および草木昆虫にいたるまでも、法益《ほうやく》をかうぶらずといふことなし。天地国土も、この法輪に転ぜられて活鱍《かっぱっ》鱍地《ぱっち》なり。未曾聞《みぞうもん》の道《どう》をきくといふは、

これは見聞することのできない教えである。いま現在、宋の国百八十州の内外に、山寺があり里寺があり、その数を数えることはできない。そのなかに修行者は多い。しかし、わが師、如浄《にょじょう》禅師《ぜんじ》を見なかったものは多いであろう。まして、わが師の教えを見聞したものは少ないであろうし、わが師にまみえて御挨拶することのできたものは多かろうはずがない。僧堂の奥に仕えることを許されたものは何人もいない。まして、わが師の人格のありさまをすべて拝することを、どうして許されようか。

わが師は、僧たちが僧堂に籠《こも》ることを願っても、たやすく許されなかった。「世の常に、〈求道心を持たないものは寺にいてはならない〉というではないか」といって、すぐ追い出された。そして、出し終わってからいわれた。

「まことの修行者でないものに、何をしてやる必要があろうか。そのようなものたちは、人を騒がせるばかりである。寺に置くことはできない」

私は正《まさ》しくこれを見、まのあたりにこれを聞いたのである。秘かに思うには、彼らはどのような罪業によって、この国の人でありながら、共に住むことを許されなかったのであろう。私はどの

いまの道を聞《もん》著《じゃく》するをいふ。未曾有《みぞう》をうるといふは、いまの法を得《とく》著《じゃく》するを称するなり。おほよそおぼろげの福徳（三〇）にあらずば、見聞《けんもん》すべからざる法輪なり。いま現在大宋国一百八十州の内外《ないげ》に、山《さん》寺《じ》あり、人里《にんり》の寺あり、そのかず称計《しょうけ》すべからず。そのなかに雲水《うんすい》おほし。しかあれども、先師古仏をみざるはおほく、みたるはすくなからん。いはんやことばを見聞するは少分《しょうぶん》なるべし。いはんや相見問訊《しょうけんもんじん》（三一）のともがらおほからんや。いはんや堂奥《どうおう》をゆるさるるいくばくにあらず。いかにいはんや先師の皮肉骨髄《ひにくこつずい》・眼《がん》睛面目《ぜいめんもく》を礼拝《らいはい》することを聴許《ちょうこ》せられんや。先師古仏、たやすく僧家《そうけ》の討掛搭《とうかた》（三二）をゆるさず。よのつねにいはく、「無道心《むどうしん》に慣《な》るる頭《もの》は我箇裏《がこり》（三三）に不可也《ふかなり》。すなはちおひいだす。出《いだ》し了《おわ》っていはく、「一本《いちほん》

ような幸せによって、遠い異国の者でありながら、寺に留まることを許されたばかりでなく、欲するままに僧堂の奥に出入して、わが師の尊い日常をまのあたりにして、道を聞くことができたのであろうか。まことに私は愚かで学に乏しいものでありながら、わが師とは、空しくない良縁を結んだのである。わが師が宋の人々を教化しておられたときでさえ、真実にめざめることのできた者もいるし、そうでなかった者もいる。わが師はすでに亡く、宋の国は暗夜よりも暗いであろう。師の後にも先にも師のようにすぐれた覚者はいないからである。したがって、いまこの教えを見聞しようとする後進の者たちは、このことを思うべきである。あなたがたのほかの諸方の人間、天人たちも、このような教えを見聞し学ぶであろうと思ってはならない。

ここに示された「雪の中の梅華」とは、奇しくも現われた稀有の花ということである。われわれは日頃、釈尊の正しい悟りのさまを繰り返し目のあたりにしながら、いたずらにそれを見過ごしにするばかりで、理解することができない。しかし今こそわが師は、この雪の中の梅華こそが、仏の悟りを示しているものであることを正しく伝え、身をもって明らかにされているのである。そ

分人《ぶんにん》[三〇四]ならざるに、甚麽をか作《なさ》んと要す」、かくのごときの狗子《くし》は騒人《そうじん》なり、掛搭《かたふ》不得《とく》といふ。まさしくこれをみ、まのあたりこれをきく。ひそかにおもふらくは、かれらいかなる罪根《ざいこん》ありてか、このくにの人なりといへども、共住《ぐじゆう》をゆるされざる。われなにのさいはひありてか、遠方外国の種子《しゆうじ》なりといへども、掛搭《かた》をゆるさるるのみにあらず、ほしきままに堂奥に出入《しゆつにゆう》して、尊儀《そんぎ》を礼拝し、法道《ほうどう》をきく。愚暗なりといへども、むなしかるべからざる結良縁《けちりようえん》なり。先師の宋朝を化《け》せしとき、なほ参得人《さんとくにん》あり、参不得人《さんふとくにん》ありき。先師古仏すでに宋朝をさりぬ、暗夜よりもくらからん。ゆゑはいかん。先師古仏より前後に、先師古仏のごとくなる古仏なきがゆゑに、しかいふなり。しかあれば、いまこれを見聞せんときの

してこれが悟りの知慧であり、知慧の中の知慧であるとされるのである。さらにわれわれが梅華について学び、梅華について究めるところ、これを疑うべき理由はどこにもない。この「雪の中の梅華はただ一枝」ということが、天上天下唯我独尊《ゆいがどくそん》ということなのであり、「一切世界において我《が》は至尊である」ということなのである。

したがって、一切の花——天上界の花、人間界の花、雨ふらせる曼陀羅華《まんだらげ》、大曼陀羅華、曼殊沙華《まんじゆしやげ》、大曼殊沙華、および諸方の無限世界の花——は、みなただ一枝の雪の中の梅華の一族である。それらが、みな雪の中の梅華の恵みを受けて開花するからである。百億の花は梅華の一族であり、小梅華と呼ぶべきである。さらには虚空の花、地の花、寂静の花なども、ともに梅華の大小さまざまの親族、群花である。一華のうちに百億の国を現わし、それぞれの国土にさまざまの花が開くのは、みな梅華の恵みによるのである。梅華の恵みのほかには、僅かの恵みもありえない。絶えることのない仏道の命脈はみな梅華によって成り立っているのである。

晩学《ばんがく》、おもふべし。自余《じよ》の諸方の人天《にんでん》も、いまのごとく法輪を見聞すらん、参学すらんとおもふことなかれ。

雪裏の梅華は、一現の曇華《どんげ》なり。ひごろはいくめぐりか、我仏如来《わがぶつにょらい》の正法眼睛《しょうぼうがんぜい》を拝見しながら、いたづらに瞬目《しゅんもく》[三〇四]を蹉過《しゃわ》して破顔[三〇五]せざる。而今《にこん》すでに雪裏の梅華まさしく如来の眼睛なりと正伝《しょうでん》し承当《じょうとう》[三〇六]す。これを拈《ねん》じて頂門眼《ちょうもんげん》とし、眼中睛《がんちゅうぜい》とす。さらに梅華裏に参到して、梅華を究尽《ぐうじん》するに、さらに疑著《ぎじゃく》すべき因縁《いんねん》、いまだきたらず。これすでに天上天下《てんじょうてんげ》唯我独尊《ゆいがどくそん》[三〇七]の眼睛なり、法界中尊《ほっかいちゅうそん》なり。

しかあればすなはち、天上の天華《てんげ》・人間の天華・天雨曼陀羅華《てんうまんだらげ》[三〇八]・摩訶曼陀羅華《まかまんだらげ》[三〇九]・曼殊沙華《まんじゆしやげ》[三一〇]・摩訶曼殊沙華《まかまんじゆしやげ》[三一一]、および十方無尽国土の諸華《しょけ》は、みな雪裏梅華の眷属《けんぞく》なり、梅華の恩徳分《おんとくぶん》[三一二]をうけて華開《けかい》せるがゆ

〔要約〕　われが真理に目覚めることは、われにとどまらず、人間が真理に目覚めることであり、そこからあらゆる可能性が開けてくるのである。

ここに示されている「雪漫々」ということばを、一概に、嵩山《すうざん》少林寺《しょうりんじ》において達磨大師《だるまだいし》が面壁坐禅をしていたときに二祖慧可《えか》が教えを求めて深雪の中に立ち尽くした雪とばかり学んではならない。雪そのものが仏の悟りの眼《まなこ》なのであって、頭上を照らし足元を照らすのである。これをただ、釈尊が前世において修行されたと伝えられるヒマラヤの雪とばかり学んではならない。雪そのものが釈尊の悟りの眼なのである。悟りの五つの眼がここに究め尽くされ、千の眼がここに完成されているのである。まことに釈尊の身心の光は、一切存在の真実の姿を、一片として究め尽くさずにはおかない。人間と天人ではものの見方が違い、凡人と聖人

ゐに。百億華《け》は梅華の眷属なり[三三]、小梅《しょうばい》華《か》と称すべし。乃至《ないし》空華《くうげ》[三四]・地華《ちげ》・三昧華《ざんまいげ》[三五]等《とう》、ともに梅華の大小の眷属群華《ぐんけ》なり。華裏《けり》に百億国[三六]をなす国土に開華せる、みなこの梅華の恩分なり。梅華の恩分のほかは、さらに一恩の雨露《うろ》あらざるなり、命脈《めいみゃく》みな梅華よりなれる[三七]なり。

ひとへに嵩山《すうざん》少林《しょうりん》[三八]の雪漫漫地《せつまんまんち》と参学することなかれ、如来《にょらい》の眼睛《がんぜい》なり、頭上《ずじょう》をてらし、脚下《きゃくか》をてらす。ただ雪山《せっせん》雪宮《せっきゅう》[三九]のゆきと参学することなかれ、老瞿曇《ろうくどん》の正法《しょうぼう》眼睛なり。五眼《ごげん》[三〇]の眼睛、このところに究尽《ぐうじん》せり。千眼《せんげん》[三一]の眼睛、この眼睛に円成《えんじょう》すべし。まことに老瞿曇の身心光《しんじんこう》明《みょう》は、究尽せざる諸法実相《しょほうじっそう》[三二]の一微塵《いちみじん》あるべからず。人天《にんでん》の見別《けんべつ》ありとも、凡聖《ぼんしょう》の情隔《じょうかく》すとも、雪漫漫《ゆきまんまん》は大地なり、大

では心に隔たりがあるが、雪が漫々としている境地には変わりないのである。すべての大地に雪が漫々としており、雪が漫々としていなければ、一切世界に大地はないのである。この雪漫々になりきることが、釈尊の悟りの眼なのである。

〔要約〕「雪漫々」という語は、すべての対立をこえた解脱の境地をあらわす。

花も大地も悉く生死を超えていることを知るべきである。花が生死の差別を超えているのである。そのため、大地も生死を超えている。花も大地も悉く生死を超えているから、悟りの眼も生死を超えている。生死を超えるとは、無上の知慧を得ることである。それを知るものは、雪の中の梅華ただ一枝である。そのことを現わしているのが、雪の中の梅華ただ一枝である。大地も花も、生を超えた生である。それをさらに雪漫々というのは、大地の表も裏も悉くが雪漫々ということである。

〔要約〕われが生死の悩みを解脱することによって客観世界がすべて

地は雪漫漫なり。雪漫漫にあらざれば、尽界に大地あらざるなり。[三三]この雪漫漫の表裏《ひょうり》団圝《だんらん》[三四]、これ瞿曇老の眼睛なり。

しるべし、華《け》地《ち》悉《しつ》無生《むしょう》[三五]なり、華《け》無生なり。華無生なるゆゑに、地《ち》無生なり。華地悉無生のゆゑに、眼睛《がんぜい》無生なり。無生といふは、無上菩提《むじょうぼだい》をいふ。正当恁麽《しょうとういんも》時《じ》の見取は、梅華只一枝《ばいかただいっし》なり。正当恁麽時の道取は、雪裏《せつり》梅華只一枝なり、地華《ちげ》生生《しょうしょう》[三六]なり。これをさらに雪漫漫《ゆきまんまん》といふは、全表裏《ぜんひょうり》雪漫漫なり。

生死の悩みを解脱する。このように、個人の行為のなかに普遍的意味をみることが、宗教的真実を知ることである。

一切世界は自己の心であり、一切世界は花の心である。一切世界が花の心であるから、一切世界は梅華である。一切世界が梅華であるから、一切世界は釈尊の眼《まなこ》である。

いま梅華は山河大地を覆っている。あらゆる処、あらゆる時はみな達磨大師の「われは本来この地にあり、教えを伝えて迷情を救う。一華は五葉を開き、自然に果実を結ぶ」という一華の現われである。仏法が西から東へ進むとはいえ、今は梅華があらゆる処において実現しているのである。悟りの時が、このようにあらゆる処に実現していることを、「至る処にとげとなる」というのである。

〔要約〕 解脱によって行い現わされる人間の本質的自由は、時間空間の差別にかかわらない普遍的なものである。

老梅樹の大枝には、古い枝、新しい枝がある。小枝にも古い

尽界《じんかい》は心地《しんち》[三七]なり、尽界《じんかい》は華情《けじょう》なり。尽界華情なるゆゑに、尽界は梅華《ばいか》なり。尽界梅華なるがゆゑに、尽界は瞿曇《くどん》の眼睛《がんぜい》なり。而今《にこん》の到処《とうしょ》[三八]は、山河大地なり。到事《とうじ》到時《とうじ》みな、〔吾《われ》は茲土《このち》に本来[三九]し、法を伝へて迷情を救ふ、一華《いっけ》は五葉《ごよう》を開き、結果は自然《じねん》に成《じょう》ぜん」の到処現成《げんじょう》なり。西来東漸《せいらいとうぜん》ありといへども、梅華而今の到処なり。而今の現成かくのごとくなる、成荆棘《じょうけいきょく》といふ。

大枝《たいし》に旧枝《きゅうし》新枝《しんし》の而今《にこん》[三〇]あり、小条に旧条

枝、新しい枝がある。それがあらゆる処を究め尽くすことを、学ぶべきである。あらゆる処が現在であることを、学ぶべきである。三、四、五、六華の中は無数華である。花には花の働きが深く広く具わっていて、世界の高さ広さを現わしている。したがって花の内も外も、一華の開花である。

〔要約〕　あらゆる時間、あらゆる存在が、一人の人間のうちに深く広く具わっている。

梅華がただ一枝であるから、このほかに枝はなく、このほかに種はない。ただ一枝が究め尽くしている時を現在と呼ぶのである。ただ一枝であるから、一人から一人へ伝わる真直ぐな仏法である。これによって釈尊がカーシャパに、「私の悟った正しい教えを、大カーシャパに依嘱する」といわれたのである。また達磨《だるま》大師《だいし》が二祖慧可《えか》に、「おまえの得たのは、私の精髄である」といわれたのである。このように、すべてを究め尽くす一華の現われが、どこにおいても尊くてすぐれているから、達磨大師が「一華は五葉を開く」といわれた五葉が開くのである。この五葉もま

新条の到処《とうしょ》あり。処《しょ》は到《とう》に参学すべし、到《とう》は今《こん》に参学すべし。三四五六華裏《けり》は、無数《むすう》華裏なり。華《け》に裏《り》功徳《くどく》の深広《しんこう》なる具足せり、表《ひょう》功徳の高大《こうだい》なるを開闡《かいたん》せり。この表裏《ひょうり》は、一華の華発《けほつ》なり。

只一枝《ただいっし》なるがゆゑに、異枝《いし》あらず、異種《いしゅ》あらず。一枝の到処《とうしょ》を而今《にこん》と称する、瞿曇老漢《くどんろうかん》なり。只一枝のゆゑに、附嘱嫡《ふしょくてき》嫡《てき》なり。このゆゑに吾有《ごう》の正法眼蔵《しょうぼうげんぞう》附《ふ》嘱摩訶迦葉《しょくまかかしょう》なり、汝得《にょとく》は吾髄《ごずい》なり。かくのごとく到処の現成《げんじょう》、ところとしても大尊貴生《だいそんきせい》にあらずといふことなきがゆゑに、開五葉《かいごよう》なり。五葉は梅華《ばいか》なり、このゆゑに七仏祖あり、西天《さいてん》二十八祖、東

た、梅華によって開かれるのである。それによって、釈尊までの七仏があり、インドの二十八祖があり、中国の六祖があり、わが師にいたる十九祖があるのである。これにみな、ただ一枝の梅華の開く五葉である。五葉であって、しかも一枝なのである。この一枝を学び究め、五葉を学び究めるならば、雪の中の梅華によって示される正しい仏法に見《まみ》えることができるのである。このように、ただ一枝ということばを、心身に囚われることなく学んで行くならば、すべての覚者が一であり、そして多であることが理解できるはずである。

〔要約〕真実を悟ることが普遍的な体験でありながら、それが個々別々の人間によって伝承されてゆく。

ところがあるとき、学ぶ力の無い者がいった。「五葉というのは、中国の初祖達磨《だるま》から五代の祖を一葉とし、これを並べると古今に比べものなくすぐれているから五葉というのである」。このようなことばは、あえて論難するに足りない。彼らは、身をもって仏祖を学び、先覚者を学ぶものではない。哀れむべきである。

土六祖、および十九祖あり。みな只一枝の開五葉なり、五葉の只一枝なり。一枝を参究し、五葉を参究しきたれば、雪裏《せつり》梅華《ばいか》の正伝《しょうでん》附嘱相見《しょうけん》なり。只一枝の語《ご》脈裏《みゃくり》に転身転心《てんしんてんじん》しきたるに、雲月是同《うんげつこれどう》なり、渓山各別《けいざんかくべつ》なり。三〇

しかあるを、かつて参学眼《さんがくげん》なきともがらいはく、五葉《ごよう》といふは、東地五代と初祖とを一華として、五世《ごせ》をならべて古今《ここん》前後にあらざるがゆゑに、五葉といふと。この言《ごん》は、挙《こ》して勘破《かんぱ》するにたらざるな

五葉一華の道を、どうして五代だけに限ることができようか。六祖より後のことは数えないのであろうか。そのような論は小児の話にも及ばない。夢にもかかりあってはならない。

〔要約〕そのような普遍的体験は、ただ初期の先覚者たちばかりでなく、道を学ぶものすべてに共通するものなのである。

わが師が年のはじめの説法にいわれた。

「年の始めはめでたく、万物がことごとく新しい。僧たちが伏して思いみれば、梅は早春を開く」

静かに思いみれば、古今の禅者たちが、たとえこの世の束縛から逃れることができても、梅が早春を開くということを悟らなければ、道を究めたものと呼ぶことはできない。独りわが師ばかりは、仏祖の中の仏祖である。この教えの真意は、梅華が開くことに誘われて、一切世界が早春となるということである。一切の春は梅華の一華二華の働きである。一春が万物を悉く新しくし、万物を年の始めとするのである。「めでたい」というのは、そのようなことである。万物は過去、現在、未来にあるばかりでなく、

り。これらは参仏参祖の皮袋《ひたい》にあらず、あはれむべきなり。五葉一華《ごよういっけ》の道《どう》、いかでか五代のみならん、六祖[三一]よりのちは道取せざるか、小児子《しょうにし》の説話におよばざるなり、ゆめゆめ見聞《けんもん》すべからず。

先師《せんじ》古仏、歳旦上堂曰《さいたんじょうどういわ》く、「元正啓祚《がんしょうけいそ》[三二]、万物咸新《ばんもつかんしん》なり、伏して惟《おもんみ》れば大衆《だいしゅ》、梅は早春を開く[三三]」。

しづかにおもひみれば、過現当来《かげんとうらい》の老古《ろうこ》錐《すい》[三四]、たとひ尽十方に脱体なりとも、いまだ梅開早春《ばいかいそうしゅん》の道《どう》あらずば、たれかなんぢを道尽箇《どうじんこ》といはん。ひとり先師古仏のみ、古仏中の古仏なり。その宗旨《しゅうし》は、梅《ばい》開《かい》に帯《たい》せられて万春《ばんしゅん》はやし。万春は梅《ばい》裏一両《りいちりょう》の功徳《くどく》なり。一春《いっしゅん》なほよく万物《ばんぶつ》を咸新《かんしん》ならしむ、万法《まんぽう》を元正ならしむ[三五]。

時を超えた時にもあるのである。はかり知れない無限の時が悉く新しいのであるから、その新しさは、どのような新しさをも超えている。だから一山の僧たちが伏して思いみるのである。伏して思いみることが、万物を開くことだからである。

〔要約〕解脱の心で見れば、万物が新しい。それは時間的な新しさではなく、真実のもつ永遠の新しさである。

わが師が一山の僧たちに示された。

「一言を悟って、永遠に変わらない。柳の芽は新条に吹き、梅華が旧枝に満ちている」

これは永遠の修行は、始めも終わりも仏の一言を悟ることであり、たとえ暫くの修行であっても、その意義は永《とこし》えに変わらないということである。春は柳の新しい枝を茂らせ、新しい芽を開かせる。たとえ柳の枝が新しくても、悟りの眼を開かせるのである。悟りの眼は自己よりほかにあるはずはないが、今はそれが新しい枝にあるというのである。その新しさが万物悉くの新しさであることを学びなさい。

啓祚《けいそ》は眼睛正《がんぜいしょう》なり[二四六]。万物といふは、過《か》現来《げんらい》のみにあらず、威音王《いおんおう》已前[二四七]、乃至《ないし》未《み》来《らい》なり。無量無尽の過現来、ことごとく新《しん》なりといふがゆゑに、この新は新を脱落せり。このゆゑに伏惟《ふくい》大衆《だいしゅ》なり[二四八]。伏惟大衆は恁麽《いんも》なるがゆゑに[二四九]。

先師《せんじ》天童古仏、上堂《じょうどう》〔衆《しゅ》に示して云《いわ》く、一言《いちごん》相契《あいあ》へば[二五〇]、万古《ばんこ》移らず、柳眼新条《りゅうがんしんじょう》に発《はつ》し、梅華旧枝《ばいかきゅうし》に満つ〕。いはく、百《ひゃく》大劫《だいこう》[二五一]の辦道《べんどう》は、終始《しゅうし》ともに一言相契《いちごんそうかい》[二五二]なり。一念頃《いちねんきょう》[二五三]の功夫《くふう》は、前後おなじく万古不移《ふい》なり。新条を繁茂ならしめて眼睛《がんぜい》を発明《ほつみょう》する新条なりといへども、眼睛なり。眼睛の他にあらざる道理なりといへども、これを新条と参究す。新は万物《ばんもつ》咸新《かんしん》に参学すべし。梅華満旧枝《ばいかまんきゅうし》といふ

「梅華が旧枝に満ちている」というのは、梅華は悉く旧枝であり、梅華が旧枝を貫いており、旧枝がそのまま梅華であるということである。花と枝がともに学び、ともに生じ、ともに完成するのである。花と枝が一つであることによって、釈尊が「私の悟った教えを、カーシャパに依嘱する」といわれたのである、このとき師も弟子も、ともに等しい以心伝心の境地にあるのである。

これについて、わが師はいわれている。

「柳は腰帯をよそおい、梅華は腕飾をまとう」

ここにいう腕飾とは、錦や玉のことではなく、梅華の開くことである。梅華が開くということは、真実が伝えられることである。

〔要約〕 昔の人であろうと、今の人であろうと、真実を行い現わすことには何の変わりもない。真実は永遠に新しいものであり、そして永遠に古いものである。だからこそ真実が、いつの時代においても継承されて行くのである。

インドのプラセーナジット王がピンドーラ尊者を招いて食事を

は、梅華《ばいか》全旧枝《ぜんきゅうし》なり、通旧枝《つうきゅうし》なり、旧《きゅう》枝是梅華《しこればいか》なり。たとへば、華枝同条参《けしどうじょうさん》、華枝同条生《しょう》、華枝同条満《まん》なり。華枝同条満のゆゑに、吾有正法附嘱迦葉《ごうしょうぼうふしょくかしょう》[三五四]なり。面面満拈華《めんめんまんねんげ》[三五五]、華華満破顔《けげまんはがん》[三五五]なり。

先師古仏上堂、〔大衆《だいしゅ》に示して云《いわ》く、楊《よう》柳腰帯《りゅうようたい》を粧《よそお》ひ[三五六]、梅華臂鞲《ひこう》を絡《まと》ふ〕。

かの臂鞲は、蜀錦和璧《しょくきんかへき》[三五七]にあらず、梅華《ばいか》開《かい》なり。梅華開は、随吾得汝《ずいごとくにょ》[三五八]なり。

波斯匿王《はしのくおう》[三五九]、〔賓頭盧尊者《びんずるそんじゃ》[三六〇]を請《しょう》じて斎《さい》する

さし上げた。そのときに、王が尋ねた。「あなたは親しく、仏にお会いになったとのことですが、それはまことのことですか」

この問いに対して、尊者は手で眉毛を起てて答えた。わが師はこれをたたえていわれた。

「眉毛を立てて問いに答える。親しく仏に見えてたぶらかさない。今は世界の供養に応《こた》え、春は梅の梢にあって雪を帯びて寒い」

ことの起こりは、プラセーナジット王があることから尊者に対して、仏に会ったかどうかを問うたことにある。仏に会うとは、眉毛を起てて仏の無言の境地を示すことである。たとえ尊者がすべての修行を終えた聖者であっても、真《まこと》の聖者でなければ、仏に会ったとはいえない。仏に会わなければ、仏になることはできない。仏になることができなければ、眉毛を起てて示すことができない。したがって釈尊のまことの弟子としてすでに四段階の修行（いわゆる小乗仏教の修行過程）を終えて、後継者の出現を待っている尊者が、どうして釈尊に会わなかったはずがあろう。ここにいう、仏に会うとは、ただ釈尊に会うことではなく、釈尊の境地に至って釈尊に会うことである。プラセーナジット王がこのことに次いで、王問ふ、承《うけたまわ》りきく尊者親しく仏《ぶつ》に見《まみ》え来ると、是《ぜ》なりや不《いな》や。尊者手を以て眉毛《びもう》を策起《さくき》して[三六一]之を示す」。

〔先師《せんじ》古仏頌《じゅ》して云《いわ》く、眉毛を策起して問端《もんたん》に答ふ、親しく曽《かつ》て仏に見えて相瞞《あいまん》ぜず、今にいたって四天下《してんげ》に応供《おうぐ》す、春は梅梢《ばいしょう》にあって雪を帯《お》びて寒し」。

この因縁《いんねん》は、波斯匿王ちなみに尊者の見《けん》仏《ぶつ》未《み》見仏《けんぶつ》を問取《もんしゅ》するなり。見仏といふは作仏《さぶつ》なり。作仏といふは策起眉毛なり。尊者もし、ただ阿羅漢果《あらかんか》[三六二]を証すとも、真《しん》阿羅漢にあらずば、見仏すべからず。見仏にあらずば、作仏すべからず。作仏にあらずば、策起眉毛仏不得《ふとく》ならん。しかあればしるべし、釈迦牟尼仏《しゃかむにぶつ》の面授《めんじゅ》[三六三]の弟子として、すでに四果《しか》[三六四]を証《しょう》して後仏《ごぶつ》の出世《しゅっせ》をまつ尊者、いかでか釈迦牟尼仏をみざらん。この見釈迦牟尼仏《けんしゃかむにぶつ》は、見仏を理解したそのときに、眉毛を起てて答えるよい師にめぐり会ったのである。われわれは、親しく仏に会うということばの真意を、静かに学ぶべきである。ここにいう春は俗界にあるのでもなく、仏の国にあるのでもなく、梅の梢にあるのである。どうしてそれを知るかといえば、雪を帯びて寒い梅華の境地を、尊者が眉毛を起てて示してくれたからである。

〔要約〕「仏に会う」ということは、自己が目覚めた人となることである。それは言句によって限定されることのない境地であるから、ピンドーラ尊者は動作によって示したのである。

「春が雪を帯びて寒い」とは、このような、なにものにも限定されることのない境地をいうのである。

わが師がいわれている。

「もともと生死というものがあるのではない。春が梅華にあって、画面に入る」

春を描くにあたって、柳・梅・桃・李《すもも》を描いてはならない。春そのものを描くべきである。柳・梅・桃・李を描くのは、柳・

にあらず、釈迦牟尼仏のごとく見釈迦牟尼仏なるを、見仏と参学しきたれり。波斯匿王、この参学眼《さんがくげん》を得開《とくかい》せるところに、策起眉毛の好手《こうしゅ》にあふなり。親曽見《しんぞう》仏の道旨《どうし》、しづかに参仏眼あるべし。この春は人間にあらず、仏国《ぶっこく》にかぎらず、梅梢にあり。なにとしてか、しかあるとしる。雪寒《せっかん》[三五]の眉毛策《びもうさく》なり。[三六]

先師《せんじ》古仏云《いわ》く、〔本来《ほんらい》の面目《めんもく》生死《しょうじ》なし、[三七]春は梅華に在りて画図《がと》に入《い》る〕。

春を画図《がと》するに、楊梅桃李《ようばいとうり》を画《が》すべからず、まさに春を画すべし。楊梅桃李を画するは楊梅桃李を画するなり、いまだ春

梅・桃・李を描くことであって、春を描くことではない。春そのものを描くことができないはずはない。しかしわが師のほかには、インドにも中国にも、春を描いたものはいない。独りわが師だけは、春を描くするどい筆を具えておられたのである。その春とは画面の春である。春みずからが画面に入るのであるから、余分な力はいらない。ただ梅華を使って春を画面に入れ、春を木に入れるのである。まことにあざやかな手法である。わが師は真理を明らかにされることによって、それを過去、現在、未来の諸方に集まる先覚者たちに伝えられたのである。これによって悟りの眼が究め尽くされ、梅華のことが明らかにされたのである。

〔要約〕　生死の問題を解決するためには、生きるとか死ぬとかいう表面的事実（楊梅桃李）にとらわれず、それをどのようにして生かしてゆくかという、本質的な問題（春を描くこと）を解決しなければならない。

　もともと生死という定まったものがあるのではなく、われが生き、われが死ぬことが生を実現し、死を実現するのである。それを「一梅華が春を開く」というのである。

を画せるにあらず、春は画せざるべきにあらず。しかあれども、先師古仏のほかは、西天東地《さいてんとうち》のあひだ、春を画せる人いまだあらず。ひとり先師古仏のみ、春を画する尖筆頭《せんひっとう》なり。いはゆるいまの春は、画図の春なり。入画図《にゅうがと》のゆゑに、これ余外《よげ》の力量《りきりょう》をとぶらはず。[三六八]ただ梅華をして春をつかはしむるゆゑに、画にいれ、木にいるるなり、善巧方便《ぜんぎょうほうべん》[三六九]なり。先師古仏、正法眼蔵あきらかなるによりて、この正法眼蔵を、過去・現在・未来の十方に聚会《しゅえ》する仏祖に正伝《しょうでん》す。[三七〇]このゆゑに、眼睛《がんぜい》を究徹《きゅうてつ》し、梅華を開明《かいみょう》せり。

続

もし、迷いの心が起こって、梅華は釈尊の悟りの眼でないと考えるならば、そのほかのなにものが悟りの眼であるかを考えてみるべきである。それでも梅華のほかに悟りを求めるならば、悟りを目前にしながら、それを得ることができないであろう。すでに会っていながら、それに気づいていないからである。今日は私の今日ではなく、仏道の今日である。今すぐに、梅華の悟りの眼を開きなさい。そのほかに求めることをやめなさい。

わが師がいわれている。

「歴然として明らかなことには、梅華の影は何ものをも求めず、古今より雨となり雪となる。古今にさびしく、極まりない」

このため、雲となり雨となるのは梅華の働きである。雲が流れ、雨が行くのも梅華の姿、働きである。古今の時は梅華である。したがって梅華を古今というのである。

〔要約〕 真実のわれは、現在のわれを離れてはありえない。現在のわれが永遠の真実に向かいあっているのである。

もしおのづから自魔《じま》[三七〇]きたりて、梅華は瞿曇《くどん》の眼睛《がんぜい》ならずとおぼえば、思量すべし、このほかに、何法《かほう》の梅華よりも眼睛となりぬべきを挙《こ》しきたらんにか、眼睛とみん。そのときも、これよりほかに眼睛をもとめば、いづれのときも対面不相識《たいめんふそうしき》[三七二]なるべし、相逢未拈出《そうほうみねんしゅつ》[三七一]なるべきがゆゑに。今日《きょう》はわたくしの今日にあらず、大家《だいけ》の今日なり。直《ぢき》に梅華眼睛を開明《かいみょう》なるべし、さらにもとむることやみね。

先師古仏云《いわ》く、「明歴歴《めいれきれき》[三七三]、梅華影裏相覓《えいりあいもと》むることを休《や》めよ、雨を為《な》し雲を為《な》す自《じ》古今《ここん》[三七四]、古今寥寥《ここんりょうりょう》として何《なん》の極《きわまり》か有らん」。

しかあればすなはち、くもをなしあめをなすは、梅華の云為《うんい》[三七五]なり。行雲行雨《こううんこうう》は梅

その昔、法演禅師がいった。

「北風は雪に和して谿林をふるう。万物が覆われるとも恨まない。独り山梅は意気多く、年の末の寒さに屈しないこころを吐く」

したがって梅華の働きを知らずには、寒さに屈しない心を知ることができない。梅華がその働きによって、北風に和して、雪を降らせるのである。私が思うには、風を引き起こし、雪を降らせ、歳月に秩序あらしめ、谿林や万物をあらしめるのは、みな梅華の力である。

太原《たいげん》の孚《ふ》長老が、悟りの道をたたえていっている。

「思えば、悟りを得なかった昔の頃は、一声の角笛も一声ながらに悲しかった。今では枕に閑夢はなく、梅華の吹くにまかせている」

華の千曲万重色《せんきょくまんじゅうしき》[二七六]なり、千功万徳《せんくまんどく》[二七七]なり。自古今《じここん》は梅華なり[二七八]、梅華を古今《ここん》と称するなり。[二七九]
古来《こらい》、法演禅師《ほうえんぜんじ》云《いわ》く[二八〇]、「朔風《さくふう》、雪に和して谿林を振ふ、万物潜蔵《ばんもつせんぞう》するとも恨み深からず[二八一]、唯嶺梅《ただれいばい》のみ有って意気多し、臘《ろう》前《ぜん》、吐出《としゅつ》す歳寒《さいかん》の心」。
しかあれば、梅華の消息《しょうそく》を通ぜざるほかは、歳寒心《さいかんしん》をしりがたし。梅華小許《ばいかしょうこ》の功徳《くどく》を、朔風に和合して雪となせり。はかりしりぬ、風をひき雪をなし、歳《さい》を序《じょ》あらしめ、および谿林万物をあらしむる、みな梅華のちからなり。
太原孚上座《たいげんのふじょうざ》[二八二]、「悟道《ごどう》を頌《じゅ》して云《いわ》く、憶《おも》ふに昔当初未悟《そのかみみご》の時[二八三]、一声《いっせい》の画角一声《がかくいっせい》悲し、如今枕上《にょこんちんじょう》に閑夢《かんむ》無し、一任す梅華の大小に吹くを」。

孚長老はもと説教者であったが、夾山《かっさん》にいた炊事係りの僧に導かれて大悟した。それは梅華が春風を自由自在に吹かせているのである。

〔要約〕　万物のままにわれがあり、われのままに万物があるという、自由自在の境地である。

孚上座はもと講者《こうしゃ》なり、夾山《かっさん》の典座《てんぞ》に開発せられて[三六四]大悟《だいご》せり。これ梅華の春風《しゅんぷう》を大小吹《だいしょうすい》せしむる[三六五]なり。

画《が》 餅《びょう》

——画にかいた餅——

諸仏が真理を体験するとき、万物が真理を体験する。たしかに覚者と万物は、表面的に見れば同一のものではない。しかし、真理を体験するとき、おのおのの体験が、互いに妨げあうことなく実現するのである。全く差別なく実現するのである。これが仏道の明白な教えである。

それを、諸仏と万物が同一であるか異なっているかという分別によって学んではならない。そのため、「一つのことに通じれば、すべてのことに通じる」というのである。一つのことを体験するということは、一つのことが本来具えている姿を奪うことではない。一つのことを他のことと対立させることでも、対立をなくしてしまうことでもない。強いて対立をなくそうとすることは、こだわることである。体験することが、体験することにこだわらな

諸仏これ証《しょう》なるゆゑに、諸物《しょもつ》これ証《しょう》なり。しかあれども一性《いっしょう》にあらず、一心[三六]にあらず。一性にあらず一心にあらざれども、証《しょう》のとき、証証《しょうしょう》さまたげず現成《げんじょう》するなり[三七]。現成のとき、現現《げんげん》あひ接することなく現成すべし。これ祖宗《そしゅう》の端的《たんてき》なり、一異《いちい》[三八]の測度《しきたく》を挙《こ》して参学《さんがく》の力量《りきりょう》とすることなかれ。このゆゑにいはく、一《いっ》法纔《ぼうわずか》に通《つう》ずれば万法通《まんぼうつう》ず。いふところの一法通《いっぽうつう》は、一法《いっぽう》の従来《じゅうらい》せる面目《めんもく》を奪《だつ》却《きゃく》するにあらず、一法を相対《そうたい》せしむるにあらず、一法を無対《むたい》ならしむるにあら

いとき、一つの体験は、すべての体験に通ずる。このように、一つのことを体験するということは、そのものになりきることである。そのものになりきるということは、すべてのものになりきることである。

〔要約〕 われが解脱することは、われとかれの対立を超えて、われとかれがともに解脱することである、しかしそれはわれとかれの対立をなくしてしまうことではない。対立を対立として認めながら、そのことにこだわらないとき、解脱があるのである。

覚者がいっている。

「画にかいた餅は飢えを充《み》たさない」

このことばを学ぶ修行者たちは、諸方からやってくる求道者や仏弟子を始めとして、その名や地位や姿もさまざまであるが、みな、間に合わせの解答に満足している。したがってこのことばを伝えられて、あるものは、「経典やその解説書を学ぶことが、まことの智慧を得ることではないから、それを画にかいた餅というのである」といい、あるものは、「小乗、大乗の教学が、悟りの

ず。無対ならしむは、これ相礙《そうげ》なり。通《つう》をして通の礙《げ》なからしむる[三八九]に、一通これ万通《まんつう》これなり。一通は一法なり[三九〇]、一法通これ万法通なり。

古仏[三九一]云く、〔画餅飢《がびょううえ》に充《み》たず[三九二]〕。

この道《どう》を参学す雲衲霞袂《うんのうかべい》[三九三]、この十方よりきたれる、菩薩《ぼさつ》・声聞《しょうもん》[三九四]の名位《みょうい》をひとつにせず。かの十方よりきたれる、神頭鬼《しんずき》面《めん》の皮肉、あつくうすし。これ古仏今仏の学道なりといへども、樹下草庵《じゅげそうあん》の活計《かっけい》[三九五]なり。このゆゑに家業《かぎょう》を正伝《しょうでん》するに[三九六]、あるひはいはく、経論《きょうろん》[三九七]の学業は、真智

道ではないことをいおうとして、このようにいうのである」という。およそ彼らのいうように、経典による教えが仮のものであって、真実を知るのに役立たないということをいおうとして、それを画餅とよぶと考えるのは、大きな誤りである。そのような者たちは、仏道を正しく伝えず、覚者のことばに暗い者たちである。この一言を明らかにしないならば、諸仏たちのことばを理解しているとはいえない。

画にかいた餅が飢えを充たさないというのは、譬えば、「諸悪をなさない」、「もろもろの善を行う」、「何ものかが、ここに現前している」、「常に、そのものを究め尽くしている」というような解脱の境地を現わしているのである。暫くこのように学ぶべきである。画餅ということばを、今までに見聞したものは少なく、ましてこれを知り及んでいるものは全くいない。そのような者たちが、どうしてまことのことを知っていようか。今までに、一人二人の愚か者たちに当たってみたところ、彼らはそれを疑おうともせず、自ら学ぼうともせず、人の話に耳をそばだてようともせず、そのようなことには全く無関心な様子であった。

を熏修《くんしゅ》せしめざるゆゑに、しかのごとくいふといひ、あるひは、三乗一乗《さんじょういちじょう》[三九八]の教学、さらに三菩提《さんぼだい》[三九九]のみちにあらずといはんとして、恁麼《いんも》いふなりと見解《けんげ》せり。おほよそ仮立《けりゅう》なる法は、真《しん》に用不著《ようふじゃく》なるをいはんとして、恁麼の道取ありと見解する、おほきにあやまるなり。祖宗《そしゅう》の功《こう》業《ごう》を正伝せず、仏祖《ぶっそ》の道取にくらし。この一言《いちごん》をあきらめざらん、たれか余仏《よぶつ》の道取を参究せりと聴許《ちょうこ》せん。画餅不能《がびょうふのう》充飢《じゅうき》と道取するは、たとへば、諸悪莫《しょあくまく》作《さ》、衆善奉行《しゅぜんぶぎょう》と道取するがごとし、是什《これなに》麼物《ものか》恁麼来《いんもらい》[四〇〇]と道取するがごとし、〔吾《われ》常に是《これ》において[四〇一]切[四〇二]〕といふがごとし。しばらくかくのごとく参学すべし。画餅といふ道取、かつて見来《けんらい》せるともがらすくなし、知及《ちきゅう》せるものまたくあらず。なにとしてか恁麼しる。従来の一枚二枚の臭皮《しゅうひ》

〔要約〕「画餅」とは、字義通りには、いわゆる「画にかいた餅」であるが、ここではそれを、解脱の境地と解するのである。

画餅には生滅の相があるばかりでなく、不滅の相があることを知るべきである。もち米を用いて作られる餅そのものは、かならずしも生滅するともいえず、不滅であるともいえないが、今はそれを画餅すなわち解脱の境地として悟る時である。それが来たり去ったりするものであると考えてはならない。

〔要約〕解脱は、個々の体験であるばかりでなく、人間の普遍的本質を貫く不滅の体験である。

餅を描く絵具は、山水を描く絵具に等しい。いわゆる山水を描くには、青絵具を用いる。餅を描くには、もち米を用いる。それは、ともに解脱の境地を現わしている。その用むきは等しく、働きは等しい。

したがって、今ここに「画餅」と名づける解脱のありさまは、

袋《たい》を勘過《かんか》するに、疑著《ぎじゃく》におよばず、親《しん》覲《ごん》におよばず、ただ隣談《りんだん》に側耳《そくじ》せずして不管《ふかん》なるがごとし。

画餅《がびょう》といふは、しるべし、父母《ふぼ》所生《しょしょう》の面目あり[四三]、父母《ふぼ》未生《みしょう》の面目あり。[四四]米麺《べいめん》をもちゐて作法《さほう》せしむる正当恁麼《しょうとういんも》、かならずしも生《しょう》不《ふ》生《しょう》にあらざれども、現《げん》成道成《じょうどうじょう》の時節なり[四五]、去来《きょらい》の見聞《けんもん》に拘牽《こうけん》せらるる[四六]と参学すべからず。

餅《びょう》を画《が》する丹雘《たんかく》は、山水《さんすい》を画する丹雘とひとしかるべし。[四七]いはゆる山水を画するには青丹《せいたん》をもちゐる、画餅《がびょう》を画するには米麺《べいめん》をもちゐる。[四八]恁麼《いんも》なるゆゑに、その所用《しょゆう》おなじく、功夫《くふう》ひとしきなり。[四九]しか

一切のごま餅、菜餅、乳餅、焼餅、きび餅などがことごとく画によって実現することである。そのような立場からすれば、画も、餅も、一切の存在もなんら異なるものでないことを知るべきである。したがって現実の餅は、みな画餅である。このほかに画餅を求めるならば、未だに画餅にあわず、画餅のことを悟らないのである。画餅は、あるときには実現し、あるときには実現しない。しかしそうではありながら、それは古今の姿を超えている。生滅の相を超えている。そのようなところに、画餅の国土が現われ、成立するのである。

〔要約〕ちょうど一枚の画餅が餅一般を現わしているように、われの解脱が、山水の解脱、世界の解脱を実現しているのである。

「飢えを充たさない」という「飢え」は、世間一般にいう飢えのことではない。腹の中に一物もない解脱の境地をいうのである。そのような境地は画餅の解脱の境地と対立するものではない。したがって画餅をたべても飢えはやまない。飢えに対立する餅はなく、餅に対立する飢えはないのであるから、飢えをやめる

あればすなはち、いま道著《どうじやく》する画餅といふは、一切《いつさい》の糊餅《こびよう》・菜餅《さいびよう》・乳餅《にゆうびよう》・焼《しよう》餅《びよう》・糍餅《じびよう》等、みなこれ画図《がと》より現成《げんじよう》するなり。四〇しるべし、画等《がとう》・餅等《びようとう》・法等《ほうとう》四一なり。このゆゑにいま現成するところの諸餅《しよびよう》、ともに画餅なり。このほかに画餅をもとむるには、つひにいまだ相逢《さうほう》せず、未拈出《みねんしゆつ》なり。一時現なりといへども、一時《いちじ》不現《ふげん》なり。四二しかあれども、老《ろう》少《しよう》の相《そう》にあらず、四三去来《きよらい》の跡《せき》にあらざるなり。しかある這頭《しやとう》四四に、画餅国土《がびようこくど》あらはれ、成立《じやうりゆう》するなり。

不充飢《ふじゆうき》といふは、飢《き》は十二時使《じゆうにじし》にあらざれども、四五画餅《がびよう》に相見《しようけん》する便宜《べんぎ》あらず、四六画餅を喫著《きつちやく》するにつひに飢をやむる功なし。飢に相待《そうたい》せらるる餅《びよう》なし。餅に相待せらるる餅あらざるがゆゑに、活計つ

道理がないのである。飢えは飢えで、一切世界を究め尽くしており、餅は餅で、一切世界を究め尽くしているのである。

〔要約〕「画餅が飢えを充たさない」ということばを、「解脱の境地においては対立はない」というように解釈するのである。対立ということがぜんぜん問題にならないのであるから、対立をなくしてしまう（飢えをやめる）必要がないのである。

いま山水を描くには青絵具を用い、あるいは奇岩怪石、七宝、四宝を用いる。餅を描くにもそれを用いる。人を描くには四大元素を用い、万物を用いる。仏を描くには、金泥、泥絵具を用いるばかりでなく、仏の三十二相、一茎の草、永遠の修行を用いる。そのようにして一枚の仏を描くのであるから、一切の仏は、みな画仏である。一切の画仏は、みな仏である、そのような仏と画餅について、身をもって学ぶべきである。どちらが形のないもので、どちらが形のあるものか、どちらが物で、どちらが心であるかということを、身をもって学びなさい。このように学ぶとき、生死の移り変わりは、ことごとく画である。仏の無上の悟りは、

たはれず、家風つたはれず。飢も一条《いちじよう》拄杖《しゆじよう》なり、横担《おうたん》・竪担《じゆたん》[四七]・千変万化《せんぺんばんか》なり。餅も一身心現《いちしんじんげん》なり、青黄赤白《しやうおうしやくびやく》・長短《ちようたん》[四八]・方円《ほうえん》なり。[四九]

いま山水《さんすい》を画《が》するには青緑丹雘《せいりよくたんかく》をもちゐ、奇巌怪石《きがんかいせき》をもちゐ、七宝四宝《しつぽうしほう》[四〇]をもちゐる。餅《びよう》を画する経営《けいえい》もまたかくのごとし。人《にん》を画するには四大五蘊《しだいごうん》[四一]をもちゐる。仏《ぶつ》を画するには泥龕土塊《でいがんどかい》[四二]をもちゐるのみにあらず、三十二相《そう》[四三]をももちゐる、一茎草《いつきようそう》[四四]をもちゐる、三祇百劫《さんぎびやくこう》の熏修《くんじゆ》[四五]をももちゐる。かくのごとくして、一軸の画仏を図《ず》しきたれるがゆゑに、一切諸仏はみな画仏なり、一切画仏はみな諸仏な

画である。存在世界も虚空も、すべて、画でないものはない。

〔要約〕一枚の絵の中に、万物が描かれている境地を体験するが、解脱である。

仏祖がいっている。

「道は成じて白雪が多い、画くことのできた山水、数枚が現われる」

これは解脱の境地をうたったことばである。修行の完成を表わすことばである。解脱の境地を、数枚の青山白雪と名づけて、描いているのである。一動一静として、画でないものはない。われわれの今の理解も、ただ画から得られるのである。仏の十の尊称も、三つの力も、一枚の画である。修行の道も、一枚の画である。もし画が真実でないならば、一切の存在はすべて真実でない。仏法も真実でない。仏法がもし真実であるならば、画餅も真

り。画仏と画餅《がびょう》と検点すべし。いづれか石烏亀《せきうき》、いづれか鉄拄杖《てつしゅじょう》なる、いづれか色法《しきほう》[四二六]、いづれか心法《しんぽう》なると、審細《しんさい》に功《く》夫《ふう》参究すべきなり。恁麼《いんも》功夫《くふう》するとき、生死去来《しょうじきょらい》はことごとく画図《がと》なり。無上《むじょう》菩提《ぼだい》すなはち画図なり。おほよそ法界虚《ほうかいこ》空《くう》、いづれも画図にあらざるなし。

古仏言《いわ》く、〔道《どう》は成《じょう》じて白雪千扁《せんぺん》し去り[四二七]、画き得て青山数軸《せいざんすうじく》来る〕。

これ大悟話《だいごわ》[四二八]なり、辦道功夫《べんどうくふう》の現成《げんじょう》せし道底《どうてい》なり。しかあれば、得道《とくどう》の正当恁《しょうとういん》麼時《もじ》は、青山白雪《せいざんはくせつ》を数軸《すうじく》となづく、画図《がと》しきたれるなり。一動一静《いちどういちじょう》、しかしながら画図にあらざるなし。われらがいまの功夫、ただ画《が》よりえたるなり。十号《ごう》[四二九]・三《さん》明《みょう》[四三〇]、これ一軸の画なり。根《こん》・力《りき》・覚《かく》・道《どう》[四三一]、これ一軸の画なり。もし画は実《じつ》

実であろう。

〔要約〕仏道の教えのすべてが、釈尊の解脱の境地から発しているのであるから、もし、解脱が真実でないならば、仏道のすべてが真実でないということになる。

雲門匡真大師《うんもんきょうしんだいし》に、ある僧が尋ねた。

「仏に囚《とら》われず、祖師に囚われないということは、どういうことですか」

師が答えた。

「ごま餅」

このことばの真意を静かに思いめぐらすべきである。このような問答が現われるからには、超仏越祖を説く師があり、それを聞かなくても理解する禅者があり、それを聞いて理解する修行者があるはずである。だからこそ、このようなすぐれた問答がなされるのである。今のごま餅の問答において、問うものも答えるものも、ともに画餅の境地を現わしいる。それによって、「仏に囚われない、祖師にも囚われない」ということばがあり、「仏にも魔

にあらずといはば、万法《ばんぽう》みな実にあらず。万法みな実にあらずば、仏法《ぶっぽう》も実にあらず。仏法もし実なるには、画餅《がびょう》すなはち実なるべし。

雲門匡真大師《うんもんきょうしんだいし》[四三二]、ちなみに僧とふ、いかにあらんかこれ超仏越祖之談《ちょうぶつおつそのだん》[四三三]。師いはく、糊餅《こびょう》。

この道取、しづかに功夫《くふう》すべし。糊餅すでに現成《げんじょう》するには、超仏越祖の談を説《せっ》著《じゃく》する祖師あり、聞著《もんじゃく》せざる鉄漢《てっかん》あり、[四三四]聴得《ちょうとく》する学人《がくにん》あるべし。現成する道著《どうじゃく》あり。いま糊餅の展事投機《てんじとうき》[四三五]、かならずこれ画餅《がびょう》の二枚三枚なり、超仏越祖の談あり、入仏入魔《にゅうぶつにゅうま》の分あり。[四三六]

物にも囚われない」という境地が実現するのである。

〔要約〕「仏に囚われず、祖師に囚われない」ということは、むろん仏や祖師を否定することではなく、既成の観念を破って、何ものにも囚われずに、直接的に真理を体験しようとすることである。雲門は、「ごま餅」という語によって解脱の境地を示しているのである。

わが師がいわれている。

「脩竹《しゆうちく》、芭蕉が画面に入る」

このことばの真意は、長いものも短いものも、ともに画を学ぶということである。脩竹とは、長い竹のことである。竹は世界の動きに従って成長するものであるが、同時に、竹の年月が世界を動かすのである。その年月の長さをはかり知ることはできない。なぜならば、それが世界そのものであるため、かえってそれを思慮分別することができないからである。

世界の動きは、一切の事物そのものであり、思慮分別そのものであり、解脱の道そのものであるから、俗世間や小乗の者たちの考えとは異なっている。それはいわば、長い竹の動き、長い竹の

先師《せんじ》道《いわ》く、「脩竹《しゆうちく》芭蕉《ばしよう》画《が》図《と》に入る」。

この道取は、長短を超越《ちようえつ》[四七]せるものの、ともに画図の参学ある道取なり。脩竹は長竹なり。陰陽《いんよう》[四八]の運なりといへども、陰陽をして運ならしむるに、脩竹の年月あり。その年月陰陽、はかることうべからざるなり。大聖《だいしよう》は陰陽を覰見《ちよけん》すといへども、大聖、陰陽を測度《しきたく》することあたはず。陰陽ともに法等《ほうとう》なり、測度等なり、[四九]道等なる[四〇]がゆゑに、いま外道《げどう》二乗《にじよう》等《とう》の心目《しんもく》にかかはる陰陽にはあらず。これは

年月、長い竹の世界である。そのような長い竹の一族として、すべての諸仏たちが存在するのである。天地宇宙が、長い竹の根・茎・枝・葉であることを知るべきである。したがって長い竹が、天地宇宙を長く久しいものとし、大海、大山が一切世界を堅牢にし、禅者のもつ杖や竹片を永遠のものとするのである。

〔要約〕　われをあらしめるのが世界であり、世界をあらしめるのがわれである。われの解脱をあらしめるのが諸仏祖の解脱であり、諸仏祖の解脱を現前させるのがわれの解脱である。

芭蕉は、万物を自己の根・茎・枝・葉・花・果・実・色艶《つや》としているから、秋風を帯びて、秋風を解脱している。一片の汚れもなく、清浄そのものである。何ものにも囚われることなく、それぞれに解脱している。悟りに至る時の長短にこだわらないから、時の短きを論ずるには及ばない。解脱の力によって、万物を自由に働かせているから、春夏秋冬を自己の時としている。

このような長い竹や芭蕉のすべてが、画である。そのため、竹の音を聞いて大悟するものは、画である。それに凡人、聖人の違

脩竹の陰陽なり、脩竹の歩暦なり、脩竹の世界なり。脩竹の眷属《けんぞく》として十方諸仏あり。しるべし、天地乾坤《けんこん》は脩竹の根《こん》茎枝葉《きようしよう》なり。このゆゑに、天地乾坤をして長久ならしむ、大海・須弥《しゆみ》[四一]・尽十方界をして堅牢《けんろう》ならしむ、拄杖《しゆぢやう》・竹篦《しつぺい》をして一老一不老[四二]ならしむ。

芭蕉は、地水火風空《ちすいかふうくう》・心意識智慧《しんいしきちえ》を根《こん》茎《きやう》・枝葉《しよう》・華果《げか》・光色《こうしき》とせるゆゑに、秋《しゆう》風《ふう》を帯《たい》して秋風にやぶる。のこる一塵《いちじん》なし、浄潔《じようけつ》といひぬべし。眼裏《がんり》に筋骨《きんこつ》なし、色裏《しきり》に膠膮《かうり》あらず[四三]、当処《とうしよ》の解脱《げだつ》あり。なほ速疾《そくしつ》に拘牽《こうけん》せられざれば、須臾《しゆみ》刹那《せつな》[四四]等《とう》の論におよばず。この力量を挙《こ》して、地水火風を活計ならしめ、心意識智

いがあると疑ってはならない。長い竹があれば短い竹もあり、短い竹があれば長い竹もある。これらがみな画なのであるから、長短の竹がかならず画面に納まるのである。長い画があれば、短い画のないはずがない。この道理を明らかに学び究めるべきである。

〔要約〕解脱の時は、長い修行をしたものも、短い修行をしたものも、なんの隔てもない。長い修行をしたものは長い修行のままに仏であり、短い修行をしたものは短い修行のままに仏である。

一切世界、及び一切の事物はすべて画餅なのであるから、人間の体験する真理は画から現われ、仏祖は画から生まれる。したがって画に描いた餅でなければ、飢えを充たす薬はない。画に描いた飢えでなければ、まことの自己に逢うことはできない。画に描

を大死《だいし》ならしむ。かるがゆゑにこの家《か》業《ぎょう》に、春《しゅん》秋《じゅう》冬《とう》夏《か》を調度《ちょうど》として受業《じゅぎょう》したる。いま脩竹芭蕉の全消息《ぜんしょうそく》、これ画《が》図《と》なり。これによりて竹声《ちくせい》を聞著《もんじゃく》して大悟せんものは四五、龍蛇《りゅうだ》ともに画図なるべし、凡聖《ぼんしゃう》の情量《じょうりょう》四六と疑著《ぎじゃく》すべからず。〔那竿恁麼長《なかんいんもちょう》を得《う》る〕四七なり、〔這竿恁麼《しゃかんいんも》短《たん》を得る〕四八なり、〔這竿恁麼長《しゃかんいんもちょう》を得《う》る〕なり、〔那竿恁麼短《なかんいんもたん》を得る〕なり。これみな画図なるがゆゑに、長短の図かならず相符《そうふ》するなり四九。長画あれば、短画なきにあらず。この道理、あきらかに参究すべし。

ただまさに尽界尽法《じんかいじんぽう》は画図《がと》なるがゆゑに、人法《にんぽう》は画《が》より現じ、仏祖は画より成《じょう》ずるなり。しかあればすなはち、画餅《がびょう》にあらざれば充飢《じゅうき》の薬《やく》なし五〇、画飢《がき》にあらざ

いて充たすことでなければ、悟りに至る力はない。およそ、飢えを充たし、飢えを充たさず、飢えないことを充たさないということとは、画に描いた飢えでなければ、得ることができず、いうことができないということである。暫くこの境地が画餅であることを身をもって学ぶべきである。この教えを学ぶとき、解脱によって万物をわがものとし、われが万物に従って行く働きができるのである。この働きが現前していないようでは、道を学ぶ力がまだ現われていないのである。その働きを表わす悟りの画が、今ここに実現しているのである。

〔要約〕　解脱によって、すべての対立から自由になり、対立を対立として生かして行くことができるのである。

れば人《にん》に相逢《そうほう》せず、画充《がじゅう》にあらざれば力《りき》量《りょう》あらざるなり。おほよそ、飢《き》に充《じゅう》し、不飢《ふき》に充し、飢を充せず、不飢を充せざること、画飢にあらざれば不得《ふとく》なり、不《ふ》道《どう》なるなり。しばらく這箇《しゃこ》は画餅なることを参学すべし。この宗旨《しゅうし》を参学するとき、いささか転物物転《てんもつもってん》[四二]の功徳《くどく》を身心《しんじん》に究《ぐう》尽《じん》するなり。この功徳いまだ現前せざるがごときは、学道の力量いまだ現成《げんじょう》せざるなり。この功徳を現成せしむる、証《しょう》画現成《がげんじょう》なり。

III

辨道話・仏性・行持

辦《べん》道《どう》話《わ》

——仏道をまなぶことの意義について——

　真理の体験者たちが、仏の教えを一人から一人へ伝えて、最高の智慧を現わして行くについて、最もすぐれた自然な方法がある。そのことは仏から仏へ伝えられて、脇道にそれることがないのは、それを受け継ぐもの自身で真理を体験することが標準とされているからである。その境地に自己を遊ばせるには、端坐して修行するのが正統な方法である。

　真理は、すべての人に本来ゆたかに具わっているものであるが、修行しなければ体験されず、体験されなければ意味がない。それは放てばかえって手にあふれ、多い少ないを問題としない。語れば口にあふれ、自由自在である。解脱者は常にこのなかにあって、思慮分別から自由になっている。解脱していない人もこのなかにいるが、思慮分別に囚われている。

諸仏如来《しょぶつにょらい》、[452]ともに妙法《みょうほう》[453]を単伝して、阿耨菩提《あのくぼだい》[454]を証《しょう》するに、最上無為《むい》[455]の妙術あり。これただ、ほとけ仏《ほとけ》にさづけてよこしまなることなきは、すなはち自受用三昧《じじゅようざんまい》[456]、その標準なり。この三昧に遊化《ゆけ》するに、端坐参禅《たんざさんぜん》を正門《しょうもん》[457]とせり。[458]この法は、[459]人人《にんにん》の分上《ぶんじょう》にゆたかにそなはれりといへども、いまだ修《しゅ》せざるにはあらはれず、証せざるにはうることなし。[460]はなてばてにみてり、一多《いった》のきはならんや。かたればくちにみつ、縦横《じゅうおう》きはまりなし。諸仏のつねにこのなかに住持《じゅうじ》たる、各各《かくかく》

今ここに教える修行の道は、真理の体験を通して万物を理解し、すべての差別から自由になって、解脱の境地に安住することである。何ものにもこだわるものがないとき、どのような対立的な見解も問題でなくなるのである。

〔要約〕仏道を学ぶということは、釈尊の体験された解脱の境地を学ぶことである。それには、坐禅することが本道である。

私は発心して道を求めて以来、わが国の諸方に、すぐれた師たちを訪れた。そして縁あって建仁寺の明全《みょうぜん》和尚にまみえ、九年のあいだ随侍して、少しばかり臨済宗の教えを聞いた。明全和尚は祖師栄西禅師《えいさいぜんじ》の高弟として、ただ独り無上の仏法を相続して、並ぶもののないお方である。

私はそれから宋の国に赴き、すぐれた師たちを浙江《せっこう》の西東に訪ねて、禅の五門の教えを聞いた。そして遂に天童山の如浄《にょじょう》禅師に参じて、一生参学の大事を終えたのである。

後に宋の年号で紹定《しょうてい》の始めに帰国した。そして直ちに仏法を広め、衆生を救うことを願った。これは重大な責任である。しか

の方面に知覚をのこさず[461]、群生《ぐんじょう》のとこしなへにこのなかに使用する、各各の知覚に方面あらはれず[462]。いまをしふる功夫《くふう》辨道《べんどう》は、証上《しょうじょう》に万法《まんぽう》をあらしめ[463]、出路《しゅつろ》に一如《いちにょ》を行《ぎょう》ずる[464]なり。その超関脱落《ちょうかんだつらく》[465]のとき、この節目《せつもく》[466]にかかはらんや。

予《よ》発心求法《ほっしんぐほう》よりこのかた、わが朝《ちょう》の遍方《へんぽう》に知識をとぶらひき。ちなみに建仁《けんにん》の全《ぜん》公《こう》[467]をみる、あひしたがふ霜華《そうか》、すみやかに九廻《きゅうかい》をへたり。いささか臨済《りんざい》の家風《かふう》をきく。全公は祖師西和尚《そしさいおしょう》[468]の上足《じょうそく》として、ひとり無上の仏法《ぶっぽう》を正伝《しょうでん》せり、あへて余輩《よはい》のならぶべきにあらず。予かさねて大宋国《だいそうこく》におもむき、知識を両浙《りょうせつ》[469]にとぶらひ、家風《かふう》を五門にきく。つひに太《たい》白峰《はくほう》の浄禅師《じょうぜんじ》[470]に参じて、一生参学の大

し将来それが激しく宣揚されるときを待つために、今はその志をひそめておこう。そして暫くは雲が遊び浮草が寄るように、安住の地を定めず、先人の教えを学ぼうと思っている。

しかしこの国には、自分の名声や利害に囚われず、道を求めることを第一としている真実の修行者もあろう。その人たちは、いたずらに邪師に惑わされ、みだりに正解を覆い、空しく独りよがりに陥って、永く迷いの淵に沈むであろう。彼らは何によって、仏の知慧を増し、悟りの時を得るのであろうか。不肖のこの身はいま修行に専念しているから、彼らはどこの土地を訪ねるであろうか。それを憐れに思うから私が宋の国において直接見聞してきた禅道場のしきたりや、師から相続した教えを書き集めて、道を学ぶ人々のために残し、正しい仏法を知らせることとする。これがその奥儀である。

〔要約〕新仏教を宣布すべき時がまだ到来していないので、じっくりと時節を待つことにする。そしてその間に、仏道の要綱をまとめておこう。

事ここにをはりぬ。それよりのち、大宋《だいそう》紹定《しょうてい》のはじめ、本郷《ほんきょう》にかへりし、すなはち弘法《ぐほう》救生《ぐしょう》四七一をおもひとせり、なほ重《じゅう》担《たん》をかたにおけるがごとし。しかあるに、弘通《ぐづう》のこころを放下《ほうげ》せん、激揚《げきよう》のときをまつゆゑに、しばらく雲遊《うんゆう》萍寄《ひょうき》して、四七二まさに先哲の風《ふう》をきこえんとす。ただしおのづから名利《みょうり》にかかはらず、道念をさきとせん真実の参学あらんか、いたづらに邪師にまどはされて、みだりに正《しょう》解《げ》をおほひ、むなしく自狂《じきょう》にゑうて、ひさしく迷郷にしづまん、なにによりてか般若《はんにゃ》四七三の正種《しょうじゅ》を長《ちょう》じ、得道《とくどう》の時をえん。貧道《ひんどう》四七四はいま雲遊萍寄をこととすれば、いづれの山川《さんせん》をかとぶらはん。これをあはれむゆゑに、まのあたり大宋国にして禅《ぜん》林《りん》四七五の風規《ふうき》を見聞《けんもん》し、知識《ちしき》の玄旨《げんし》を稟持《ぼんじ》せしを、しるしあつめて、参学閑道《さんがくかんどう》四七六の人に

まず第一に、釈尊がグリドラ山の集会において仏法をカーシャパに依嘱され、それがインドの歴代の祖師たちに正しく伝わって、達磨《だるま》尊者に至った。尊者は自ら中国におもむいて、仏法を慧可大師に依嘱された。これが東方に仏法が伝来した始めである。こうして、一人から一人へ伝わって六祖大鑑禅師（慧能）に至った。このとき真実の仏法は中国に流水のように広まり、煩わしい理論を超えた教えが実現したのである。そのとき六祖には二人のすぐれた弟子があった。南岳《なんがく》の懐譲《えじょう》と、青原《せいげん》の行思《ぎょうし》である。ともに仏の印を伝え持ったすぐれた師である。この二流が広まって、五門が開けた。いわゆる法眼宗、潙仰宗、曹洞宗、雲門宗、臨済宗である。いま宋の国においては、臨済宗だけが勢力を揮《ふる》っている。このように五家が分かれたとはいえ、同じ一つの仏心を伝えているのである。

　中国においては、後漢時代からのち、経典による教えが伝えられ全土に広がったが、その教えのいずれがすぐれているかについ

のこして、仏家《ぶっけ》の正法《しょうほう》をしらしめんとす。これ真訣《しんけつ》ならんかも。[四七七]

いはく、大師釈尊《だいししゃくそん》[四七八]霊山会上《りょうぜんえじゃう》[四七九]にして、法を迦葉[四八〇]につけ、祖祖正伝《しょうでん》して菩提達磨《ぼだいだるま》[四八一]尊者《そんじゃ》にいたる。尊者、みづから神丹国《しんたんこく》[四八二]におもむき、法を慧可大師《えかだいし》[四八三]につけき。これ東地の仏法《ぶっぽう》伝来のはじめなり。かくのごとく単伝して、おのづから六祖大鑑禅師《ろくそだいかんぜんじ》[四八四]にいたる。このとき、真実の仏法まさに東漢《とうかん》[四八六]に流演《るえん》して、節目《せつもく》[四八五][四八七]にかかはらぬむねあらはれき。ときに六祖に二位《にい》の神足《じんそく》ありき、南嶽の懐譲《えじょう》[四八八]と青原《せいげん》の行思《ぎょうし》[四八九]となり。ともに仏印《ぶっちん》[四九〇]を伝持《でんじ》して、おなじく人天《にんでん》の導師なり。その二派の流通《るずう》するに、よく五門ひらけたり。いはゆる、法眼宗《ほうげんしゅう》・潙仰《いぎょう》宗・曹洞《そうとう》宗・雲門《うんもん》宗・臨済《りんざい》宗なり。見在大宋《げんざいだいそう》[四九一]には臨済宗のみ天下《てんげ》にあまね

ては定めがつかなかった。しかし達磨大師がインドから来られて後は、ただちに論争の根源を断ち切って、ただ一つのまじりけのない仏法が広まったのである。わが国もそうあることを願いなさい。この仏法を伝えた諸仏祖たちは、ともに自ら楽しむ境地にあって端坐して修行することを、悟りを開くための正しい道としたのである。インドにおいても中国においても、悟りを得た人たちは、この流儀に従ったのである。それは師たちや弟子たちが、秘かにこのすぐれた方法を伝え、奥儀を相続してきたからである。

宗門の正伝によれば、この一人から一人へ伝わる真直ぐな仏法は、最上の中の最上の教えである。師にまみえた始めの時から、ほかに焼香、礼拝、念仏、懺悔、読経を用いることなく、ただひたすらに坐禅して、身心の束縛を離れるように努めなさい。

〔要約〕仏教には、釈尊の教えを経典にもとづいて解釈しようとする一般仏教と、自らの修行によって直接体験しようとする禅仏教がある。

一般仏教は西暦一世紀頃から中国に伝えられたが、禅仏教は六世紀に達磨大師によって伝えられた当時は、経典を否定する独特の禅の立場をとってきたのである。

し。五家《ごけ》ことなれども、ただ一仏心印なり。大宋国《だいそうこく》も、後漢《ごかん》[四九二]よりこのかた、教《きょう》[四九三]籍《じゃく》あとをたれて一天にしけりといへども、雌雄《しゆう》いまださだめざりき。祖師西来《せいらい》ののち、直《じき》に葛藤《かっとう》の根源をきり、[四九四]純一《じゅんいち》の仏法ひろまれり。わがくにもまたしかあらんことをこひねがふべし。いはく、仏法を住持せし諸祖、ならびに諸仏、ともに自受用三昧《じじゅようざんまい》に端坐《たんざ》依行《えぎょう》するを、その開悟《かいご》のまさしきみちとせり。西天東地《さいてんとうち》、さとりをえし人、その風《ふう》にしたがへり。これ、師資ひそかに妙術を正伝《しょうでん》し、真訣《しんけつ》を稟持《ぼんじ》せしによりてなり。

宗門《しゅうもん》の正伝にいはく、この単伝正直《しょうじき》の仏法は、最上のなかに最上なり。参見《さんけん》知識のはじめより、さらに焼香・礼拝《らいはい》・念仏・修懺《しゅさん》・看経《かんきん》をもちゐず、ただし打坐《たざ》して身心脱落《しんじんだつらく》することをえよ。

もし人が、たとえ一時であろうとも、身体、口、心に仏の印を現わして、仏の姿になりきって端坐するならば、普く世界にみな仏の印を現わし、一切虚空は悉く悟りとなる。それによって仏たちは根本の歓びを増し、仏道の荘厳を新たにする。そして一切世界の生きとし生けるものは、みな同時に身心が明るく清くなり、すべての束縛から自由になって、本来の姿を現わす。そのとき万物はみな正しい悟りを現わして、共に仏の姿を取り、悟りのあとかたさえ消えて、菩提樹《ぼだいじゅ》の下に端坐し、共にこの上なくすぐれた教えを説き、すべてのことを無作為に究め尽くす深い知慧を現わすのである。

このような万物の悟りがさらに坐禅する人の処へ帰って、その人を秘かに助けることになるから、坐禅する人は間違いなく身心の束縛から自由になり、それまで持っていた思いはからいを断ち切り、まことの仏法を明らかにして、普《あまね》く、あらゆる仏の道場ごとに、仏のわざを助け、広く向上の機会を与え、よく向上の仏法を宣揚するのである。このとき、一切世界の土地、草木、土塀、瓦礫がみな仏のわざを行うことよって、それが起こす風水の恵みを受けるものたちは、みなその不可思議な仏の導きに秘かに助けわたされて、身近に悟りをあらわすことになる。

もし人、一時《いちじ》なりといふとも、三業《さんごう》に仏《ぶつ》印《ちん》を標《ひょう》し[四九五]、三昧《ざんまい》に端坐するとき、遍法界《へんほっかい》みな仏印となり[四九六]、尽虚空《じんこくう》ことごとくさとりとなる。ゆゑに諸仏如来《にょらい》をしては、本《ほん》地《じ》[四九七]の法楽《ほうらく》をまし、覚道の荘厳《しょうごん》をあらたにす。および十方法界[四九八]、三途《さんず》六道《ろくどう》[四九九]の群類、みなともに一時に身心《しんじん》明浄《みょうじょう》にして、大解脱地《だいげだっち》を証《しょう》し、本来面目《ほんらいめんもく》現ずるとき、諸法みな正覚《しょうがく》を証会《しょうえ》し、万物《ばんもつ》ともに仏身を使用して、すみやかに証会の辺《へん》際《ざい》を一超《いっちょう》して[五〇〇]、覚樹王《かくじゅおう》に端坐し、一時に無等等《むとうどう》の大法輪《だいほうりん》を転じ[五〇一]、究竟無為《くぎょうむい》[五〇二]の深《じん》般若《はんにゃ》[五〇三]を開演す。これらの等正覚《とうしょうがく》、さらにかへりて、したしくあひ冥資《みょうし》するみちかよふがゆゑに、この坐禅人、確爾《かくじ》[五〇四]として身心脱落《しんじんだつらく》し、従来雑穢《じゅうらいぞうえ》の知見思量を截断《せつだん》して、天真《てんしん》の仏法に証会し、あまねく微塵際《みじんざい》そこばくの諸仏如来の道場ごと

られて、ともに親しく悟りを現わす。またそのような水火の恵みを受ける者たちも、みな本来の仏としての導きを行うから、これらのものとともに住み、ともに語るものたちもまたことごとく、極まりない仏の徳を具え、広がる上にも広がって、限りなく間断なく、不可思議な、これといって名づけることのできない仏法を、普く世界の内外に流通させるのである。

〔要約〕坐禅をすることの意義は、われ自身が仏となって世界を照らし、それによって世界に照らされることである。

しかし、こういったすべてのことが坐禅する当人に気づかれないのは、坐禅が静中の無造作であって、坐禅そのものが直ちに悟りだからである。もし凡夫が思うように、修行と悟りが別のもの

に、仏事を助発《じょほっ》し、ひろく仏向上《ぶっこうじょう》の機にかうぶらしめて、よく仏向上の法を激揚《げきよう》す。このとき、十方法界の土地・草木《そうもく》・牆壁《しょうへき》・瓦礫《がりゃく》みな仏事をなすをもて、そのおこすところの風水の利益《りやく》にあづかるともがら、みな甚妙《じんみょう》不可思議の仏化《ぶっけ》に冥資せられて、ちかきさとりをあらはす。この水火を受用するたぐひ、みな本証《ほんしょう》[五〇五]の仏化を周旋《しゅうせん》するゆゑに、これらのたぐひと共住《ぐじゅう》して同語するもの、またことごとく、あひたがひに無窮《むきゅう》の仏徳そなはり、展転広作《てんでんこうさ》[五〇六]して、無尽《むじん》・無間断《むかんだん》・不可思議・不可称量の仏法を、遍法界《へんほっかい》の内外《ないげ》に流通《るづう》するものなり。

しかあれども、このもろもろの当人《とうにん》の知覚に昏《こん》せざらしむることは、静中《じょうちゅう》[五〇七]の無《む》造作《ぞうさ》[五〇八]にして、直証《じきしょう》[五〇九]なるをもてなり。も

であるならば、その各が互いに相手のことに気づくであろう。もしそのように気づくならば、それはまことの悟りではない。まことの悟りには、そのような対立がないからである。また、心も対象も、共に静中にあって、悟りに入り、悟りを超えながら、自ら楽しむ境地にあるために、ひとかけらの塵も動かさず、ひとかけらの形も破らずに、広大な仏のわざや、深く微妙な仏の導きを行うのである。この力の及ぶ草木や土地は、共に大光明を放ち、深くすぐれた仏法を説いて極まりない。草木も、土塀も、凡人や聖人やすべての生物のために、仏法を宣揚するのである。それに応じて、凡人や聖人やすべての生物たちは、草木、土塀に対して仏法を広くいい広める。自ら悟り、他を悟らせるこの境地は、もともと悟りのさまを具えていて、欠けた処がなく、悟りの働きを休むことなく働かせているのである。

これによって、たとえ一人一時の坐禅であろうとも、すべての事物と一つになり、すべての時と円満に通じ合うから、一切世界の過去、現在、未来において、常に変わらない仏の導きや、仏のわざを行う。いずれも同じ修行であり、悟りである。坐ってする時ばかりでなく、撞木《しゅもく》で鐘をつく前も後も、妙なる音が続くよう

し凡流《ぼんる》のおもひのごとく、修証《しゅしょう》を両段にあらせば[五〇]、おのおのあひ覚知すべきなり。もし覚知にまじはるは、証則[五一]にあらず、証則には迷情《めいじょう》およばざるがゆゑに。また、心境《しんきょう》ともに[五二]静中の証 入悟出《しょうにゅうごしゅつ》[五三]あれども、自受用の境界《きょうがい》なるをもて、一塵《いちじん》をうごかさず、一相《いっそう》をやぶらず、広大の仏事、甚深《じんじん》微妙《みみょう》の仏化《ぶっけ》をなす。この化道《けどう》のおよぶところの草木《そうもく》・土地、ともに大《だい》光明《こうみょう》をはなち、深妙法《じんみょうほう》をとくこと、きはまるときなし。草木牆壁《しょうへき》はよく凡聖《ぼんしょう》含霊《がんれい》のために宣揚し、凡聖含霊は、かへつて草木牆壁のために演暢《えんちょう》す。自覚・覚他の境界、もとより証相《しょうそう》をそなへてかけたることなく、証則おこなはれて、おこたるときなからしむ。ここをもて、わづかに一人一時《いちにんいちじ》の坐禅なりといへども、諸法《しょほう》とあひ冥《めい》し、諸時とまどかに通

に、永続する修行である。しかもその処においてばかりでなく、万物はみな仏としての本来の姿と本来の修行を現わして、その深さははかり知ることができない。たとえ一切世界の無量無数の仏たちが、共に力を励まして、仏の智慧を持って、一人が坐禅することの恵みをはかり知ろうとしても、そのおよその量も知ることはできない。

〔要約〕　坐禅は悟りを得るための手段ではなく、坐禅すること自体が悟りの現成なのであるから、初心者の一時の坐禅のうちにも、仏道の最高の意義があるのである。

ずるがゆゑに、無尽法界《むじんほっかい》のなかに、去来《こらい》現《げん》に、常恒《じょうごう》の仏化道事《ぶっけどうじ》をなすなり。彼《ひ》彼《ひ》ともに一等の同修《どうしゅ》なり、同証《どうしょう》なり。[五二四]ただ坐上《ざじょう》の修《しゅ》のみにあらず、空《くう》をうちてひびきをなすこと、撞《しょう》の前後に妙声綿綿《みょうじょうめんめん》たるものなり。このきはのみにかぎらんや、百頭《ひゃくとう》みな[五二五]本面目《ほんめんもく》に[五二六]本修行《ほんしゅぎょう》をそなへて、はかりはかるべきにあらず。しるべし、[五二七]たとひ十方無量恒河沙数《ごうがしゃすう》の諸仏、ともにちからをはげまして、[五二八]仏智慧《ぶっちえ》をもて、一人坐禅《いちにんざぜん》の功徳《くどく》をはかり、しりきはめんとすといふとも、あへてほとりをうることとあらじ。

仏《ぶっ》性《しょう》[五一九]

――ほとけの本質――

釈尊がいわれている。

「一切衆生には、ことごとく仏性がある。仏の本質は常住で、変わることがない」

これは偉大な師、釈尊の力強い教えであるとともに、すべての覚者たち、および歴代の諸仏祖たちの根本精神である。この教えを学んで既に二千百九十年（仁治二年まで）、正しい後継ぎは僅かに五十代（先師天童山如浄禅師まで）、インドに二十八代、中国に二十三代の諸仏祖たちが、代々に亘ってこれを伝えてきたのである。諸方の諸仏祖たちも、共にこれを伝えてきたのである。

釈尊のいわれる「一切衆生には、悉《ことごと》く仏性がある」ということばの真意は何であろうか。それは、「何ものかが、明らかに現前している」ということである。あるときには「衆生」といい、あ

釈《しゃ》迦《か》牟《む》尼《に》仏《ぶつ》言《いわ》く、「一切《いっさい》の衆生《しゅじょう》は悉《ことごと》く仏性《ぶっしょう》を有す、如来《にょらい》は常住にして変易《へんやく》あることなし」[五二〇]。

これわれらが大《だい》師釈尊《ししゃくそん》の師子吼《ししく》[五二一]の転法《てんぽう》輪《りん》なりといへども、一切諸仏・一切祖師の頂顆眼睛《ちょうねいがんぜい》[五二二]なり。参学しきたること、すでに二千一百九十年、当日本仁治二年辛丑歳 正嫡《しょうてき》わづかに五十代[五二三]、至先師天童浄和尚 西天《さいてん》二十八代[五二三]、代《だい》代《だい》住持しきたり、東地《とうち》二十三世、世世住持しきたる。十方の仏祖ともに住持せり。世尊道《せそんどう》の一切衆生悉有仏性《いっさいしゅじょうしつうぶっしょう》は、その宗旨《しゅうし》いかむ。是什麽物恁麽来《これなにものかいんもらい》[五二四]の道転法《どうてんぽふ》

るときには「有情」といい、あるときには「もろもろの生物」、あるときには、「もろもろの生類」というのは、みな衆生のことであり、一切存在のことである。つまり、一切存在のすべてを衆生というのである。そのとき衆生の内も外も、悉くが仏性である。なぜならば、仏性は師から弟子に伝えられるばかりでなく、すべてのものに同時に伝えられるからである。

〔要約〕仏性とは、人間が本質的に具えている自由、叡智、愛、創造力、偉大な宗教性といったものである。それがすべての人間に共通に具わっているというのが大乗仏教の主張であるが、それをさらに一歩すすめて、仏性は万物に通ずる真理、本質的普遍性であるということができるのである。

ここにいう、仏性が悉くの衆生にあるという「ある」とは、有無の有でないことを知るべきである。「悉くある」ということは、仏のことばであり、仏の舌であり、先覚者の眼であり、僧たちの本質なのであって、解脱によって始めて体験されることである。

ここにいう仏性は、今始めて有るものでも、本来有るものでもなく、有無を超えて有るものでもない。まして、原因によって有

輪《りん》[525]なり。あるいは衆生といひ、有情《うじやう》といひ、群生《ぐんじやう》といひ、群類といふは、衆生《しゆじやう》なり、群有《ぐんう》なり。すなはち悉有《しつう》は仏性《ぶつしやう》なり、悉有の一悉《いつしつ》を衆生といふ[527]。正当《しやうとう》恁麼《いんも》[526]時《じ》は、衆生の内外《ないげ》すなはち仏性の悉有なり。単伝する皮肉骨髄《ひにくこつずい》のみにあらず[528]、汝得吾皮肉骨髄《によとくごひにくこつずい》なるがゆゑ[529]に。

しるべし、いま仏性《ぶつしやう》に悉有《しつう》せらるる有《う》[530]は、有無《うむ》の有にあらず。悉有は仏語《ぶつご》なり、仏舌《ぶつぜつ》なり、仏祖眼睛《ぶつそがんぜい》[531]なり、衲僧鼻孔《のうそうびこう》なり。悉有の言《ごん》、さらに始有《しう》にあらず、本有《ほんう》[532]にあらず、妙有等《みやううとう》にあらず。いはんや縁有《えんう》・妄有《もうう》[533]ならんや、心境・性相等《しやうそうとう》

るものでも、迷いによって有るものでもない。また、心や対象、本質や外面的性質というように、限定して考えられるものでもない。

したがってそれは、過去の行いによって生じるものでも、迷いによって生じるものでもなく、自然に生じるものでも、神通力によって生じるものでもない。もしそのようなものであるならば、聖人たちの悟りの道、先覚者たちの悟りの眼も、過去の行いによって有るもの、迷いによって有るもの、自然に有るものとなろう。しかしそうではない。仏性は少しもまじりけのない全体であって、この世界には仏性以外の、何ものも無いのである。なぜならば、それがすべての思慮分別を超えて、何ものとも対立しないからである。

〔要約〕人間の本質的普遍性は、哲学的分析によって限定されるものではない。

仏性は妄想の結果、現われるものではない。それが普《あまね》く世界に隠れないからである。しかし、普く世界に隠れないということ

にかかはれず。しかあればすなはち、衆《しゅ》生《じょう》悉有の依正《えしょう》[534]、しかしながら業増上力《ごうぞうじょうりき》にあらず、妄縁起《もうえんぎ》にあらず、法爾《ほうに》にあらず、神通修証《じんづうしゅしょう》にあらず。衆生の悉有、それ業増上《ごうぞうじょう》および縁起・法爾等ならんには、諸聖《しょしょう》の証道《しょうどう》および諸仏の菩提《ぼだい》、仏祖の眼睛も、業増上力《ごうぞうじょうりき》および縁起・法爾なるべし。しかあらざるなり。尽界はすべて客塵《かくじん》なし[535]、直下《じきげ》さらに第二人《だいににん》あらず[536]、直截根源人未識《じきせつこんげんにんみしき》、忙忙業識幾時《ぼうぼうごっしききじ》休《きゅう》[537]なるがゆゑに。

妄縁起《もうえんぎ》の有《う》にあらず、偏界不曾蔵《へんかいふぞうぞう》[538]のゆゑに。偏界不曾蔵といふは、かならずしも

は、世界が一つの自我によって成り立っているということではない。世界が一つの自我によって成り立っているというのは、バラモンの誤った考えである。

仏性は本来あるものではない。それが時を超えているからである。仏性は、今ことさらに始まるものではない。それが塵一つも加えないからである。仏性は一つ一つあるものではない。それが普遍的なものだからである。仏性は始めを持たないものではない。何ものかが、ここに現前しているからである。仏性は、取り立ててあるものではない。平常心が仏道だからである。

このように、仏性が何ものとも対立するものでないことを知るべきである。このように仏性を理解するならば、仏性は何ものにも囚われず、なにものにもこだわることがないであろう。

〔要約〕哲学的考察をすべて否定した時に、何ものにも囚われない本質が明らかにされるのである。

仏性のことばを聞いて、修行者たちの多くは、バラモンの哲学者先尼外道のとなえた「永遠の我《が》」のように、誤って考える。そ

満界是有《まんかいぜう》といふにあらざるなり。偏界我《が》有《う》は外道《げどう》の邪見なり。[五三九]本有《ほんう》の有にあらず、亘古亘今《ごうここうこん》のゆゑに。始起《しき》の有にあらず、不受一塵《ふじゅいちぢん》のゆゑに。条条《じょうじょう》の有にあらず、合取《がっしゅ》のゆゑに。無始有《むしう》の有にあらず、是什麼物恁麼来《これなにものかいんもらい》[五四〇]のゆゑに。始起有《しきう》の有にあらず、平常心是道《へいじゃうしんぜどう》[五四一]のゆゑに。まさにしるべし、悉有中《しつうちゅう》に衆生快便難逢《しゅじょうかいべんなんぽう》なり。[五四二]悉有を会取《えしゅ》することかくのごとくなれば、悉有それ透体脱落《とうたいだつらく》なり。

仏性《ぶつしょう》の言《ごん》をききて、学者おほく先尼外《せんにげ》[五四三]道《どう》の我《が》のごとく邪計《じゃけい》せり。それ人《ひと》にあは

れはまことの人に逢わず、まことの自己に逢わず、まことの師に見えないからである。そのような者たちはいたずらに、身心の活動による知覚作用を、仏性の覚知、分別であると思っている。誰が、仏性に覚知、分別があるといったか。たとえ覚者、知者を仏というとしても、仏性そのものは覚知でも分別でもない。まして仏を覚者、知者というときの覚知は、そのような者たちが考えているように、知覚作用を覚知というのではない。ただ先覚者たち各々、思慮分別を超えた働きが、まことの覚知なのである。

むかしから古老先徳たちが、インドに学んだり、人々を導いたりしてきた。そのような例は、漢代から宋代に至るまで数限りない。その多くは、身心の活動が、仏性による知覚であると思っている。哀れむべきことである。仏道を学ぶことがおろそかであるから、そのような誤りを犯すのである。いま仏道を学ぶ者たちは、先輩であろうと後輩であろうと、そのような考えを持ってはならない。たとえ覚知を学んでも、覚知は身心の活動ではない。たとえ活動ということを学んでも、仏性の働きはそのようなものではない。それに囚われることなく、まことの働きを理解するならば、まことの覚知、分別を理解するであろう。

ず、自己にあはず、師をみざるゆゑなり。いたづらに風火《ふうか》の動著《どうじゃく》する心意識[五四四]を、仏性の覚知《かくち》覚了《かくりょう》とおもへり。たれかいふし、仏性に覚知覚了ありと。覚者《かくしゃ》知者《ちしゃ》は、たとひ諸仏なりとも、仏性は覚知覚了にあらざるなり[五四五]。いはんや諸仏を覚者知者といふ覚知は、なんだちが云云《うんぬん》の邪解《じゃげ》を覚知とせず、風火の動静《どうじょう》を覚知とするにあらず。ただ一両《いちりょう》の仏面祖《ぶつめんそ》面《めん》、これ覚知なり。往往《おうおう》に古老先徳、あるひは西天《さいてん》に往還《おうかん》[五四六]し、あるひは人天《にんでん》を化《け》道《だう》する、漢より宋朝にいたるまで、稲麻《とうま》竹葦《ちくい》[五四七]のごとくなる、おほく風火の動著《どうじゃく》を仏性の知覚とおもへる、あはれむべし、学道転疎《てんそ》なるによりて、いまの失誤《しつご》あり。いま仏道の晩学初心、しかあるべからず。たとひ覚知を学習すとも、覚知は動著にあらざるなり。たとひ動著を学

〔要約〕　人間の本質的普遍性は、一神論的自我のようなものではない。また客観現象を認識したり知覚したり悟ったりすることにあるのでもない。

仏と仏性（本質）は一つである。そしてその仏性は万物に亘《わた》っている。なぜならば、万物が仏性だからである。仏性はこなごなでもなく、固まってもいない。それはすべての対立を超えて現前しているのであるから、大きくもなく小さくもない。一度《ひとたび》仏性と名づけるからには、諸仏と対立させてはならない。仏性そのものと対立させてもならない。

ある一派の者たちは思っている。

「仏性は草木の種子のようなものである。仏の雨が湿《うるお》い、たびたび地を湿すことによって、芽、茎が生長し、枝、葉、花、果実ができる。そして果実は、そのなかに種子を孕《はら》んでいる」

このような考えは、凡夫の考えである。たとえそのように考えても、種子も花も果実も、その全体が、まじりけのない仏性であることを学ぶべきである。果実のなかに種子があり、その種子は見えないが、そこから根や茎を生じて、自然に大枝、小枝を茂ら

習すとも、動著は恁麼《いんも》にあらざるなり。もし真箇《しんこ》の動著[五四八]を会取《えしゅ》することとあらば、真箇の覚知覚了を会取すべきなり。

仏之与性《ぶっしよしょう》 達彼達此《たっぴたっし》[五四九]なり。仏性《ぶっしょう》かならず悉有《しつう》なり、悉有は仏性なるがゆゑに。悉有は百雑砕《ひゃくざっすい》[五五〇]にあらず、悉有は一条鉄《いちじょうてつ》にあらず[五五一]。拈挙頭《ねんけんとう》[五五二]なるがゆゑに大小にあらず。すでに仏性といふ、諸聖《しょしょう》と斉肩《せいけん》なるべからず[五五三]、仏性と斉肩すべからず。ある一類[五五五]おもはく、仏性は草木の種子《しゅうし》[五五四]のごとし、法雨《ほうう》のうるほひ、しきりにうるほすとき、芽茎《がきょう》 生長し、枝葉花果《しようけか》もすことあり、果実さらに種子をはらめり。かくのごとく見解《けんげ》する、凡夫《ぼんぷ》の情量なり。たとひかくのごとく見解すとも、種子および華果、ともに条《じょう》 条《じょう》の赤心《せきしん》[五五六]なりと参究すべし。果裏《かり》に種子あり、種子みえざれ

せる。しかし、仏性は内にあるのでも外にあるのでもなく、古今を通じて現前しているのである。したがって、たとえ今の凡夫の考えを認めるとしても、根も茎も枝も葉も、みな共に一体なのであって、共にことごとく仏性なのである。

〔要約〕 そのような普遍性は、徐々に育って行くものではなく、あらゆる立場をこえて無限定に存在するものである。

中国の六祖、曹谿山大鑑禅師《そうけいざんだいかんぜんじ》（慧能《えのう》）が、五祖弘忍《こうにん》禅師の黄梅《おうばい》山《さん》に始めて参じたときに、五祖が問うた。

「おまえはどこから来たのか」

「嶺南のものです」

「なにを求めるか」

「仏になることを求めます」

五祖がいった。

「嶺南のものは無仏性である。どうして仏になることができようか」

ここにいう「嶺南のものは無仏性である」ということばの真意

ども、根茎等《こんきようとう》を生ず。あつめざれどもそこばくの枝条大囲《しじようだいい》となれる、内外《ないげ》の論にあらず、古今《ここん》の時に不空[五五七]なり。しかあれば、たとひ凡夫の見解に一任すとも、根茎枝葉、みな同生《どうしよう》し同死《どうし》し、同《どう》悉有《しつう》なる仏性なるべし。

震旦《しんたん》第六祖[五五八]曹谿山大鑑禅師《そうけいざんだいかんぜんじ》、そのかみ黄《おう》梅山《ばいざん》に参ぜしはじめ、五祖[五五九]とふ、「なんぢいづれのところよりかきたれる[五六〇]」。六祖いはく、「嶺南人《れいなんにん》[五六一]なり」。五祖いはく、「きたりてなにごとをかもとむる」。六祖いはく、「作仏《さぶつ》をもとむ」。五祖いはく、「嶺南人無仏性、いかにしてか作仏せん」。

この嶺南人無仏性といふ、嶺南人は仏性

は、嶺南のものには仏性がないというのでも、仏性があるというのでもなく、無仏性のことを学びなさいというのである。「どうして仏になることができようか」ということばの真意は、仏になれぬというのではなく、「どのようにして仏になろうとするのか」と励ましているのである。

およそ仏性の道理を明らかにした先人は少なくない。それは、小乗のものや仏教哲学者たちの知るところではなく、仏祖たちの子孫だけに伝わることである。仏性は、われわれが覚者となる前に具わっているのではなく、覚者と成った後に具わるのである。仏性はかならず、われわれが覚者となるとともに生ずるのである。この道理を、よくよく身をもって学び究めるべきである。三十年二十年と学ぶべきである。このことは、修行中の求道者たちの明らかにしないことである。

衆生に仏性があり、衆生に仏性がないというのは、このようなことである。それは、仏性がわれわれが仏となってから後に具わるものである、ということを学ぶための正しい目安となる教えである。このように学ばないのは仏法ではない。もしこのように学ばないならば、仏法は今日に至らなかったであろう。もしこの道

なしといふにあらず、嶺南人は仏性ありといふにあらず、嶺南人無仏性となり。いかにしてか作仏せんといふは、いかなる作仏をか期するといふなり。おほよそ仏性の道理、あきらむる先達《せんだつ》すくなし。諸阿笈摩教《しょあぐまきょう》[五六二]および経論師《きょうろんじ》のしるべきにあらず、仏祖の児孫《じそん》のみ単伝するなり。仏性の道理は、仏性は成仏《じょうぶつ》よりさきに具足《ぐそく》せるにあらず、成仏よりのちに具足するなり。仏性かならず成仏と同参するなり。[五六三]この道理、よくよく参究功夫《くふう》すべし。三二十年も功夫参学すべし。十聖《じっしょう》三賢《さんけん》[五六四]のあきらむるところにあらず。衆《しゅ》生《じょう》有仏性《うぶっしょう》、衆生無仏性と道取する、この道理なり、成仏已来《いらい》に具足する法なりと参学する正的《しょうてき》[五六五]なり。かくのごとく学せざるは仏法にあらざるべし。かくのごとく学せずば、仏法あへて今日《こんにち》にいたる

理を明らかにしないならば、覚者になるということの意味を明らかにせず、見聞しないであろう。それだから五祖が相手に向かって、「嶺南のものは無仏性である」といったのである。

われわれが先覚者に見《まみ》え、真理を学ぼうとする始めに、得がたく聞きがたいのは、衆生無仏性のことばである。あるいはすぐれた師に従い、あるいは経巻を学ぶとき、聞いて歓ぶべきは衆生無仏性のことばである。このことばを見聞し、理解することの十分でないものは、仏性のことを未だ見聞し、理解していないのである。六祖がひたすらに仏となることを求めたときに、五祖が六祖をば仏とならせるのに、ほかのことばや方法を用いず、ただ「嶺南のものは無仏性である」といったのである。このように、無仏性について言ったり聞いたりすることが、唯仏となるための真直ぐな方法であることを知るべきである。無仏性ということがわかったときに、唯仏となるのである。このことばを未だ見聞せず、理解していない者たちは、未だ仏となっていないのである。

〔要約〕 すべての人間が究極的な真実を具えており、本質的には仏なのであるが、修行しなければ、それは実現されない。このことに気が

べからず。もしこの道理あきらめざるには、成仏をあきらめず見聞《けんもん》せざるなり。このゆゑに五祖は向他道《こうたどう》するに、嶺南人無仏性と為道《いどう》するなり。見仏聞法《けんぶつもんぽう》の最初に、難得難聞《なんとくなんもん》なるは、衆生無仏性なり。或従知識《わくじゅうちしき》、或従経巻《わくじゅうきょうかん》[156]するに、きくことのよろこぶべきは、衆生無仏性なり。一切衆生無仏性を、見聞覚知《けんもんかくち》に参飽《さんぽう》せざるものは、仏性いまだ見聞覚知せざるなり。六祖もはら作仏をもとむるに、五祖よく六祖を作仏せしむるに、他の道取なし、善巧《ぜんぎょう》なし、ただ嶺南人無仏性といふ。しるべし、無仏性の道取聞取《もんしゅ》、これ作仏の直道《じきどう》なりといふことを。しかあれば無仏性の正当恁麼時《しょうとういんもじ》、すなはち作仏なり。無仏性いまだ見聞せず、道取せざるは、いまだ作仏せざるなり。

つくことが、仏となるための近道である。

これに対して六祖が答えている。

「人に南北はあっても、仏性に南北はないでしょう」

このことばの真意を学ぶべきである。南北ということばを、まじりけのない気持で見究めるべきである。六祖のいったことばには学ぶべきところがある。それには、人は仏になることができるが、仏性そのものは仏になることができないから、仏性はそのまま無仏性である、という隠れた意味があるのである。六祖はそれに気がついていたであろうか。

四祖、五祖のいう無仏性のことばは、すべての時を覆い尽くす力を持っている。それによって釈尊やその前後の仏たちが、仏となって説法するにあたって、「一切の衆生には悉《ことごと》く仏性がある」と述べる力を持つのである。「仏性がある」ということが、「仏性がない」という理解によって、始めて意義をもつのである。

そのため、無仏性ということが、四祖、五祖によって説かれているのである。このとき六祖が真実を悟っていたならば、この無仏性ということばを、もっと追究すべきであった。「有無の無と

六祖いはく、人《にん》有《う》南北《なんぼく》なりとも、仏《ぶっ》性《しょう》無《む》南北《なんぼく》なり。この道取を挙《こ》して、句裏《くり》を功夫《くふう》すべし。南北の言《ごん》、まさに赤心《せきしん》に照顧《しょうこ》すべし。六祖道得《どうとく》の句に宗旨《しゅうし》あり。いはゆる人《にん》は作仏《さぶつ》すとも、仏性は作仏すべからずといふ、一隅《いちぐう》の搆得《こうとく》あり[五六七]、六祖これをしるやいなや。四祖五祖の道取する無仏性の道得、はるかに罣礙《けいげ》の力量ある[五六八]一隅をうけて、迦葉仏《かしょうぶつ》[五六九]および釈迦牟尼仏《しゃかむにぶつ》[五七〇]等の諸仏は、作仏し転法《てんぽう》するに、悉有仏《しつうぶつ》性《しょう》と道取する力量あるなり[五七一]。悉有の有《う》、なんぞ無無《むむ》の無《む》に嗣法《しほう》せざらん[五七二]。しかあれば無仏《むぶっ》性《しょう》の語、はるかに四祖五祖の室《しっ》よりきこゆるなり。このとき六祖その人《ひと》[五七三]ならば、この無仏《むぶっ》性《しょう》の語を功夫すべきなり。有無の無はしばらくおく、いか

いうことは別として、無仏性ということはどういうことでしょうか」と尋ねるべきであった。今日の修行者たちは六祖と同じく、仏性のことばを聞くと、仏性とは何であるかを問題とせずに、仏性の有無について論ずるが、これは軽卒である。

したがって、「すべてのものが無である」という無は、無仏性の無であることを学ぶべきである。六祖のいう「人に南北はあっても仏性に南北はない」ということばの真意を、いつまでも、ねんごろに学ぶべきである。力を入れて学ぶべきである。このことばを、静かに我物《わがもの》として、それから自由になりなさい。愚かな者たちが、「人間には形があるから南北があるが、仏性には形がないから南北を論ずるには及ばないという意味であろう」と推量するのは、わきまえのない妄言である。このような誤った見解をなげうって、まっしぐらに学び励みなさい。

〔要約〕 解脱すれば、仏性そのものになりきって、仏性ということさえ問題でなくなる。それを無仏性というのである。

趙州真際大師《じょうしゅうしんさいだいし》に、ある僧が問うた。

ならんかこれ仏性と問取《もんしゅ》すべし。なにものかこれ仏性とたづぬべし。いまの人も仏性とききぬれば、さらにいかなるかこれ仏性と問取せず、仏性の有無等《うむとう》の義《ぎ》をいふがごとし、これ倉卒《そうそつ》なり。しかあれば諸無《しょむ》の無は、無仏性の無に学すべし。六祖の道取する人有南北、仏性無南北の道《どう》、ひさしく再三撈摝《ろうろく》[五四]すべし、まさに撈《ろう》波子《はし》[五四]に力量あるべきなり。六祖の道取する人有南北、仏性無南北の道、しづかに拈放《ねんぽう》[五五]すべし。おろかなるやからおもはくは、人間には質礙《ぜつげ》[五六]すれば南北あれども、仏性は虚融《こゆう》[五七]にして南北の論におよばずと、六祖は道取せりけるかと推度《すいたく》するは、無分《むぶん》の愚蒙《ぐもう》なるべし。この邪解《じゃげ》を抛《ほう》却《きゃく》して、直須勤学《じきしゅごんがく》すべし。

趙州真際大師《じょうしゅうしんさいだいし》[五八]にある僧とふ、〔狗子還《くしまた》

「犬にも仏性がありますか」

この問いの真意を明らかにすべきである。犬は犬なのであって、それに仏性があるかないかを問うているのではない。その真意は、「修行をしないものにも仏性があるならば、なぜ真理を究めた人がさらに道を学ぶのであろうか」ということを尋ねているのである。この問題は多くの修行者たちを誤らせた恨み深い問題であるが、しかしそのなかには、ある禅者が三十年かかって真実の弟子に会ったという故事にも似た、すぐれた趣きがある。

趙州が答えている。

「ない」

このことばには、学ぶべきところがある。仏性が自ら唱える無も、このようなものであろう。犬が自ら唱える無も、このようなものであろう。傍《かたわら》の者たちがいう無も、このようなものであろう。この無は、すべての対立を超えた無なのである。

これに対して僧がいった。

「一切衆生にはみな仏性があるのに、どうして、犬にはないのですか」

この真意は、一切衆生が仏性を持っていて、何ものとも対立し

仏性《ぶつしやう》有りや也《ま》た無しや[五七九]」。

この問の意趣《いしゆ》あきらむべし。狗子とはいぬなり。かれに仏性あるべしと問取《もんしゆ》せず、なかるべしと問取するにあらず、これは鉄漢《てつかん》また学道するかと問取するなり[五八〇]。あやまりて毒手《どくしゆ》にあふうらみふかし[五八一]といへども、三十年よりこのかた、さらに半箇の聖人《しようにん》をみる風流なり[五八二]。趙州いはく、無《む》。この道《どう》をききて習学すべき方路あり。仏性の自称する無も恁麼《いんも》道なるべし[五八三]、狗子の自称する無も恁麼道なるべし、傍観者の喚作《かんさ》の無も恁麼道なるべし。その無わづかに消石《しようせき》の日《ひ》あるべし[五八四]。

僧いはく、「一切の衆生はみな仏性有り、狗子甚麼《なに》と為《し》てか無なる」。

いはゆる宗旨《しゆうし》は、一切衆生無《む》ならば[五八五]、仏性も無なるべし、狗子も無なるべしといふ、その宗旨作麼生《そもさん》となり。狗子《くし》仏性《ぶつしよう》、

ないならば、仏性とも対立しないであろう。それはどういうことですかと問うているのである。何もわざわざ、犬には仏性は無いといっているのではないのである。

趙州がこれに答えている。

「彼に迷いがあるからである」

このことばの真意は、「犬にあるのは迷いであり、迷いが犬にあるのであるが、犬は何ものとも対立せず、仏性も何ものとも対立しない。迷いが犬と対立しないのに、犬と仏性が対立するはずがない。したがって、犬に仏性があるといっても、迷いがあるといっても、それは全く同じことである」という意味である。

〔要約〕修行しないものにも普遍的本質があるかという問いに対して、趙州は無いと答えている。この無は、あるなしの無ではなく、すべての対立を超えた無なのである。有無では割り切れない無なのである。

趙州に、ほかの僧が問うた。

「犬にも仏性がありますか」

なにとして無をまつことあらん。

趙州いはく〔他《かれ》に有《う》[五六六]業識《ごっしき》[五六七]在るが為なり〕。

この道旨《どうし》は、為他有《いたう》は業識なり、業識有《う》、為他有《いたう》なりとも、狗子無《くしむ》、[五六八]仏性無《ぶっしょうむ》なり。[五六九]業識いまだ狗子を会《え》せず、狗子いかでか仏性にあはん。たとひ[五九〇]双放双収《そうほうそうしゅう》すとも、なほこれ業識の始終《しじゅう》なり。[五九一]

〔趙州《じょうしゅう》に有る僧問ふ、狗子還仏性《くしまたぶっしょう》有りや也《ま》た無しや〕。

これは、この僧が趙州の心をよく知っていて、わざと問うているのである。このように、仏性について言ったり問うたりすることは、諸仏祖たちにとって日常のことだったのである。

それに対して趙州が答えている。

「ある」

この有は、仏教哲学者のいう有ではなく、小乗の有でもない。それより進んで、仏の悟った有を学ぶべきである。仏の悟った有は、趙州の悟った有である。趙州の悟った有は、犬の有である。犬の有は、仏性の有である。

僧がいった。

「すでに仏性があるならば、どうしてそれが、犬の体に入るのですか」

この僧のいう真意は、「仏性は今はじめてあるものであるか、昔からあったものであるか、既にあるものであるかと問うとき、仏性は既にあるものであり、さまざまの有に似ているとはいえ、それ自身極めて明らかに存在するものである、それが改めて、犬の体に入るものであろうか」ということである。いたずらに空論をしているわけではないのである。

この問取は、この僧搆得《こうとく》趙州[五九二]の道理なるべし。しかあれば、仏性の道取・問取は、仏祖の家常茶飯《かじょうさはん》なり。趙州いはく、有《う》。この有の様子《ようす》は、教家《きょうけ》の論師等《ろんじとう》の有にあらず、有部《うぶ》[五九三]の論有《ろんう》にあらざるなり。すすみて仏有《ぶつう》[五九四]を学すべし。仏有は趙州有なり、趙州有は狗子有《くしう》なり、狗子有は仏性有なり。僧いはく、〔既《すで》に有、甚麽《いんも》としてか却って這《こ》の皮袋《ひたい》に撞入《どうにゅう》するや〕。この僧の道得は、今有《こんう》[五九五]なるか、古有なるか、既有《きう》なるかと問取するに、既有は諸《しょ》有《う》に相似《そうじ》せりといふとも、既有は孤明《こみょう》なり[五九六]。既有は撞入すべきか、撞入すべからざるか。〔這《こ》の皮袋に撞入する〕の行履《あんり》、いたづらに蹉過《しゃか》の功夫《くふう》あらず。趙州いはく、〔他《かれ》の知りて故《ことさら》に犯《おか》すが為なり〕。この語は、世俗の言語《ごんご》として、ひさしく途中に流布《るふ》せりといへども、いまは趙州

これに対して趙州が答えている。

「知っていて故意に犯すからである」

これは世俗のことばとして、永く世間に広まっているのであるが、今は趙州のことばであるから、深い意味を持っている。それは、「知っていてことさらに犯す」ということである。このことばの真意を疑う人は多いであろう。この僧のいっている「入る」ということばの真意を明らかにすることはむずかしい。一般的にいえば、仏性が「入る」などという必要はない。「われわれの身心のうちに仏を見ようとするならば、今の姿を離れてはありえない」ということばがあるように、仏性は常に今の姿を離れてはありえないのである。


このように考えてみれば、「犬が故意に犯すことによって、仏性が犬の体に入る」ということを、字義通りに解釈してはならないということがわかる。「犬の体に入る」ということは、知っているけれども故意に犯すということではない。知っているからこそ、故意に犯すのである。思慮分別があるからこそ、修行するのである。したがって、「知っていて犯す」ということは、とりもなおさず、解脱の行いをいうのである。それを「入る」というの

の道得《どうとく》なり。いふところは、しりてことさら犯すとなり。この道得は、疑著《ぎじやく》せざらん、すくなかるべし。いま一字の入《にゆう》あきらめがたしといへども、入之《にゆうの》一字も不用得《ふようとく》なり。[五九七] いはんや〔庵中《あんちゆう》不死の人《にん》を識《し》らんと欲せば、[五九八] 豈《あ》に只今《しこん》の這《こ》の皮袋を離れんや〕なり。不死人はたとひ阿誰《あすい》なりとも、いづれのときか皮袋に莫離《まくり》なる。故犯《こぼん》はかならずしも入皮袋《にゆうひたい》にあらず、〔這の皮袋に撞入する〕、かならずしも〔知りて故《ことさら》に犯す〕にあらず。知而《ちに》のゆゑに故犯あるべきなり。[五九九] しるべし、この故犯すなはち脱体の行履を覆蔵《ふくぞう》せるならん、これ撞入と説著《せつじやく》するなり。脱体の行履、その正当覆蔵《しようとうふくぞう》のとき、自己にも覆蔵し、他人にも覆蔵す。しかもかくのごとくなりといへども、いまだのがれずといふことなかれ、驢前馬後漢《ろぜんばごのかん》。[六〇〇] い

である。解脱の行いが覆い尽くすとき、自己をも覆い尽くし、他者をも覆い尽くすのである。

これについて、「未だにまことの自己を悟っていないものは、悟っていないことを免がれることはできない」といってはならない。雲居高祖がいっているではないか。

「たとえ仏法のひとかけらを学んでも、誤って思慮分別してしまう」

したがって、わずかでも仏法を学び、その誤りが久しく、日に月に深まってゆくとはいえ、それは解脱の行いを含んでいるのである。思慮分別しているとはいえ、有仏性なのである。

〔要約〕 趙州は同じ問いに対して、今度は「ある」と答えている。人間は真理について思いはからいをする。それは迷いであるが、迷いがあるからこそ、解脱が可能になり、普遍的本質が現わされるというのである。

長沙景岑《ちょうしゃけいしん》和尚の集会において、役人をしている竺《ちく》というものが問うた。

はんや雲居高祖《うんごこうそ》[六〇一]いはく、たとひ仏法辺事《ぶっぽうへんじ》を学得《がくとく》する、[六〇二]はやくこれ「錯《あやま》って用心し了る也」。しかあれば、「半枚仏法辺事を学する」、ひさしくあやまりきたること、日深月深《にっしんげっしん》なりといへども、[六〇三]これ這皮《しゃひ》袋《たい》に撞入する[六〇四]狗子なるべし。知而故犯《ちにこぼん》なりとも有仏性《うぶっしょう》なるべし。[六〇五]

長沙景岑和尚《ちょうしゃけいしんおしょう》[六〇六]の会《え》に、竺尚書《ちくしょうしょ》[六〇七]とふ、「蚯蚓《きゅういん》斬れて両段と為《な》り、[六〇八]両頭倶《りょうとうとも》に動

「みみずは斬れると二つに別れて両方とも動きます。仏性はそのどちらにあるのでしょうか」

長沙が答えた。

「妄想することはない」

「しかし、動くことをどう説明すればよいのですか」

「体《からだ》が散り散りになっていないからだ」

このように竺が「みみずが斬れて二つになる」というからには、斬れない前は一つであると決めているのであろうか。それは仏道の上からいって正しいことではない。みみずはもともと一つでもなく、斬れて二つになるものでもない。この「一つか二つか」ということばを、身をもって学ぶべきである。「両方がともに動く」という両方は、斬れない前を一つとしているのであろうか、それとも、対立を超えた境地を一つとしているのであろうか。「両方」ということばを竺が理解していたかどうかはともかくとして、この話をおろそかにしてはならない。斬れた両方が一つであって、そのほかにもう一つ仏性というものがあるのであろうか。動くといい、共に動くというが、禅定《ぜんじょう》によって煩悩の根を動かし、智によって煩悩の根を抜くことも、共に動くことであ

く、未審《いぶかし》、仏性《ぶっしょう》は阿那箇頭《あなことう》にか在る」。師云《いわ》く、〔妄想《もうぞう》すること莫《なか》れ〕。書曰《しょいわ》く、〔奈《なん》ぞ動くことを争何《いかに》せん〕。師云《いわ》く、〔只是《ただこれ》風《ふう》[六〇九]火《か》未《いま》だ散ぜず〕。

いま尚書いはくの〔蚯蚓斬れて両段と為る〕は、未斬時《みざんじ》は一段なりと決定《けつじょう》するか。仏祖の家常《かじょう》に不恁麼《ふいんも》[六一〇]なり。蚯蚓もとより一段にあらず、蚯蚓きれて両段にあらず。一両の道取、まさに功夫《くふう》参学すべし。両頭倶動《りやうとうぐどう》といふ。両頭は未斬《みざん》よりさきを一頭とせるか。仏向上を一頭とせるか。両頭の語、たとひ尚書の会不会《えふえ》にかかはるべからず。語話をすつることなかれ。きれたる両段は一頭にして、さらに一頭のあるか。その動といふに倶動といふ、〔定《じょう》は動かし智は抜く〕[六一一]、ともに動なるべきなり。

〔未審、仏性は阿那箇頭にか在る。仏性

る。「仏性はどちらにあるのでしょう」というのは、「仏性が斬れて二つになった。みみずはどちらにあるのでしょう」というべきである。このことを詳しく明らかにすべきである。「両方とも動く。仏性はどちらにあるのでしょう」というのは、共に動くならば、仏性はありえないというのであろうか。共に動くのであるから、動くことは両方とも動くが、仏性があるのはどちらであろう、と問うているのであろうか。

長沙が、「妄想することはない」といったが、その真意はなんであろうか。それは妄想してはいけない、ということである。それならばそれは、両方が共に動くことを妄想してはならないというのであろうか。あるいはただ、仏性を妄想してはならないというのであろうか。それとも、仏性を論ずるまでもなく、みみずの両方を論ずるまでもなく、ただ妄想してはならないというのであろうか。このこともまた、身をもって究めるべきである。

「動くことをどう説明すればいいのですか」というのは、動くから、さらにもう一つの仏性を加えよというのであろうか。動かないならば仏性でないというのであろうか。また、「体が散り散りになっていない」というのは、仏性が出現していることをいう

斬れて両段と為る、未審《いぶかし》、蚯蚓阿那箇頭にか在る」といふべし。この道得《どうとく》は審細にすべし。〔両頭倶《りょうとうとも》に動く、仏性は阿那箇頭にか在る〕といふは、倶動ならば、仏性の所在に不堪《ふかん》なりといふか。倶動なれば、動はともに動ずといふとも、仏性の所在は、そのなかにいづれなるべきぞといふか。師いはく、莫妄想《まくもうぞう》。この宗旨《しゅうし》は作麽生《そもさん》なるべきぞ。妄想することなかれといふなり。しかあれば、両頭倶動するに、妄想なし、妄想にあらずといふか、ただ仏性は妄想なしといふか。仏性の論におよばず、両頭の論におよばず、ただ妄想なしと道取するかとも参究すべし。動《どう》ずるはいかがせんといふは、動ずればさらに仏性一枚をかさぬべしと道取するか、動ずれば仏性にあらざらんと道《どう》著《じゃく》するか。風火未散《ふうかみさん》といふは、仏性を出

のであろうが、散り散りになっていないものは仏性なのであろうか、体なのであろうか。仏性が体と共に出現するといってはならない。一方が出現し、一方が出現しないといってはならない。体がすなわち仏性であるとしてもならない。だから長沙は、みみずが有仏性であるともいわず、無仏性であるともいわず、ただ「妄想することはない」といい、「体が散り散りになっていない」といったのである。仏性の働きは、長沙のことばによって推しはかるべきである。このことばを、静かに思いめぐらすべきである。まだ散り散りになっていないとは、どういうことであろうか。それは、体が残っていて、まだ散り散りになる時がきていないということであろうか。そうではない。体がまだ一つだということは、仏が真理を説いていることである。一つの体があるということは、真理が仏を説いているのである。あらゆる対立を超えた真理を説く時がきたのである。説かれる真理が一音（仏はただ一つの語調で真理を説きつくすという）である時がきたのである。真理はただ一音である。仏の説かれるのが、ただ一音の真理だからである。

また、仏性が生の時だけにあって、死の時にはないと思うの

現せしむるなるべし。仏性なりとやせん、風火なりとやせん。仏性と風火と倶《ぐ》出《しゅつ》すといふべからず、一出一不出《いっしゅついちふしゅつ》といふべからず。風火すなはち仏性といふべからず。ゆゑに長沙は蚯蚓有仏性といはず、蚯蚓無仏性といはず、ただ莫妄想と道取す、風火未散と道取す。仏性の活計は、長沙の道《どう》を卜度《ぼくたく》すべし。風火未散といふ言語《ごんご》、しづかに功夫《くふう》すべし。未散といふは、いかなる道理かある。風火のあつまれりけるが、散ずべき期《ご》いまだしきと道取するに、未散といふか。しかあるべからざるなり。風火未散はほとけ法をとく、[六二] 未散風火は法ほとけをとく。[六三] たとへば、一音《いっとん》の法をとく時節到来なり、説法の一音なる到来の時節なり。[六四] 法は一音なり、一音の法なるゆゑに。また仏性は生《しょう》のときのみにありて、死のときはなか

は、学ぶことが少なく、理解することが浅いからである。生の時も有仏性であり、そして無仏性である。死の時も有仏性であり、そして無仏性である。体が散り散りになることや、ならないことを論ずるならば、それらのことは、仏性が散り散りになったり、ならなかったりすることにほかならない。そうだとすれば、たとえ散り散りの時も、有仏性であり、そして無仏性である。たとえ散り散りになっていない時も、有仏性であり、そして無仏性である。それを、「仏性は動く動かないによって、存在したりしなかったりする。知覚するしないによって、心であったりなかったりする。知る知らないによって、仏性であったりなかったりする」というような誤った見解にこだわるのは、異教徒のすることである。永く久しく、多くの愚か者たちが、心を仏性とし、覚者としてきたが、笑うべきである。

　このうえ仏性についていうならば、余り詳しくいうとかえってむずかしくなるのであるが、要をいえば、仏性は土塀、瓦礫である。さらにいうならば、仏性は鬼神の姿である。このように、あらゆるものが仏性なのである。

るべしとおもふ、もとも少聞薄解《せうもんはくげ》なり。生のときも有仏性なり、無仏性なり。死のときも有仏性なり、無仏性なり。風火の散未散《さんみさん》を論ずることあらば、仏性の散不散なるべし。たとひ散《さん》のときも仏性《ぶつしよう》有《う》なるべし、仏性無《ぶつしようむ》なるべし。たとひ未散のときも有仏性なるべし、無仏性なるべし。しかあるを仏性は動不動《どうふどう》によりて在不在《ざいふざい》し、識不識《しきふしき》によりて神不神《しんふしん》なり[六二五]、知不知《ちふち》に性不性《しようふしよう》なるべきと邪執《じやしゆう》せるは外道《げどう》なり。無始劫来《むしごうらい》は、痴人《ちにん》おほく識神《しきしん》を認じて仏性とせり[六二六]。本来人《ほんらいにん》とせる、笑殺人《しようせつじん》なり。さらに仏性を道取するに、拕泥滞水《たでいたいすい》[六二七]なるべきにあらざれども、牆壁瓦礫《しようへきがりやく》[六二八]なり。向上《こうじよう》に道取するとき、作麼生《そもさん》ならんかこれ仏性。〔還委悉《またいしつ》すや麼《や》〕[六二九]、三頭八臂《さんずはつぴ》[六三〇]。

〔要約〕　本来、仏でありながら仏になれないということが、人間存在の矛盾である。それは思考によってではなく、行為によってしか解決されることのない矛盾である。

行《ぎょう》持《じ》[六二]

——持続的行為——

仏道にはかならず無上の行持があって、めぐりめぐって断絶することがない。発心、修行、悟り、安らぎと、暫くの隙間もなく、行持はめぐりめぐっている。それは自分が無理にすることでも、他人が無理にすることでもなく、自他の対立を超えた純粋の行持である。

この行持の働きが、われをあらしめ、他者をあらしめるのである。それは、われの行持によって、直ぐさま諸方の地や天の至る処が、その恵みを蒙るからである。そのことを、他者も気がつかず、われも気がつかないとはいえ、そうなのである。このため、諸仏の行持によって、われわれの行持が実現し、われわれの道が通じるのである。われわれの行持によって、諸仏の行持が実現し、諸仏の道が通じるのである。われわれの行持によって、この

仏祖《ぶっそ》の大道《だいどう》、かならず無上の行持《ぎょうじ》あり、道環《どうかん》[六三]して断絶せず、発心《ほっしん》・修行《しゅぎょう》・菩提《ぼだい》・涅槃《ねはん》、しばらくの間隙《かんげき》あらず、行持道環なり。このゆゑに、みづからの強為《ごうい》にあらず、他《た》の強為にあらず、不曽染汚《ふぞうぜんな》の行持[六三]なり。この行持の功徳《くどく》、われを保任し、他《た》を保任す。その宗旨《しゅうし》は、わが行持、すなはち十方の帀地《そうち》漫天《まんてん》みなその功徳をかうぶる[六四]。他もしらず、われもしらずといへども、しかあるなり。このゆゑに、諸仏諸祖の行持によりて、われらが行持見成《げんじょう》し、われらが大道通達《だいどうつうだつ》するな

ような相互関係が実現するのである。この行持によっておのおのの諸仏祖たちが、仏として住み、仏として超越し、仏として考え、仏として完成して、断絶することがないのである。この行持によって日月があり、星の宿りがあるのである。この行持によって大地、大空があり、身心の内外があり、諸元素があるのである。行持は世の人の好むところではないが、すべての人の帰すべきところである。過去、現在、未来の諸仏の行持によって、過去、現在、未来の諸仏が現われるのである。

〔要約〕「行持」とは、一生を通じて仏の人格を継承し、完成して行くことである。それは単なる個人的な行為ではなく、諸仏祖の修行を完成し、世界とともに悟りを完成するという普遍的意味を具えた行為である。

その行持の恵みは、隠れていない。そのため人は発心し修行するのである。またそれは現われていない。そのため人は、それについて見聞したり覚知したりしないのである。このように行持の恵みが現われてもおらず、隠れてもいないことを学ぶべきである。行持はそのようなことに囚われないからである。

り。われらが行持によりて、諸仏の行持見成し、諸仏の大道通達するなり。[六二五]われらが行持によりて、この道環の功徳あり。これによりて、仏仏祖祖《ぶつぶつそそ》、仏住《ぶつじゆう》し、仏非《ぶつぴ》[六二六]し、仏心《ぶつしん》し、仏成《ぶつじよう》して、断絶せざるなり。この行持によりて日月星辰《じつげつせいしん》あり、行持によりて大地虚空《だいちこくう》あり、行持によりて依正身心《えしようしんじん》[六二八]あり、行持によりて四《し》[六二七]大五蘊《だいごうん》[六二九]あり。行持これ世人《せにん》の愛処《あいしよ》にあらざれども、諸人《しよにん》の実帰《じつき》なるべし。過去・現在・未来の諸仏の行持によりて、過去・現在・未来の諸仏は現成するなり。

その行持《ぎようじ》の功徳《くどく》、ときにかくれず、かるがゆゑに発心修行《ほつしんしゆぎよう》す。その功徳、ときにあらはれず、かるがゆゑに見聞覚知《けんもんかくち》せず。あらはれざれども、かくれずと参[六三〇]学すべし。隠顕存没《おんけんそんぼつ》に染汚《ぜんな》せられざるが

われを行い現わす行持がまさに行持であるとき、われがどのような原因によって行持しているかということに気がつかないのは、それを知ることがそれほど特別なことでないから、却ってそのことに気がつかないのである。これについてわれわれは、「行持そのものが行持の原因である。行持が、そのほかのどのようなことにも左右されないから、そうなのである」というように学ぶべきである。このような行持を現わす行持は、とりもなおさず、われわれの今の行持である。行持の今は、前から自己にあるものではない。今という名のときは、行持より先にあるのではない。行持が実現するときを今というのである。したがってわれわれの一日の行持は、諸仏の種子であり、諸仏の行持そのものである。この行持によって諸仏が実現し、諸仏が行持されるのである。これを行持しないものは、諸仏を厭《いと》い、諸仏を供養せず、行持を厭い、諸仏と共に生きず、共に死なず、共に学ばず、共に参じないものである。今のこのときに悟りを開き、悟りを脱落するのは、行持の働きである。仏となり、仏を超えるのは、行持の働きである。

このため、行持をなおざりにするものは、行持を逃れようとす

ゆゑに、われを見成《げんじょう》する行持、いまの当隠《とうおん》に[六三一]、これいかなる縁起《えんぎ》の諸法《しょほう》ありて行持すると不会《ふえ》なるは[六三二]、行持の会取《えしゅ》、さらに新条《しんじょう》の特地《とくじ》にあらざる[六三三]によりてなり。縁起は行持なり[六三四]、行持は縁起せざるがゆゑに[六三五]と、功夫《くふう》参学を審細《しんさい》にすべし。かの行持を見成する行持は、すなはちこれ、われらがいまの行持なり。行持のいまは、自己の本有元住《ほんうがんじゅう》にあらず。行持のいまは、自己に去来出入《きょらいしゅつにゅう》するにあらず。いまといふ道《どう》は、行持よりさきにあるにはあらず、行持現成するを、いまといふ[六三六]。しかあればすなはち、一日の行持、これ諸仏の種子《しゅし》なり、諸仏の行持なり。この行持に諸仏見成せられ、行持せらるるを行持せざるは、諸仏をいとひ、諸仏を供養せず、行持をいとひ、諸仏と同生同死《どうしょうどうし》せず、同学同参《どうがくどうさん》せざるなり。

る邪心を隠すために、「行持をなおざりにすることも行持なのだから」といって、いいかげんな行持をするのであるが、そのようなものは、行持を求めているようには見えるが、本当は、父の財宝を捨てて他国をさ迷っている困窮者のようなものである。困窮のとき風雨が身命を奪わないとしても、父の財宝を失っているのである。したがって行持は、暫くも怠ってはならないのである。

〔要約〕仏としての行いは、外的原因によって生じるのではなく、あくまでもわれが真実に生きることによって実現するのである。
われが真実に生きることによって今日の一日があり、今日の一日によって先覚者たちの修行が生かされる。たとえそのことから逃れようとしても、真実から逃れることはできない。したがって一日の行いをなおざりにしてはならない。

われらの慈父であり偉大な師である釈尊は、十九歳のときから深山において行持され、三十歳には大地の生きとし生けるものと同時に修行を完成する行持をされた。八十歳に至るまで、あるいは山林において行持され、あるいは寺院において行持された。王

いまの華開葉落《けかいようらく》[六三七]、これ行持の現成なり。磨鏡破鏡《まきようはきよう》[六三八]、それ行持にあらざるなし。このゆゑに行持をさしおかんと擬《ぎ》するは、行持をのがれんとする邪心をかくさんがために、行持をさしおくも行持なるによりて、行持におもむかんとするは[六三九]、なほこれ行持をこころざすににたれども、真《しん》父《ぶ》の家郷《かきよう》に宝財《ほうざい》をなげすてて、さらに他国跉跰《れいへい》の窮子《ぐうじ》となる[六四〇]。跉跰のときの風水、たとひ身命《しんみよう》を喪失せしめずといふとも、真父の宝財なげすつべきにあらず、真父の法財なほ失誤するなり。このゆゑに、行持はしばらくも懈惓《げけん》なき法なり。

慈父大師《じふだいし》、釈迦牟尼仏《しかかむにぶつ》、十九歳の仏寿《ぶつじゆ》[六四一]より、深山《しんざん》に行持《ぎようじ》して、三十歳の仏寿[六四二]にいたりて、大地《だいち》有情《うじようどう》同時成道《じじようどう》の行持あり、八旬《はちじゆん》の仏寿にいたるまで、なほ山林に

宮に帰らず、王位を継がず、一枚の僧衣を一生替えることなく、一つの椀を一生替えることがなかった。常に教化せられて、一時一日として一人でおらなかった。人間や天人たちの供養をこばまず、異教徒たちの誹謗を忍ばれた。およその一代の教化は、行持そのものであった。衣《けさ》を潔《きよ》めて托鉢をされる尊いありさまの、一つとして行持でないものはなかった。

第八祖摩訶迦葉尊者は、釈尊の後継ぎである。生前専《もっぱ》ら十二の誓行を行持して、少しも怠らなかった。

十二の誓行というのは、次の通りである。

一には、人に招かれて御馳走にならず、毎日托鉢を行い、修行僧に定められた一食分の銭財をまとめて受けとらないこと。

二には、山上に止宿して、人家、郡県、部落に泊らないこと。

三には、人に向かって衣類を乞わず、人が与えても受け取らないこと。ただし、丘にある塚に捨てた死人の衣類をとって、繕ってそれを着ること。

四には、畑のなかや、樹の下に止宿すること。

五には、一日に一食すること（これはサンガ・アーサニカとよばれる）。

行持し、精藍《せいらん》[六四二]に行持す、王宮《おうきゆう》にかへらず、国利《こくり》を領《りよう》せず。布僧伽梨《ふそうぎやり》[六四三]を衣持《えじ》し、在世《ざいせ》に一経《いつきよう》するに互換《ごかん》せず、一盂《いちう》[六四四]、在世《ざいせ》に互換せず。一時《いちじ》一日《いちにち》も独処《どくしよ》することなし。人天《にんでん》の閑供養《かんくよう》[六四五]を辞《じ》せず、外道《げどう》の訕謗《せんぼう》を忍辱《にんにく》す。おほよそ一化《いちげ》は行持なり。浄衣《じようえ》乞食《こつじき》の仏儀《ぶつぎ》、しかしながら行持にあらずといふことなし。

第八祖[六四六]、摩訶迦葉尊者《まかかしようそんじや》は、釈尊の嫡嗣《てきし》なり。生前《しやうぜん》もはら十二頭陀《ずだ》[六四七]を行持して、さらにおこたらず。十二頭陀といふは、

〔一には人《ひと》の請《しよう》を受けず、日に乞食《こつじき》を行《ぎよう》じ、また比丘僧《びくそう》[六四八]の一飯食分《いちはんじきぶん》の銭財《せんざい》を受けず。二には山上に止宿《ししゆく》して、人舎《じんしや》・郡県《ぐんけん》・聚落《じゆらく》に宿《しゆく》せず。三には人に従って衣被《えひ》を乞ふことを得《え》ず、人の衣被を与するもまた受けず。ただし丘塚《きゆうちよ》の間《かん》に死人の棄《す》つる所の衣《え》を取り、補治《ほじ》して之《これ》を衣《き》

六には、昼夜に亘って横臥することなく坐り通し、眠くなれば静かに歩むこと（これはサンガ・ナイシャディカとよばれる）。

七には、三枚の衣のほかに衣を持たず、蒲団の上に寝ないこと。

八には、塚の辺りに住んで寺のなかに住まず、人間とともに住まず、死人の骸骨を見ながら坐禅して、真理を求めること。

九には、ただ独りでいることを欲して、人に会うことを欲せず、また、人と共に寝ることを欲しないこと。

十には、まず木の実や草の実をたべてから飯をたべ、その後で再び木の実や草の実をたべないこと。

十一には、ただ野宿を欲し、樹の下の小屋にとまらないこと。

十二には、肉や乳製品をたべず、麻油を体に塗らないこと。

これを十二の誓行というのである。

摩訶迦葉尊者は一生これを守り通して退かなかった。釈尊の正法を継いだ後にも、この誓いを止めることがなかった。

そこであるとき釈尊がいわれた。

「あなたはもうお年です。木の実ばかりでなく、僧食をおたべなさい」


る。四には野田中《やでんちゅう》、樹下《じゅげ》に止宿《ししゅく》す。五には一日に一食《いちじき》す。一に僧迦僧泥《すんかすんない》[六四九]と名づく。六には昼夜《ちゅうや》、臥《が》せずしてただ坐《ざ》し、睡《すい》には経行《きんひん》す。一に僧泥沙《すんないさ》者偃《しゃきゅう》[六五〇]と名づく。七には三領《さんりょう》の衣《え》[六五一]を有《ゆう》して、余衣《よえ》を有することなし。また被中《ひちゅう》に臥せず。八には塚間《ちょかん》に在りて仏寺の中に在らず、亦《また》人間《じんかん》に在らず。目に死人の骸骨を視て、坐禅して道を求む。九には但《ただ》独処を欲して、人を見んことを欲せず、亦人と共に臥することを欲せず。十には先ず果蓏《から》[六五二]を食《じき》して、却って飯を食す、食し已って復た果蓏を食することを得ず。十一には但、露臥を欲し、樹下屋に在りて宿せず。十二には肉を食せず、亦醍醐《だいご》[六五三]を食《じき》せず、麻油《まゆ》を身に塗らず」。これを十二頭《ず》陀《だ》といふ。摩訶迦葉尊者、よく一生に不《ふ》退《たい》不《ふ》転《てん》なり。如来《にょらい》の正 法眼蔵《しょうぼうげんぞう》を正伝《しょうでん》す

摩訶迦葉尊者は答えた。

「もしあなたがこの世に現われられなかったならば、私は独りよがりの修行者になって、一生山林に住んでいたでしょう。幸いにあなたがこの世に現われられたために、真理のうるおいを得ました。しかし行持のためには、僧食をいただくことはできません」

釈尊はそれを称賛された。

またあるとき、迦葉は、その誓行を守っていたために、身体がやつれ衰えて、僧たちがそのありさまを軽んじているようであった。

このとき釈尊は、ねんごろに迦葉を招いて、座を半分、譲られた。そして迦葉尊者は釈尊の座に坐ったのである。

摩訶迦葉は、釈尊の教団の長老であり、その生前の行持のさまを悉《ことごと》く挙げることはできない。

〔要約〕 これは、釈尊と摩訶迦葉による行持の具体的な例である。

洞山悟本大師《とうざんごほんだいし》（良价《りょうかい》）がいっている。

といへども、この頭陀を退《たい》することなし。あるとき、仏言《ぶつごん》すらく、なんぢすでに年老《ねんろう》なり、僧食《そうじき》を食《じき》すべし。摩訶迦葉尊者いはく、われもし如来の出世にあはずば、辟支仏《びゃくしぶつ》[六四]となるべし。生前《しょうぜん》に山林に居《こ》すべし。さいはひに如来の出世にあふ、法のうるほひあり。しかありといふとも、つひに僧食を食すべからず。如来称讃しましますと。あるひは迦葉、頭陀行持のゆゑに、形体憔悴《ぎょうたいしょうすい》せり。衆《しゅ》みて軽《ぎょう》忽《こつ》するがごとし。ときに如来、ねんごろに迦葉をめして、半座《はんざ》をゆづりましますす。迦葉尊者、如来の座《ざ》に坐《おわ》す。しるべし、摩訶迦葉は仏会《ぶつえ》の上座《じょうざ》なり。生前の行持、ことごとくあぐべからず。

洞山悟本大師《とうざんごほんだいし》[六五]道《いわ》く、〔行不得底《ぎょうふとくてい》を説取《せつしゅ》し、[六六]

「行うことのできないことを説き、説くことのできないことを行う」

これは祖師のことばである。その真意は、行いは説くことに通じており、説くことは行いに通じているということである。一日中説いて、一日中行うのである。それは、行うことのできないことを行い、説くことのできないことを説くことである。

雲居山弘覚大師《うんごさんこうがくだいし》がこのことばを説明している。

「説くときに行いはなく、行うときに説くことはない」

その真意は、文字通り、行いがなく説くことがないということではない。「説くこと」は、一生禅院を離れず、真理を行い現わすことである。「行うこと」は、ある僧が頭を洗って雪峰《せっぽう》の処へ行ったという故事にみられるように、無言によって真理を説くことである。このことをなおざりにしてはならない。おろそかにしてはならない。

〔要約〕 ことばと行為は矛盾するものではない。無言の行為が最も雄弁なことばである。そしてさらに、ことばによって真実を説くことが、仏としての行為にほかならない。

説《せっ》不《ふ》得《とく》底《てい》を行《ぎょう》取《しゅ》す」。これ高《こう》祖[六五七]の道《どう》なり。その宗旨《しゅうし》は、行《ぎょう》は説《せっ》に通ずるみちをあきらめ、説の行に通ずるみちあり[六五八]。しかあれば、終日《しゅうじつ》とくところに、終日おこなふなり。その宗旨は、行不得底を行取し、説不得底を説取するなり。

雲居山弘覚《うんごさんこうがく》大師[六五九]、この道を七道八達《しつつうはったつ》するにいはく、〔説《せっ》の時行路《ときぎょうろ》無く[六六〇]、行《ぎょう》の時説《ときせっ》路《ろ》無し〕。

この道得《どうとく》は、行説《ぎょうせつ》なきにあらず。その説時《せつじ》は、〔一生叢林《そうりん》[六六一]を離れず〕なり、その行時は、〔頭を洗ひて雪峰《せっぽう》の前《まえ》に到《いた》る[六六二]〕なり。〔説《せっ》の時《とき》行路無く、行《ぎょう》の時《とき》説路無し〕、さしおくべからず、みだらざるべし。

昔から仏祖たちがいい伝えてきたことがある。それは、「たとえ人が百年生きても、仏としての自己を悟らないならば、わずか一日を生きてそれを成し遂げたものにも及ばない」ということである。

これは一人二人の諸仏が述べたことではなく、すべての諸仏たちが述べてきたことであり、すべての諸仏たちが行ってきたことである。永遠に生死がめぐるなかで、行持ある一日は、得難い宝である。われと共にある大いなる自己である。歓ぶべき一日である。行持の力によって、行持が歓ばれるのである。まだ行持の力が足りず、諸仏祖たちの悟りを受け継いでいないものは、諸仏祖たちの身心を尊ばず、諸仏祖たちの面目を歓ばないものである。諸仏祖たちの悟りは、来たり去ったりするものではないが、かならずわれわれの一日の行持によって受け継がれるのである。

したがって一日は重いものである。いたずらに生きる百年は、恨むべき百年である。悲しむべき形骸である。しかし、たとえ百年の月日を空しく奴隷となって馳け回わろうとも、そのなかの一日の行持を行いとれば、一生の百年を行いとるばかりでなく、次の世の百年をも救うのである。この一日の身命は、尊ぶべき身

古来の仏祖いひきたれることあり、いはゆる〔若《も》し人生《い》けること百歳にして六三、諸仏の機を会《え》せずんば、未《いま》だ生けること一日にして能《よく》之を決了《けつりょう》せんにはしかず〕。

これは一仏二仏《いちぶつにぶつ》のいふところにあらず、諸仏《しょぶつ》の道取しきたれるところ、諸仏の行《ぎょう》取《しゅ》しきたれるところなり。百千万劫《こう》の回《え》生回死《しょうえし》六四のなかに、行持ある一日は、髻《けい》中《ちゅう》の明珠《みょうじゅ》六五なり、同生同死《どうしょうどうし》の古鏡《こきょう》六六なり、よろこぶべき一日なり。行持力《ぎょうじりき》みづからよろこばるるなり。行持のちから、いまだいたらず、仏祖《ぶっそ》の骨髄《こつずい》、うけざるがごときは、仏祖の身心《しんじん》をしまず、仏祖の面目《めんもく》をよろこばざるなり。仏祖の面目骨髄、これ不去《ふこ》なり如去《にょこ》なり、如来《にょらい》なり不《ふ》来《らい》なりといへども、かならず一日の行持に稟受《ぼんじゅ》六七するなり。

しかあれば、一日はおもかるべきなり。

命である。尊ぶべき形骸である。そのため、たとえ生きることが一日であっても、真理を悟ることができるならば、その一日は永遠の生よりもすぐれているのである。したがってまだ悟っていない人は、一日をいたずらに用いてはならない。この一日は、惜しむべき重宝である。それを巨玉の価値と比べてはならない。竜玉と取り換えてはならない。古《いにしえ》の賢人たちは一日を身命よりも惜しんだのである。静かに思うべきである。竜玉は求めることができよう。巨玉は手にすることもあろう。しかし一生の百年のうちの一日は、ひとたび失えば、再び手にすることはなかろう。どのような巧みな手段を用いても、過ぎた一日を取り戻したという例は歴史の書に記されていない。一日をいたずらに過ごさないことは、月日をわがものとして、空しく過ごさないことである。そのため、古の聖人賢人たちは、月日を、自分の身体よりも国土よりも惜しんだのである。月日をいたずらに過ごしてしまうことは、浮世の名声や利害に惑わされることである。月日をいたずらに過ごさないとは、道のなかにあって、道のために行うことである。すでに悟っている人は、一日を無駄にしないであろう。ひたすらに道のために行い、道のために説くであろう。

いたづらに百歳いけらんは、うらむべき日月《じつげつ》なり、かなしむべき形骸《けいがい》なり。たとひ百歳の日月は、声色《しょうしき》の奴婢《ぬび》と馳走《ちそう》すとも、そのなか一日の行持を行取せば、一生の百歳を行取するのみにあらず、百歳の他生《たしょう》をも度取《どしゅ》すべきなり。この一日の身命《しんみょう》は、たふとぶべき身命なり、たふとぶべき形骸なり。かるがゆゑに、いけらんこと一日ならんは、諸仏の機を会《え》せば、この一日を曠劫多生《こうごうたしょう》にもすぐれたりとするなり。このゆゑに、いまだ決了《けつりょう》せざらんときは、一日をいたづらにつかふことなかれ。この一日はをしむべき重宝《ちょうほう》なり。尺璧《せきへき》六八の価直《かち》に擬《ぎ》すべからず、驪珠《りじゅ》六九にかふることなかれ。古賢《こけん》をしむこと、身命よりもすぎたり。しづかにおもふべし、驪珠はもとめつべし、尺璧はうることもあらん、一生百歳のう

このためわれわれは、古来の諸仏祖たちが、一日の修行を無駄にしないことの理由を知るのである。常にこのことを思いみるべきである。ゆっくり暮れる春の日には、明るい窓辺に坐って思うべきである。ひっそり淋しい雨の夜には茅葺《かやぶき》の家に坐って、そのことを忘れないようにしなさい。光陰はどうしてわが修行を盗むのであろうか。一日を盗むのではない。永遠の恵みを盗むのである。光陰とわれと、なんの仇であろうか。恨むべきことである。われの修行の怠りが、そうするのである。われがわれ自身でなく、われがわれを恨むのである。諸仏祖たちにも恩愛がないわけではない。しかし、それを投げ捨ててきたのである。諸仏祖たちにも縁つづきのものがないわけではない。しかし、それを投げ捨ててきたのである。たとえ惜しんでも、自他の縁は惜しみ尽くすことはできない。

したがって、われが恩愛を捨てなければ、恩愛がわれを捨てるのである。恩愛をいとおしむならば、恩愛をいとおしみなさい。ほんとうに恩愛をいとおしむということは、恩愛を捨てることである。

ちの一日は、ひとたびうしなはん、ふたたびうることなからん。いづれの善巧《ぜんぎょう》方便《ほうべん》ありてか、すぎにし一日をふたたびかへしえたる。紀事《きじ》の書《しょ》にしるさざるところなり。もしいたづらにすごさざるは、日月を皮袋《ひたい》に包含《ほうがん》して、もらさざるなり。しかあるを古聖先賢《こしょうせんけん》は、日月ををしみ、光陰《こういん》ををしむこと、眼睛《がんぜい》よりもをしむ、国土よりもをしむ。そのいたづらに蹉過《しゃか》するといふは、名利《ちょうり》の浮世《ふせい》に濁《じょく》乱《らん》しゆくなり。いたづらに蹉過せずといふは、道《どう》にありながら道のためにするなり。すでに決了することをえたらん、また一日をいたづらにせざるべし。ひとへに道《どう》のために行取し、道のために説取すべし。

このゆゑにしりぬ、古来の仏祖、いたづらに一日の功夫《くふう》をつひやさざる儀《ぎ》、よ

〔要約〕　今日という日は再びやってこないのであるから、いますぐ、真実に生きることを求めなさい。

のつねに観想《かんそう》すべし。〔遅遅《ちち》たる華日〕も、明窓《めいそう》に坐《ざ》しておもふべし。〔蕭蕭たる雨夜〕も、白屋に坐してわするることなかれ。光陰なにとしてかわが功夫《くふう》をぬすむ。一日をぬすむのみにあらず、多劫《たこう》の功徳をぬすむ。光陰とわれと、なんの怨《おん》家《け》ぞ。うらむべし、わが不修《ふしゅ》のしかあらしむるなるべし。われ、われとしたしからず、われ、われをうらむるなり。仏祖も恩愛《おんない》なきにあらず、しかあれどもなげすてきたる。仏祖も諸縁《しょえん》なきにあらず、しかあれどもなげすてきたる。たとひをしむとも、自他の因縁《いんねん》、をしまるべきにあらざるがゆゑに、われもし恩愛をなげすてずば、恩愛かへりてわれをなげすつべき云為《うんい》[六七〇]あるなり。恩愛をあはれむべくは、恩愛をあはれむべし。恩愛をあはれむといふは、恩愛をなげすつるなり。[六七一]

Ⅳ

坐禅儀・菩提薩埵四摂法

坐《ざ》禅《ぜん》儀《ぎ》[六七二]

——坐禅の方法について——

禅を学ぶということは、坐禅をすることである。

坐禅をするには、静かなところがよい。敷物を厚く敷きなさい。外気を入れてはならない。自分のからだを置くところを大切にしなさい。むかし先覚者たちが堅い石や、大きな岩の上に坐ったことがあるが、彼らはみな、草をあつく敷いて坐ったのである。坐るところは、明るくしておきなさい。昼も夜も、暗くすることのないように。冬は暖かく、夏は涼しくしておくのが正しい方法である。

周りのことはすべて忘れ、身心を休息させなさい。善に囚われても、悪に囚われてもならない。坐禅は思いはからいでも瞑想でもない。仏になろうとしてはいけない。坐ったり寝たりするという差別の気持を捨てなさい。

参禅は坐禅なり。坐禅は静処《じょうしょ》よろし、坐蓐《ざにく》[六七三]あつくしくべし。風煙《ふうえん》をいらしむることなかれ、雨露《うろ》をもらしむることなかれ、容身《ようしん》の地を護持《ごじ》すべし。かつて金剛《こんごう》[六七四]のうへに坐し、盤石《ばんじゃく》[六七五]のうへに坐する蹤《しょう》跡《せき》あり。かれらみな、草をあつくしきて坐せしなり。坐処あきらかなるべし、昼夜くらからざれ、冬暖夏涼《とうだんかりょう》をその術とせり。諸縁[六七六]を放捨《ほうしゃ》し、万事《ばんじ》[六七六]を休息すべし。善也不思量《ぜんやふしりょう》なり、悪也不思量《あくやふしりょう》なり。心《しん》意識《いしき》にあらず、念想観《ねんそうかん》にあらず、作仏《さぶつ》を図《ず》することなかれ。坐臥《ざが》を脱落《とつらく》すべし、[六七七]

飲食《おんじき》をひかえめにしなさい。刻々の時を惜しみなさい。頭の上で燃えている炎を消すように、暫くの休みもなく坐禅を好みなさい。黄梅山《おうばいさん》の五祖（弘忍《こうにん》）が、ほかになにもせずに、ただ坐禅に努めたことを見習いなさい。

坐禅のときには袈裟《けさ》をかけ、坐蒲《ざふ》（直径約三十六センチの円形の蒲団）を敷きなさい。坐蒲は足の下全体に敷くのではなく、組んだ足の中央から後ろに敷くのである。したがって、足を重ねたところが敷物の上となり、背骨の下に坐蒲がくるのである。これが諸仏の坐禅の方法である。

足の組み方には、半跏趺坐《はんかふざ》と結跏趺坐《けっかふざ》がある。結跏趺坐というのは、右の足を左のももの上に置き、左の足を右のももの上に置くことである。両足の先は、ももと水平に置きなさい。不揃いにしてはならない。半跏趺坐とは、左の足を右のももの上に置くことである。

衣を、ゆるやかに整えなさい。右手を左足の上に置き、左手を右手の上に置いて、二つの親指が向かいあって支え合うようにし、両手を胴に近づけ、親指の先きが臍の上にくるようにしなさい。

飲食《おんじき》を節量すべし、光陰《こういん》を護惜《ごしゃく》すべし、頭燃《づねん》をはらふがごとく六七八坐禅をこのむべし。黄梅山《おうばいさん》の五祖六七九、ことなるいとなみなし六八〇、惟務坐禅《ゆいむざぜん》のみなり。

坐禅のとき、袈裟《けさ》六八一をかくべし、蒲団《ふとん》をしくべし。蒲団は全跏《ぜんか》にしくにはあらず、跏趺《かふ》六八二のなかばよりはうしろにしくなり。しかあれば、累足《るいそく》のしたは坐蓐《ざにく》にあたれり、脊骨《せきこつ》のしたは蒲団にてあるなり。これ仏仏祖祖《ぶつぶつそそ》の坐禅のとき坐する法なり。

あるいは半跏趺坐《はんかふざ》し、あるいは結跏趺坐《けっかふざ》す。結跏趺坐は、みぎのあしをひだりのもものうへにおく、ひだりの足をみぎのもものうへにおく。あしのさき、おのおののもものひとしくすべし、参差《しんし》なることえざれ。半跏趺坐は、ただ左の足を右のもものうへにおくのみなり。衣衫《えさん》六八三を寛繋《かんけい》して、斉整《せいせい》ならしむべし。右手を左足の

からだを真直ぐにして正しく坐りなさい。左右に傾いたり、前にかがんだり、後ろにのめったりしてはならない。横から見ると耳から肩への線が垂直になり、前から見ると鼻から臍への線が垂直になるようにしなさい。舌は上あごにつけなさい。息は鼻から吸い、口と歯を結びなさい。目は開いたまま、広げ過ぎもせず、細め過ぎないようにしなさい。そのようにして身心を整えて、腹中の気を吐き出しなさい。

山のように動かずに坐って、すべてのはからいを捨てなさい。それをどのようにして達成するのかといえば、思いはかりを問題としないことによって、それを達成するのである。これが坐禅の方法である。

坐禅は悟りのための手段ではなく、坐禅そのものが仏としての完成された行為なのである。なんのまじりけもなく、修行そのままが悟りなのである。

〔要約〕 禅を学ぶということは、一にも二にも坐禅をすることである。そのための具体的な方法がこれである。

うへにおく、左手を右手のうへにおく。ふたつのおほゆびさき、あひささふ。両手かくのごとくして、身にちかづけておくなり。ふたつのおほゆびの、さしあはせたるさきを、ほそに対しておくべし。正身端坐《しようしんたんざ》すべし。ひだりへそばだち、みぎへかたぶき、まへにくぐまり、うしろへあふぐことなかれ。かならず耳と肩と対し、鼻と臍《ほぞ》と対すべし。舌はかみの腭《あぎと》にかくべし。息は鼻より通ずべし。くちびる・歯あひつくべし。目は開《かい》すべし。[六四] 不張不微《ふちようふび》なるべし。[六五] かくのごとく身《しん》心《じん》をととのへて、欠気一息《かんきいっそく》[六六]あるべし。兀兀《ごつごつ》と坐定《ざじよう》して思量《しりよう》箇《こ》不思量底《ふしりようてい》[六七]なり。不思量底《ふしりようてい》如何《いかん》思量《しりよう》、これ非思量《ひしりよう》なり。これすなはち坐禅の法術なり。

坐禅は習禅にはあらず、[六八] 大安楽《だいあんらく》の法門なり、不染汚《ふぜんな》の修証《しゆしよう》[六九]なり。

菩提薩埵四摂法《ぼだいさつたししょうほう》[六九〇]

——人を導くための四つの方法——

真理を求めるものが、人を導くために行う四つの方法とは、布《ふ》施《せ》、愛語《あいご》、利行《りぎょう》、同事《どうじ》である。

布施とは、不貪《ふとん》のことである。不貪とは、むさぼらないことである。むさぼらないとは、へつらわないことである。たとえ世界全体を統治していても、正しい仏の道を広めようとするならば、人の感謝をむさぼらないことが必要である。自分が捨てるつもりであった財物を、見知らぬ人に施すように、気前よく布施をするのである。遠い山に咲いている花を仏に供え、前世の財物を衆生に施すように、惜しみなく布施をするのである。

どのような真理も財物も、布施をされるにふさわしい値打を具えている。したがって、自分の手に何も持っていなくても布施す

一者《ひとつには》布施《ふせ》[六九一]、二者《ふたつには》愛語《あいご》[六九二]、三者《みつには》利行《りぎょう》[六九三]、四者《よつには》同事《どうじ》[六九四]。その布施といふは、不貪《ふとん》なり。不貪といふは、むさぼらざるなり。むさぼらずといふは、よのなかにいふ、へつらはざるなり。たとひ四洲を統領《とうりょう》すれども、正道《しょうどう》の教化《きょうけ》をほどこすには、かならず不貪なるのみなり。たとへば、すつるたからをしらぬ人に、ほどこさんがごとし。遠山《えんざん》のはなを如来《にょらい》に供《ぐ》し[六九五]、前生のたからを衆生《しゅじょう》にほどこさん[六九六]、法におきても、物《もの》におきても、面面《めんめん》に布施に相応する功徳《くどく》を本具《ほんぐ》せり。我物《わがもの》にあらざれど

ることができるのである。与えるものが軽少であるかどうかが問題なのではなく、それが相手の役に立つかどうかが問題なのである。道のことを道に委《まか》せたときに道が成就して、かならず道が道となるように、財物のことを財物に委せたときに、財物がかならず布施となるのである。それが自分を本当の自分とし、他者を本当の他者とするのである。布施の現わす力は、遠く天界や人間界にも及び、悟りを得た賢聖たちにも通じる。それは、布施という与える行為が縁を結ぶからである。

釈尊がいわれている。

「布施をする人が集会へ行くと、人々はまずその人のほうを仰ぎ見る」

布施をする人の心が秘かに通じて、そうなるのである。したがって、一事でもいいから真理を布施しなさい。それがこの世ばかりでなく、あの世においても、善い結果をうる原因となるのである。一銭一財でもよいから布施しなさい。それがこの世ばかりでなく、あの世においても善い結果をうる原因となるのである。真理が宝となり、財物が真理となる。布施をしようとする気持によってそうなるのである。

も[六九七]、布施をさへざる道理あり、そのもののかろきをきらはず、その功《こう》の実《じつ》なるべきなり。道《どう》を道にまかするとき、得道《とくどう》す。得道のときは、道《どう》かならず道にまかせられゆくなり。財のたからにまかせらるるとき、財かならず布施となるなり。自を自にほどこし、他を他にほどこすなり。この布施の因縁力《いんねんりき》、とほく天上人《てんじょうにん》間《げん》までも通じ、証果《しょうか》の賢聖《けんしょう》までも通ずるなり。そのゆゑは、布施の能受《のうじゅ》[六九八]となりて、すでに縁をむすぶがゆゑに。

ほとけののたまはく、布施する人の、衆《しゅ》会《え》のなかにきたるときは、まづその人を諸人のぞみみる[六九九]。しるべし、ひそかにそのこころの通ずるなりと。しかあればすなはち、一句一偈《いっくいちげ》[七〇〇]の法をも布施すべし、此生他生《ししょうたしょう》の善種《ぜんしゅ》となる。一銭一草の財《たから》をも布施すべし、此世他世《しせたせ》の善根《ぜんごん》をきざ

そのため、ある皇帝は自分の髭をほどこして功臣の病気をなおし、ある子供は仏に砂を供えて王となったのである。彼らは相手から何の報酬をも期待せずに、ただ自分のできることをしたのである。

舟を浮かべ、橋を渡すのも、布施の行いである。さらに深く学ぶならば、生きることも死ぬことも布施である。暮らしの道を立てることも、生産に携わることも、布施でないものはない。花が散るのを風にまかせ、鳥がなくのを季節にまかせるのも、布施の働きである。阿育大王が、わずか半個のマンゴーで数百人の僧たちを供養して、供養の力の広大さを示したことを、布施をする人たちは、よくよく学ぶべきである。ただそのことに努めるばかりでなく、時機を失わないようにしなさい。もともと自分に布施の徳が具わっているから、こうしてこの世に生まれてきたのである。

釈尊がいわれている。

「自分に対して布施をしなければならないとすれば、父母や妻子に対しては尚更のことである」

このことばによってわかるように、自分に対して与えることも

す。法もたからなるべし、財も法なるべし、願楽《がんぎょう》[七〇一]によるべきなり。まことにすなはち、ひげをほどこしては、もののこころをととのへ[七〇二]、いさごを供《ぐ》しては、王位をうるなり[七〇三]。ただかれが報謝をむさぼらず、みづからがちからをわかつなり。舟をおき、橋をわたすも、布施の檀度《だんど》[七〇四]なり。もしよく布施を学するときは、受身《じゅしん》捨身《しゃしん》、ともにこれ布施なり。治生《ちしょう》産業、もとより布施にあらざることなし。はなを風にまかせ、鳥をときにまかするも、布施の功業《こうごう》なるべし。阿育大王《あいくだいおう》[七〇五]の半菴羅《はんあんら》果《か》、よく数百の僧衆《そうしゅ》に供養《くよう》[七〇六]せし、広大の供養なりと証明する道理、よくよく能受の人も学すべし。身力《しんりき》をはげますのみにあらず、便宜《べんぎ》をすごさざるべし[七〇七]。まことに、みづからに布施の功徳の本具なるゆゑ[七〇八]に、いまのみづからはえたるなり。

布施のうちに入り、父母や妻子に対して与えることも布施のうちに入るのである。たとえそれが自分の行いであっても、わずかなものでも布施をしたときには、静かに喜ぶべきである。それが諸仏祖たちの徳の一つを実現し、求道者としての生き方を、始めることだからである。

衆生のこころを動かすことはむずかしい。そのため一財でも与えて、道が成就するまで導いていくのである。それはかならず布施によって始めるべきである。そのため布施は、求道者が完成すべき六つの行為（布施、持戒、忍辱、精進、静慮、智慧）の一番はじめにあるのである。心の大小や、価値を比べることは不可能であるとはいえ、心が物を動かし、物が心を動かしてゆくことが布施なのである。

〔要約〕 布施とは、与えることである。物を与えるばかりでなく、心を与え、命を与え、真理を与えるのである。

ほとけののたまはく、〔其《そ》の自身に於《おい》てすら尚《なお》受用すべし、[六九]何《いか》に況《いわ》んや能《よ》く父母妻子に与へんをや〕。しかあればしりぬ、みづからもちゐるも布施の一分《いちぶん》なり、父母妻子にあたふるも布施なるべし。もしよく布施に一塵《いちじん》を捨《しゃ》せんときは、みづからが所作《しょさ》なりといふとも、しづかに随喜《ずいき》すべきなり。諸仏のひとつの功徳を、すでに正伝《しょうでん》しつくれるがゆゑに。菩薩《ぼさつ》の一法《いっぽう》をはじめて修行《しゅぎょう》するがゆゑに。転じがたきは衆生のこころなり。一財をきざして[七〇]衆生の心地《しんち》を転じはじむるより、得道にいたるまでも転ぜんとおもふなり。そのはじめ、かならず布施をもてすべきなり。かるがゆゑに六波羅蜜《ろくはらみつ》[七一]のはじめに、檀波羅蜜《だんはらみつ》[七二]あるなり。心の大小ははかるべからず、物の大小もはかるべからざれども、[七三]心転物《しんてんもつ》のときあり、物転心《もってんしん》の

愛語というのは、人に会ったときに慈愛の心を起こして、やさしいことばをかけることである。決して暴言や悪言を用いないことである。世間では相手の安否を問うのが礼儀である。仏道では「お大事に」とか「御機嫌いかがですか」というのが礼儀である。赤子に対するような慈愛の心でことばをかけるのである。相手が徳のある人なら、ほめなさい。相手が徳のない人なら、哀れみ深くしなさい。愛語を好むことによって愛語が広がり、日頃隠れていた愛語までが現前するのである。今の命の続く限り、好んで愛語しなさい。この世においてもあの世においても、退くことなく愛語しなさい。仇敵どうしを柔らげ、徳のある人たちを仲よくさせるには、愛語がその基本である。向かいあって愛語を聞く人は顔を歓ばせ、心を歓ばせる。蔭で愛語を聞く人は、肝に銘じて忘れない。

愛語は愛心より起こり、愛心は慈悲をもととしているのである。愛語が天をも廻《めぐ》らす力を持っていることを知りなさい。愛語は、相手の長所をほめる以上のことなのである。

布施あるなり。[七三]

愛語といふは、衆生をみるにまづ慈愛の心をおこし、顧愛《こあい》の言語《ごんご》をほどこすなり。おほよそ暴悪の言語なきなり。世俗には安否《あんぴ》をとふ礼儀あり、仏道には珍重《ちんちょう》[七四]のことばあり、不審《ふしん》の孝行[七五]あり。〔衆生を慈念すること猶《なお》赤子の如し」[七六]のおもひをたくはへて、言語するは愛語なり。徳あるはほむべし、徳なきはあはれむべし。愛語をこのむよりは、やうやく愛語を増長《ぞうちょう》するなり。しかあれば、ひごろしられず、みえざる愛語も現前するなり。現在の身命《しんみょう》の存せらんあひだ、このんで愛語すべし、世世《せせ》生生《しょうじょう》にも不退転ならん。怨敵《おんてき》を降伏《ごうぶく》し、君子を和睦《わぼく》ならしむること、愛語を根本とするなり。むかひて愛語をきくは、おもてをよろこ

〔要約〕やさしい気持を持つばかりでなく、それを口に出して、相手を正しく導いてゆくのが愛語である。

利行《りぎょう》というのは、身分の高い人に対しても低い人に対しても、相手の利益になることをすることである。たとえば相手の遠い未来や近い未来に気をくばって、その人の利益になることをするのである。昔、ある人は篭のなかの亀を助け、ある人は病気の雀を介抱した。彼らはなんの報酬も期待せず、ただ利行をするという気持に馳《か》られて、それをしたのである。愚かなものたちは、他人の利益を先にすれば自分の利益は損なわれるだろうと考える。そうではないのである。利行は、誰に対しても利行なのであって、それは自分をも他人をも利することなのである。昔、周公が、一度湯あみするにも三度中断し、一度食事をするにも三度吐きだして、面会を求める人たちに会ったのは、少しでも他人を利そうと

ばしめ、こころをたのしくす。むかはずして愛語をきくは、肝に銘じ魂に銘ず。しるべし、愛語は愛心よりおこる、愛心は慈心を種子《しゅし》とせり。愛語よく廻天《かいてん》のちからある[七七]ことを学すべきなり、ただ能を賞するのみにあらず。

利行《りぎょう》といふは、貴賤《きせん》の衆生《しゅじょう》におきて、利益《りやく》の善巧《ぜんぎょう》[七八]をめぐらすなり。たとへば、遠近《おんごん》の前途をまもりて、利他の方便《ほうべん》をいとなむ。窮亀《きゅうき》をあはれみ[七九]、病雀《びょうじゃく》をやしなふべし[八〇]。窮亀をみ、病雀をみしとき、かれが報謝《ほうしゃ》をもとめず、ただひとへに利行にもよほさるるなり。愚人おもはくは、利他をさきとせば、みずからが利、はぶかれぬべしと。しかにはあらざるなり。利行は一法《いっぽう》[八一]なり、あまねく自他を利するなり。むかしの人、ひとたび沐浴《もくよく》す

いう気持があったからである。よその国の者だから会わないとか、教えないというようなことはなかったのである。そのようにして、怨みを持ったものに対しても親しいものに対しても、同じように利益を与えなさい。それが自分をも他人をも利することなのである。もしそのことがわかれば、草木風水に対しても、休むことのない利行がなされるであろう。真理の道を知らない人々を救うために、ひたすら努めなさい。

〔要約〕自分のことを後《あと》まわしにして、他人の幸せを先にすることが利行である。

同事《どうじ》というのは、自分だけが特別であろうとしないことである。自分自身とも違わず、他人とも違わないことである。それはたとえば、釈尊が人間の姿をして人を導かれたようなことである。人間世界でそうだったのであるから、ほかの世界においても、その世界のものと同じ姿で導かれたであろうことが知られる。同事ということがわかれば、自分も他人も一体となるのである。

るに、みたびかみをゆひ、ひとたび飡《そん》食《しょく》するに、みたびはきいだせしは、[七二]ひとへに他を利せしこころなり。ひとのくにの民なれば、をしへざらんとにはあらざりき。しかあれば、怨親《おんしん》ひとしく利すべし、自他おなじく利するなり。もしこのこころをうれば、草木風水にも、利行《りぎょう》のおのれづから不退不転《ふたいふてん》なる道理、まさに利行せらるるなり。ひとへに愚をすくはんといとなむべし。

同事《どうじ》といふは、不違《ふい》なり。自にも不違なり、他にも不違なり。たとへば、人間の如来《にょらい》は人間に同《どう》ぜるがごとし。人界《にんかい》に同ずるをもて、しりぬ同余界なるべし。[七三]同事をしるとき、自他一如《じたいちにょ》なり。

白楽天の唱った「琴・詩・酒」は、人を友とし、天を友とし、神を友としている。人は琴・詩・酒を友としている。琴・詩・酒は、琴・詩・酒を友としている。人は人を友とし、天は天を友としている。

このような道理を学ぶことが、同事ということを学ぶことである。同じ事をするということは、作法にかなった事、おごそかな事をすることであり、すぐれた態度を持つことである。それには、他人を自分の方へ回心させて、自分と同じことをさせることもあろうし、自分が他人と同じ事をすることもあろう。自他の関係は、時に応じて自由自在なのである。

管子がいっている。

「海が大きいのは、水を拒《こば》まないからである。山が高いのは、土を拒まないからである。すぐれた君主が多勢の人を治めているのは、人をいとわないからである」

海が水を拒まないことが同事なのである。さらには、水が海を拒まないことを知るべきである。だから水が集まって海となり、土が重なって山となるのである。秘かに考えてみれば、海が海をいとわないから、海が海となり大海となるのである。山が山であ

かの琴詩酒《きんししゅ》[七三四]は、人《にん》をともとし、天をともとし、神《しん》をともとす。人は琴詩酒をともとす。琴詩酒は琴詩酒をともとし、人は人をともとし、天は天をともとし、神《しん》は神をともとすることわりあり。これ同事の習学《しゅうがく》なり。たとへば、事《じ》といふは、儀《ぎ》なり、威《い》なり、態《たい》なり。他《た》をして自《じ》に同《どう》ぜしめてのちに、自をして他に同ぜしむる道理あるべし。自他《じた》はときにしたがふて無窮なり。[七三五]

管子《かんし》に云《いわ》く、「海は水を辞せず、故に能く其《そ》[七三六]の大《だい》を成《な》す。山は土を辞せず、故に能く其の高きを成す。明主《めいしゅ》は人を厭はず、故に能く其の衆《しゅ》を成す」。

しるべし、海の水を辞せざるは同事なり。さらにしるべし、水の海を辞せざる徳《とく》も具足《ぐそく》せるなり。このゆゑに、よく水あつまりて海となり、土かさなりて山と

ることをいとわないから、山が山となり大山となるのである。すぐれた君主が人をいとわないから、人民が集まるのである。人民が国家をなし、すぐれた君主が帝王となる。帝王は人をいとわない、人をいとわないということは、賞罰を行わないことではない。賞罰は行うが、それを面倒がらず、人をいとわないのである。

昔、人々が素朴であったときには、国には賞罰の制度がなかった。人々が法を守っていたので、賞罰の方法が現在と違っていたのである。今の世にも、賞められることを目的とせずに、道を求める人はあるはずである。それは愚かなものたちの考え及ばないところであるが、すぐれた君主はそのことを知っているから、人をいとわないのである。

人が集まって国となり、すぐれた君主を待ち望んでいる。しかしすぐれた君主がすぐれているのは、人をいとわないからだということを知る人は稀である。そのため人は、すぐれた君主にいとわれないことばかり望んで、自分たちがすぐれた君主をいとわないことには気がつかない。しかし、同事ということは、君主の方からも、凡人の方からも、両方からなされることである。したが

なるなり。ひそかにしりぬ、海は海を辞せざるがゆゑに、海をなし、おほきなることをなす。山は山を辞せざるがゆゑに、山をなし、たかきことをなすなり。明主は人をいとはざるがゆゑに、その衆《しゆ》をなす。衆とは国なり。いはゆる明主は、帝王をいふなるべし。帝王は人をいとはざるなり。人をいとはずといへども、賞罰《しようばつ》なきにあらず。賞罰ありといへども、人をいとふことなし。

むかしすなほなりしときは、国に賞罰なかりき。かのときの賞罰は、いまとひとしからざればなり。いまも、賞をまたずして道《どう》をもとむる人もあるべきなり、愚《ぐ》夫《ふ》の思慮《しりよ》のおよぶべきにあらず。明主はあきらかなるがゆゑに、人をいとはず。人かならず国をなし、明主をもとむるこころあれども、明主の明主たる道理を、

って、求道者たちは、それを行うことを願うのである。どうかあなたがたも、柔和な顔をして、すべてのことに向かいなさい。

これら四つの行いが、それぞれ四つの行いをふくんでいるから、それは十六の行いである。

〔要約〕姿を変えて人に近づき、同じ仕事にいそしむことが同事である。

坐禅が自己に向かい合う厳しい修道であるとするならば、これは人を導くためのあたたかい方法である。

ことごとくしることまれなるゆゑに、明主にいとはれずとのみよろこぶといへども、わが明主をいとはざるとしらず。このゆゑに明主にも、暗人《あんにん》にも同事の道理あるがゆゑに、同事は薩埵《さった》[七八]の行願《ぎようがん》[七九]なり。ただまさに、やはらかなる容顔《ようがん》をもて、一切《いつさい》にむかふべし。

この四摂《しよう》、おのおの四摂を具足せるがゆゑに、十六摂《しよう》なるべし。

註

一　正法眼蔵　「正法眼」とは、真理を見とおす智慧のこと。「正法眼蔵」とは、その智慧によって悟られた、すべてを覆い尽くす正しい教えのこと。禅宗では、この教えは言句による表現を超えていて、釈尊から順次に、師の心から弟子の心へ伝えられるとする。

　この語は、釈尊が弟子のカーシャパ（迦葉）に向かって、「吾に正法眼蔵涅槃妙心あり、摩訶迦葉に付属す」といわれたという故事によっているが、そのような記述はインドの経典には見出されない。これを記載している書物は、中国で成立した付法伝（翻訳かどうか不明。四七二年成立）、宝林伝（慧炬著、八〇一年成立）であるが、そのいずれにも、「正法眼蔵」の語は見当たらない。しかし臨済録（八六七年成立）には見えるから、すでにその当時にはこの語が一般に用いられていたらしい。その後、景徳伝灯録（一〇〇四年成立）、大梵天王問仏決疑経（八六七—一〇六四年間の作製と推定）などに引用され、禅宗において尊重されている（以上、松浦秀光氏著「正法眼蔵語源考」参照）。

　この語を題名としている書物は、道元著の原書以前には、宋の大慧宗杲（一〇八九—一一六三年）の法語集がある。

二　現成公案　「公案」とは真理のこと。「現成」とは、真理がなんらの作為によらず、現にありのままに成就していること。すなわち、真理が山川草木すべてのものの上に明らかに現前していること。「公案」は禅宗の用語で「古則」ともいわれる。悟りを開かせるための手がかりとして修行者に課する問題のことで、すぐれた禅者の言行を述べたもの。本来は国家の法の条文のことで、尊重されるべきもののことだといわれる。しかし道元はこの語を発展させて、広く「真理」という意味に用いている。「現成公案」は「見成公案」に由来している。出典、「睦州、僧の来るを見ていはく、〈見成公案、汝に三十棒を放つ〉」（景徳伝灯録巻一二）。道元はこれについて、「そもさんかこれ見成公案、すなはちこれ十方の諸仏、古今の諸祖これなり。而今現成す」（永平広録巻一）と解説している。「公案」について御聴書（道元の直弟子の詮慧が筆録したもの。成立年代不詳、十三世紀前半か）は「公といふは平等義なり、案といふは守分の義なり」と註しているが、正法眼蔵中に「公」と「案」をわけて用いている例はないため、この解釈は註釈者の個人的見解と考えられる。　→註四九

三　諸法、仏法、法　「法」はサンスクリット語（古代インドの標準的文章用語。梵語）のダルマ dharma の訳で、大別すると、(1)真理、普遍的真実（自然界の諸法則、人間救済の諸原理）、(2)真理によって支えられている万物、一切の存在物、(3)真理を説いている仏の教え、という意味がある。この語は元来、「保つ」「支持する」「担う」意味をもつ動詞、ドリ dhṛ の派生語で、「保つもの」「支持者」「秩序」「おきて」などの意味がある。それが仏教によって発展され、法則、基準、本質、教、人生最高の真実、さらには法則によって支えられている一切の事物を意味するようになった。原文中、「仏法」「正法」「妙法」は主として(1)(3)を指し、「諸法」「万法」「衆法」は(2)を指す。「法とはなにか」ということが、原書の全巻をつらぬくモチーフである。

四　迷悟　→註一四

五　諸仏、仏、ほとけ　仏はブッダ buddha の音写で、存在のありさまとその本質を悟って、人格を完成した人のこと。これ

に対して、未だ真理に目覚めず、我執を離れることのできない人を「衆生」「凡夫」という。「仏」の呼称は、はじめ釈尊ひとりを指したが、その後、すべての人は修行によって釈尊と同じく目覚めた人となることができるという大乗思想の発展にともなって、覚者一般をいうようになった。本書では、「解脱した人」「覚者」、或いは「ほとけ」と訳した。明らかに釈尊個人を示す場合は「釈尊」と訳した。

六　衆生　→前註

七　万法　→註三

八　われにあらざる　無我のこと。「無我」はニルアートマ nirātma または、アナートマン anātman の訳で、すべて存在するものは一時的な仮のものであり、互いに相依り相関係して成立しているから、独立した自己というものはどこにもなく、すべて存在するものは永遠性を持たない意。この無我説は、仏教の最も根本的な主張で、我（アートマン）の永遠性を主張するバラモン教などのインド伝統思想に対するものである。しかし、一切の我が存在しないということではなく、そのような考えもまた、虚無思想として排斥される。釈尊は、一切が有であるということも、一切が無であるということも、ともに偏った考えであるとして、これらの二辺を捨てて、中道によるべきことを説いた（仏教でいわれる中道とは、中間の道ではなく、束縛をはなれて、厳しく公平に現実をみきわめ、正しい判断、行動をすることである）。したがって、すべての存在は自己のものではなく、独立した自己というものはないことを悟って、我執を離れるように説くとともに、すべての存在のありのままの姿を見て、誤りない行いに到らせようとするのが仏教の無我説である。それが禅宗では、しばしば「無」の一字で表現され、独特のニュアンスを持つにいたるのであるが、それについては註一〇、本文一二三頁（仏性有無）参照。この語について御抄（経豪による註釈書。一三〇八年成立）は、「この我は、万法の我なり。吾にあらざる我、これ無……」と註している。

九　豊倹　字義通りには、多いことと少ないことであるが、ここでは肯定と否定のこと。一切を有とみ、一切を無とみる立場のこと。→前註

一〇　跳出　とびこえること。有無の立場にこだわらず、それを超越すること。これまでの三段は、現実的差別（対立）の肯定（有）、否定（無）、超越（空）の立場を表わしている。しかしこれは、解脱の立場から見られた肯定、否定なのであるから、肯定は肯定として超越しており、否定は否定として超越しているのである。したがって禅宗では、「有」「無」という語が、そのまま超越（空）の意味に用いられる。それは矛盾の対立が統一されて、低い段階から高い段階に発展して行くという弁証法的論理とは根本的に異なるのである。この段について啓迪（西山穆山の講義したもの。明治後期成立）は、「有無を離れて超越があるでない、有無を直きに超越といわれるのじゃ。しかし、ただ有無というただけでは、この超越の意が聞えぬゆえ、さらに〈豊倹より超出〉といわれるが、実は有無はみな超越じゃ」と解説する。

一一　生仏　衆生と仏のこと。

一二　華は愛惜にちり……　この段の解釈については、諸註は一定していないが、ここでは迷悟について述べているのであるから、聞解〔面山（一六八三―一七六九）の講義と伝えるが、異説もある〕の「悟を求めて愛すればいよいよ遠ざかり、また迷の草を嫌へばいよいよ生じ来る」という解釈が最も明快であるように思われる。参照、「上堂いはく、〈人々具足、箇々円成。なにとしてか法堂上、草深きこと一丈なる。這箇の消息を

会さんと要すや〉やや久しくしていはく、〈花は愛惜に依って落ち、草は棄嫌を逐うて生ず〉」（永平広録巻一）

一三　修証する　→次註

一四　さとり、迷ひ　「さとり（悟）」という語には、大別して次の二通りの意味が考えられる。(1)真理に目覚めること、真理を体得すること（大悟、小悟、得悟、開悟、悟入、徹見、会得、覚了、証拠、証会）。仏としての自己を見究めること（見性、見仏、作仏、相見、人に逢う、本分人となる）。(2)仏としての本来の姿を実現すること（証悟、本証、直証、証入悟出、等正覚、修証、三昧、不染汚の行持）、仏としての自己が完成していること（成道、成仏、得道、菩提、涅槃）。

(1)はしばしば「悟」という文字で代表され、(2)は「証」という文字で代表される。証は明らかという意味で、自己が真理と一致していることが明白な状態をいう。悟は迷からの解脱であり、しばしば修行の目的と考えられる。それに対して証は、修行そのものを最高の目的としていて、悟と迷の対立を問題としない。つまり、悟からの解脱が証なのである。（原文中の「万法ともにわれにあらざる時節、まどひなくさとりなく」のさとりは悟を意味しており、「ひとの悟をうる、水に月かげのやどるがごとし」の悟は証を意味している。このように「悟」と「証」の文字上の区別は便宜的なことであって、必ずしも内容と一致しない。なぜならば悟の究極が証なのであって、そこにおいては悟も証も何の差別もないからである。）このことから、「迷い」にも次の二つの意味があると考えられる。(1)本能からくる執着心、精神の動揺、無知、(2)思慮分別によって、迷悟を対立的に考えること。一般の仏教においても禅においても、事物の本質を知り、自己の本質に目覚めること（悟）が重要なことには間違いない。道元はそれを「人に逢う」「究徹する」「会得する」などという語によって表現している。しかしそれを至上目的とし、それに囚われることには反対し、あくまでも証を重視する立場をとっているのである。→註五〇九

一五　覚知　→註五四

一六　証仏　→註一四

一七　色、声　「色」はルーパ rūpa の訳で、形あるもの、変化するもの、すなわち、姿、色、形、肉体、物質、現象などを指す。「声」はシャブダ sabda の訳で、音声のこと。「声色」で、現象、対象を意味する。

一八　一方を証するときは一方はくらし　御抄「身心と談ずる時は、身心のほかに物なく、色ないし声と談ずる時は、色声のほかにまた物なきところを、一方を証するときは一方はくらしとはいふなり」。一般の哲学では、認識する側を主観といい、認識される側を客観というが、仏教ではそのような区分は迷いの所産であるとして排斥される。すなわち、真実に存在するものは主観でもなく客観でもなく、その二者の具体的な総合であるとするのである。これは仏教が無我説（→註八）にもとづいていることからする当然の帰結であって、たとえば大乗仏教の入門書として広く知られている大乗起信論〔アシュヴァゴーシャ（馬鳴、六〇年頃—一〇〇年頃）の著作と伝えるが、異説が多い〕では、「真実の存在は、迷いによって生ずる主観・客観を離れた、主客未分のところにある」と説いている。また大乗仏教の中心的経典の華厳経（紀元一—三世紀頃に成立）では、「宇宙は心《シン》から変現したもので、心を離れて存在するものではない」と説いている。ここにいわれる「心」とは、単なる主観ではなく、主観客観の具体的な総合であると解釈される。道元もまた、大乗仏教の立場にもとづいて、「覚者の立場からみれば、主観もなければ客観もない」と主張するのである。

一九　万法に証せらるる　直訳「万物によってさとらされる」「万物とともにさとっている」。那一宝（老卯（一七二四―一八〇五）による註釈書、一七九一年成立）、「己なければ万法一如なり、故に万法に証せらる」。「証」については　↓註一四

二〇　脱落　迷いを離れて自由になること。解脱に同じ。

二一　休歇　休んでいて外に現われないこと。超越していること。

二二　正伝　真理が師弟の人格を通して正しく悟られること。これがそのまま、自己のうちの真理にめざめることであるから、「自己より自己に正伝する……」（仏教の巻）ともいう。

二三　本分人　↓註一四

二四　常住　ニティヤ nityasthita の訳で、永遠に変わらず、生じたり滅しないこと。我（アートマン）が永遠性を持つというのは主としてバラモン教の主張であって、涅槃経にはセーニカ（先尼）という哲学者の主張が引用されているが、道元は仏教の立場から、その考えを排斥している。↓註五四三

二五　行李　「行履《あんり》」に同じ。旅行の際の行李《こうり》、履《はきもの》の意が転じて、停滞することのない実践の意となった。日常の起居動作のいっさいをいう。仏教の無我説が、単なる理論としてではなく、現実的な行いによって知られるべきであるというのである。

二六　箇裏　「これ」「この」「このところ」「われ自身」という意。弁註（天桂による註釈書。一七三〇年成立）、「もし行履を親切にして自心の箇裏に帰すれば……」参照、「九十日一夏と為すは、我箇裏の調度なりといへども……」（安居の巻）

二七　万法のわれにあらぬ　↓註八

二八　法位　ダルマ・アヴァスター dharmāvasthā の訳で、諸存在が作用している位置、すなわち諸存在の独立の状態のこと。一世紀末に、上座部仏教（いわゆる小乗仏教）のある学派（説一切有部といわれる実在論者のグループ）の四人の論者が、「過去、現在、未来の区別はどうしてできるのか」ということについて論じたと伝えられているが、そのなかのひとりであったヴァスミトラ（世友）という論者が、「諸存在の作用の位（法位）が異なるからである」と述べたという。これについて、上座部諸思想の批判書である倶舎論〔ヴァスバンドゥ（世親）著、四五〇年頃成立〕は、四人の論者の主張のなかで、これが最も優れているとして、「諸存在の作用の現にある時を現在と名づけ、作用のすでに滅している時を過去と名づける」（同書巻二十）と評している。ここで道元が「法位に住して」というのは、たとえば薪は薪としての独立した全体であって、薪以外の何ものでもないという意である。このような存在の独立性の概念は、一見、存在の非独立性を唱える仏教の無我説に相反するように見える。この矛盾は大乗初期の思想家、ナーガールジュナ（龍樹、約一五〇―二五〇年頃）によって鋭く指摘されている。彼はその著、中論において、「不住法も住せず、住法もまた住せず」（同書巻二）と主張する。もともと諸存在は互いに独立していて相容れないものであるとともに、互いに相依り相関係しているという意味では非独立のものである。そのような矛盾の総合として諸存在が成立している。ナーガールジュナはこの矛盾を発見したが、それを理由として万物の存在性を否定するにとどまった。しかし、彼の思想が上座部思想を大乗思想へ否定転換するための媒介となり、それがさらに華厳の哲学者たちによって発展されて、道元にいたるのである。
↓註一一

二九　前後際断　独立していて、相対を絶していること。過去（前際）、未来（後際）が断たれていて、現在といえば現在の

ほかの何ものもないということ。中論（→前註）巻二には、火と薪の喩えがあり、その直後に、「生死は始めもなく終わりもないから中間もない」と論じられている。すなわち過去と未来の実在性を否定し、一切存在は不生不滅であると説いている。しかし中論ではまだ前後際断の思想は現われていない。ここにいう道元の「前後際断」とは、現在と過去、未来が断絶していて、現在のほかに過去、未来があるということではなく、時間はつねに現在であって、現在のほかのいかなる時間もなく、現在において、過去、未来のすべての時間が成立するというのである（→註三六）。時間についてのこのような考え方が、不生不死という生死についての考え方につながっているのである。御抄「これすなはち、生也全機現、死也全機現の道理におちつくなり」。出典「法は去来なく、前後際断す。ゆゑに無念を最上乗となすを知る」（荷沢神会（六六八―七六〇年）の語、景徳伝灯録巻二十八）

三〇　不生、不滅　　アヌトパーダ　anutpāda、アニローダ　anirodha の訳で、すべての存在するものは空であるから、生ずることもなく滅することもないということ。中論の冒頭には、「不生、不滅、不断、不常、不一、不異、不来、不出」の八不の語が挙げられ、これが同書の中心概念であることが示されている。大乗思想のもっとも簡明な要約であるとされている般若心経（紀元？―五世紀頃成立）にも、「この諸法は空相にして、生ぜず、滅せず、垢つかず、浄からず、増さず、減らず」とある。道元の発想の一つの基礎をなすものは、右にあげたナーガールジュナの四対の背理《はいり》（八不と名づける）であると考えられる。道元においては、これらの背理が相互に関連し合いながら、実践的、肯定的に展開されるのである。一般に仏教では、生命は一瞬々々において無数の生滅をくり返して進んで行くものとしているが、道元は更にこの思想にもとづいて、今の生だけが唯一の生であり、今の死だけが唯一の死であって、そのほかにどのような生もなければ死もないとするのである。したがってこの一瞬は永遠の生であり、永遠の死であり、相対を絶した一瞬である。これを不生、不滅といい、また涅槃というのである。

三一　法輪のさだまれる仏転　　転法輪（ダルマ・チャクラ・プラヴァルタナ dharma-cakra-pravartana）のこと。チャクラは古代インドの戦車のことで、釈尊の教えは戦車が回転して敵を粉砕するように、一切衆生の間を回転して迷いを打ち破るということから、仏教の教えをさす。

三二　不滅　　→註三〇

三三　一時のくらゐ　　「一時」という語は原書では次のような意味に使われている。(1)短時間に（例、「もし人、一時なりといふとも、三業に仏印を標し……」（辨道話））。(2)同時に（一時に全体を体験すること）（例、「昔日はこのところよりさり、今日はこのところよりきたる。……千門万戸、一時開閉なるゆゑに平常なり」（身心学道））。この場合は(2)の意。御抄「全機生死の道理者なり」、弁註「一時は同時無時なり、一位は同位無位なり」。「くらゐ」とは法位のこと。→註二八

三四　冬の春となるとおもはず　　聞解、「春は春ぎりで夏には移らず、死も一時で一葉落ちて天下秋なり」。

三五　罣礙　　(1)妨害すること、(2)すべてを覆い尽くすこと。この場合は(1)の意。

三六　時節の長短　　修行する年月の長短のこと。道元の修証一如の仏法においては修行がそのまま証果（悟り）であって、どのような一瞬の修行によっても、その悟りの効果ははかり知れないとされている。そのような立場から、修行する年月の長短

には変わりないというのである。御抄、「大水小水、時節ひとつなる証なり、人のさとりをうる時節となり、非時節、大功」。華厳経は全世界を毘盧舎那仏（ヴァイローチャナ、太陽の意）の顕現であるとし、一微塵のうちに全世界を映し、一瞬のうちに永遠を含むという一即一切、一切即一の世界観を展開している。わずか初発心を抱くだけで、求道者の高い地位を悉く受けることができるとするのである。この経典にもとづく華厳思想は、法蔵（賢首大師、六四三―七一二年）によって完成されたとされているが、彼はその主著である五教章（成立年代不明）において、「諸存在はみな（現在の）一時に成立する」といい、「永遠とは一瞬のことである。一瞬とは永遠のことである」という意味のことをいっている。道元の時間論は、この影響を強く受けているように考えられる。したがってここにいう「時節の長短」という話もまた、ただ長時間と短時間ということではなく、「永遠を含む一瞬の時」という意味に解すべきであろう。

→註一一一

三七　身心に法いまだ参飽せざる　　御抄「未得已証なる時は、法すでにたれりと覚ゆ」。参照「仏果菩提にいたらんまでも、おこたらざるべし。これ諸仏菩薩の、おこなはせたまふみちなり。これをふかく法をさとるともいふ、仏道の、身にそなはるともいふなり」（道心）

三八　海徳　　海の功徳のこと。「功徳」はグナ guṇa の訳で、仏教では善行の結果として報いられる果報のことをいうが、本来は、⑴性質、特に付加的な性質（本質と区別される）、よい性質、美徳、価値を意味し、また、⑵姿、形、働きという意味もある。

三九　宮殿のごとし、瓔珞のごとし　　出典、「たとへば一水のごとし、もとは異あることなし。天、人、鬼、魚、果報おなじからずによりて、天人はこれを衆宝とみる、世人はこれを水とみる、餓鬼はこれを膿血とみる、魚はこれを宮殿とみる」（唐訳摂大乗論釈　巻四）。「瓔珞」とは、玉を連ねた飾りのこと。

四〇　塵中格外　　世間と出世間のこと。

四一　万法の家風をきかん　　「家風をきく」とは、風儀、風習、教えを学ぶこと。「万法の家風をきく」とは、万物が説いている教えを聞くこと。参照、「天地万法も正法をあたふるなり」（礼拝得髄）

四二　直下　　足もと、その人そのままに、その人自身という意。参照、「古今に見色明心し、聞声悟道せし当人、ともに辨道に擬議量なく、直下に第二人なきことをしるべし」（辨道話後段）、「釈迦牟尼仏より直下三十六代なり」（坐禅箴）

四三　頭頭に辺際をつくさずといふことなく……　　直訳「魚や鳥のおのおのが、力の限りを尽くさないことはなく、どこにおいても自由自在に働いていないことはない」。聞解「大水にも、小水一滴水にも、みな辺際を尽してある」。参照「水清くして地に徹し、魚行いて魚に似たり。空闊くして天に透り、鳥飛んで鳥の如し」（坐禅箴）

四四　以水為命……以魚為命……以命為魚　　「水をもって命となす……魚をもって命となす……命をもって魚となす」とも読める。この個所は極めて難解で古註にもはっきりした解説が見られないが、前文から推して、「魚」「鳥」が人を意味し、「水」「そら」が真理を現わすことは明らかである。また、「命」は、現成という語で置きかえられよう。つまりここでは、人間、真理、現成の密接な関係を述べているのである。聞解「鳥がやはり命、命がやはり鳥で、鳥と命と二つない。鳥は相で外へあらはれて見ゆるもの、命は性で内にかくれて見へぬものなり」。参照「現成これ生なり、生これ現成なり」「一時一法としても、

生にともならざることなし」「このゆゑに、生はわが生ぜしむるなり、われをば生のわれならしむるなり」（全機）

四五　さらに進歩あるべし　この個所も難解であるが、私見によれば、通例のように「さらに進歩あるべし、修証あり……」と続けて読まずに、「さらに進歩あるべし」でいったん切って、それを独立の文としたほうが良いように思われる。意味は、「以上の（以水為命などの）ことばから進んで、それを行い現わすべきである」と解釈される。そうすると次の「修証あり……」という文が生きてくる。進歩については、「滅の四大五蘊を手眼とせる、拈あり収あり。滅の四大五蘊を行程とせる、進歩あり相見あり」（海印三昧）参照。

四六　修証あり　→註一四

四七　寿者命者　時節の長短にかかわらない生命者のこと（→註三六）。参照、「時節にかかはれざるがゆゑに、寿者命者なほ長遠にあらず、頓息にあらず、はるかに凡界の測度にあらざるべし」（夢中説夢）

四八　このところをうれば　現在の自分の行いの価値に気がついて、それを実践すること。具体的には坐禅をすること。参照「昔日はこのところよりさり、今日はこのところよりきたる」（身心学道）

四九　現成公案す　既にあるものが、われの行いによって現前すること。真理が真理として現わされること。御聴書「現成といへば、又もとはあらはれざりつることを、今現成するにあらず、隠没に対したる現成とは心得べからず」。参照「自己とは、父母未生以前の鼻孔なり。鼻孔あやまりて自己の手裏にあるを尽十方界といふ。しかあるに、自己現成して現成公案なり」（十方）

五〇　このみちをうれば　註四八と同じく、具体的には坐禅のこと。参照「いはんや一仏二仏の修行のみちにあらず、諸仏諸祖にみなこのみちあり」（辦道話後段）

五一　さきよりあるにあらず、いま現ずるにあらざる　→註四九

五二　得一法通一法　御抄「得一法通一法といふは、得坐禅通坐禅といはむがごとし」。→註三八九、三九〇

五三　しらるるきはのしるからざる　「きは」（際）とは、(1)きわみ、限界、(2)かたわら、あたり、所の意。この場合は(2)の意。参照、「このきはのみにかぎらんや、百頭みな本面目に本修行をそなへて……」（辦道話前段）。「しるし」とは顕著の義――私記（蔵海による註解書、一七七九年成立）。直訳「さとった内容が目にみえて明らかでないのは」。御抄「法の辺際不離には、法に親切のぎあるまじ。法もし充足すれば、一方はくらしといふ、このこころなり」真理のかたわらにいれば、真理と一体になっているために、そのことを分別することはできないということ。→註四三九、五四二、六三一

五四　慮知　対象を分析的に認識する智慧のことで、禅宗では「分別智」ともいう。これに対して、それを超えて存在全体を直観的に把握する智慧を「般若」といい、悟りを得るための真実の智慧であるとする。これは最も深い意味の理性であり、分析的に知られることのない智慧であるから、「無分別智」ともいわれる。「慮知」あるいは「識」はヴィジュニャーナ vijñāna の訳語で、「般若」はパーリ語（南方仏教の聖典用語）のパンニャー paññā の音写。原書で「覚知」という場合は、右のどちらかの意味に用いられる。

五五　密有　密我、真実の自己、仏としての自己のこと。あまりにも密接な存在をいう。御抄「この密有は、一切仏性悉有仏性の有なるべし」。参照「密行は自他の所知にあらず、密我ひ

とり能知す、密他おのおの不会す」（密語）→註四〇二

五六　見成　＝現成。→註二

五七　何必　「何ぞ必ずしもしからん」ということで、不定、超越、捉えられないこと。御抄「一法にもかかはらぬ道理なり」。参照「仏性は成仏以後の荘厳なり。さらに成仏と同生同参する仏性もあるべし。しかあればすなはち、柏樹と仏性と異音同調にあらず、為道すらくは何必なり、作麼生と参究すべし」（柏樹子）

五八　麻谷山宝徹禅師　→人名18

五九　風性常住、無処不周　風性とは仏性の譬えで、この僧の質問の意味は、「経典によれば仏の本質は永遠のものであり、誰にでも具わっているというが、それならばなぜ、仏となるために発心して修行をしなければならないのか」ということ。建撕記（建撕による道元伝、一四六八年成立）等によると、道元は修学時代に「顕密の二教ともに談ず、本来本法性、天然自性身と。もしかくの如くならばすなはち三世の諸仏、なんによってか更に発心して菩提を求むるや」という疑問を抱いて多くの学匠に参じたが、満足のゆく解答が得られなかったという。禅ではこのような人間の本質に関する問題を思弁的に解決することを拒絶する。そこで麻谷宝徹は扇を使って一僧の質問に答えたのである。出典、聯灯会要（一一八九年成立）巻四。

六〇　大地の黄金なるを現成せしめ　仏の国を現わすこと。「かの仏国土、黄金は地をなす」（阿弥陀経）。

六一　長河の酥酪を　酥と酪はともに乳製品。涅槃経は釈尊の教説の展開を、牛乳から次第に乳酪、生酥、醍醐と精練されて行くさまに喩えている。出典「この日蔵光明大宝は、よく海水を変じて悉く酪となす。離潤光明大宝はよく酪海を変じて悉く酥となす」（華厳経巻三六）

六二　全機　人間存在のすべての可能性を発揮する偉大な活動のこと。「機」とは、仏の教化をうけて働くことのできる能力、あるいはその能力の所有者である個々の人間のこと。前述（註一八）のように、仏教においては、主観、客観の区分は迷妄の所産であるとする。すなわち、世界から独立して存在する自己もなく、自己から独立して存在する世界もなく、世界が自己をあらしめ、自己が世界をあらしめているのであるから、その両者を切り離して考えることはできないというのである。このような両者の総合を道元は機関といい、その全体的な作用を全機というのである。御聴書、「全機とつかまつる事は、善悪不二とも、無明即法性とも、三界所有の法を唯心ともとき、また依正不二、生死一如ともいう是なり」。出典　→註七二

六三　透脱なり、現成なり　大乗仏教の主張によれば、諸存在はそれぞれ独立した個体であるとともに、互いに相依り相関係する全体である（註二八）。仏教の思想は常に実践をもととするのであるから、これを実践的見地からみるならば、すべての存在は自己のものではなく、独立した自己というものは無いということを悟って、一切の束縛から自由になることをいう。それを「透脱」（ぬけとおること）すなわち「解脱」というのである。この行いはともすれば否定的、逃避的なものと解釈されやすいが、そうではなく、全きまでに自己を空しくするときに、最高の自己が現われるのである。それは既に、我執によって主観のうちに閉じ籠っている自己ではなく、主観、客観の全体を覆い包む自己である。それは分析的考え方に限定されている自己ではなく、自ら覚者として働いている自己である。それまで客観的目標として来た境地が、既に自己のうちに成就しているのである。そのとき一切の事物は、互いに相依り相関係している全体であるとともに、その一つ一つが前後際断している

独立した存在であって、自己を全きまでに現わしているのである。それが「現成」である。したがってここにいう「透脱」と「現成」は、否定肯定の相反する側面でありながら、共に同一の超越的実践を現わしているといえよう。

六四　機関　↓註六二

六五　正当恁麼時　まさにこの時という意。「恁麼」は中国の俗語で、これ、この、それ、その、いかにして、という意。

六六　生は来にあらず、生は去にあらず……　↓註三〇

六七　自己に無量の法あるなかに　↓註六二

六八　衆法　↓註三

六九　ともなり　＝共なる。参註（本光による註釈書、一七七〇年成立）は「侶なる」としている。

七〇　身心・依正　身心の内外のこと。「依」とは依報のことで、過去の行いの報いによって、生物になることができず、生物の依存するものになったとされているもの、すなわち山河大地や衣服、飲食物など、環境のこと。「正」は正報のことで、過去の行いによって正しい報いを受けたとされているもの、すなわち生物の身心のこと。

七一　圜悟禅師克勤　↓人名35

七二　生也全機現……　出典、圜悟録一七。

七三　道取　(1)道（い）うこと、(2)ことばのこと。「取」は意味を強める助字。

七四　一にあらざれども異にあらず　↓註三〇、三八八

七五　壮士の臂を屈伸するがごとく　御聴書「ひとつの臂をのべ、かがむる。かがめたりつるひぢなればとて、のべたるとき罣礙なし、のべたりつるひぢなればとて、かがむる時罣礙なきがごとし」、出典「百歳の命終ること、ただ壮士の臂を屈伸する頃のごとし」（無量寿経）

七六　手を背にして枕子を摸る　御聴書「生のほかに全の字も不用なるべし、これ摸枕子の心地なり。さぐるとこそいへ、何をとるといはざる程なり」。出典「〈大悲菩薩、許多の手眼をもちゐてなにかせん〉道吾（七六九—八三五年）いはく、〈人の夜間に背手に枕子をさぐるがごとし〉……〈通身これ手眼〉」（宏智広録巻二）

七七　神通光明　「神通」とは、(1)神変不可思議な力のこと、(2)解脱していて滞りのない日用の行いのこと。参照「神通は仏家の茶飯なり」（神通）

七八　しかのごとくの見解　前述の「現成よりさきに現成あらず」という見解のこと（御抄）

七九　きほひ　＝競い（聞解）

八〇　生死　ジャーティマラナ jāti-maraṇa の訳で、「涅槃」に対する語。仏教の理想は生死の苦を離れて、永遠の平安である涅槃に到達することである。「涅槃」はニルバーナ nirvāṇa の音写で、吹き消すこと、または吹き消した状態をいい、煩悩の火を無くして、智慧が完成する悟りの境地のこと。上座部仏教では、身心ともに無に帰した状態をいう。それに対して大乗仏教では、「生死即涅槃」といい、常に生滅を繰り返す人間の生を離れては永遠の平安はあり得ないとする。大集経巻九に「たちどころに生死相は即ち涅槃相、何を以てかなれば一切諸法は本性浄なるが故」とある。

八一　生死のなかに仏あれば……　出典「夾山と定山と同じくゆきて、言語するついで、定山いはく、〈生死のなかに仏なくんば、すなはち生死にあらず〉夾山いはく、〈生死のなかに仏あれば、すなはち生死に迷はず〉二人、山に上りて参礼す。夾山、すなはち挙して師（大梅法常）に問ふ、〈いぶかし、二人の見処いづれかやや親しき〉師いはく、〈親しきものは問は

ず〉」（景徳伝灯録巻七）

八二　夾山、定山　→人名22、23

八三　越　春秋十二列国の一つ（前六〇一頃―前三三四年）。浙江、江蘇、山東に覇を称えたが、楚に滅ぼされた。

八四　生死の因をあつめて　直訳「生死の苦しみの原因となる執着をあつめて」。

八五　生死すなはち涅槃　→註八〇

八六　ひとときのくらゐ　＝一時のくらい。→註三三

八七　不生、不滅　→註三〇

八八　仏のありさまをとどむるなり　啓迪「その執着するそれは、仏の表面の容様をとどめるのだ」。参照「悟迹の休歇なるあり、休歇なる悟迹を長長出ならしむ」（現成公案）

八九　いとやすきみち　しばしば道元の仏法は、他力易行道と呼ばれる浄土門に対して、自力難行道と呼ばれる。道元自身も、「好道の士は易行を志すことなかれ。もし易行求むれば、定めて実地に達せず。必ず宝所に到らざるものか。古人大力量を具するすら、なほ行じ難しといふ」（学道用心集）と、修道の厳しさを説いている。しかしその反面、「おほよそ仏祖あはれみのあまり、広大の慈門をひらきおけり、これ一切衆生を証入せしめんがためなり、人天たれかいらざらんものや。……坐禅辦道して、仏祖の大道に証入す。ただこれこころざしのありなしによるべし」（辦道話後段）というように、一切衆生の救済の可能性を強調している。つまり、難しいか易しいかは、その人の志のいかんによるというのである。参照「誠心あれば、自己の得法やすきなり」（自証三昧）

九〇　もろもろの悪をつくらず　→註四〇〇

九一　かみをうやまひ　一般に「上」（神聖）は社会的な上長者を指すが、道元の依って立つところは出世間の法であるから、この場合は仏道の上での上長者のこと。参照「他の非と我が是を見ざれば、自然に上を敬ひ下を恭ふ」（重雲堂式）

九二　有時　「あるときに」という意味の副詞を、ここでは文の主語となる名詞として考えて、時間論の発想の手がかりとするのである。「有」はバヴァ bhava の訳で、サンスクリット語では「生存するもの」の意であるが、ここでは広く「空間的存在」の意に用いられる。「時」はカーラ kāla またはサマヤ samaya の訳で、いわゆる時間のこと。一般仏教では、時は実在するものではなく、仮りにあるものとされている。このことは既に上座部のある実在論者によって、「時は独立の実体ではなく、存在に依って立つものである」と論じられている（→註二八）。また華厳の五教章は「時と存在は相離れないものである」と主張している。仏教では、このように時間と存在の関係が論じられているが、そこに「存在時間」を意味する「有時」の概念を始めて導入したのが、この有時の巻である。

九三　古仏　この場合は、薬山惟儼のこと。→人名17

九四　有時は高々たる……　出典「〈薬山いはく〉〈人天を識らんと欲せば、即今の威儀を洗浄して、瓶を持し鉢をひっさぐるものこれなり。諸趣に堕するをまぬがるることを保任せば、第一にこれを棄つることを得ざれ。これは得やすからず。須らく高々たる山頂に向って立ち、漫々たる海底に行くべし。このところは行じやすからず。まさに少しく相応することあらん〉」（最徳伝灯録巻二八）

九五　三頭八臂　頭が三つ、腕が八本ある阿修羅（アスラ Asura）のこと。インドの神で次第に悪神としてとりいれられ、帝釈天と争おうとする。

九六　丈六八尺、丈六金身　立っては一丈六尺、坐っては八尺といわれる釈尊のすがた、あるいは釈尊のこと。釈尊は既に原

始仏典の阿含経で神格化されており、身長、皮膚ともにすぐれたものとされている。「金身」とは黄色い皮膚のこと。

九七　張三李四　　張家の三男、李家の四男、つまりありふれた者たちのこと。

九八　時すでにこれ有　　↓註九二

九九　丈六金身　↓註九六

一〇〇　前程　前途、ゆくさき、未来のこと。

一〇一　疑著しばらく時なるのみなり　「著」は助字。御抄「所詮この疑著といふも時なるなり、時のほかなる疑著あらざるなり」。

一〇二　われを排列しおきて尽界とせり　「排列」とは、並べること。すぐ後の本文に、「自己の時なる道理、それかくのごとし」とあるように、自己がそのまま時であるという立場からすれば、「時が並んでいる」といっても、「時が時を並べて時をみる」といっても変わりないのである。御聴書「心と時と二つをおきていふべきにあらざるゆゑに、同時発尽界なるべし」。御抄「ただ我が尽界なる所を、排列とはいふなり」

一〇三　同時発心あり、同心発時あり　われの時が始まることによって、全世界の時が始まるということ。御聴書「同時発心といへば、百人千人の人が同時に発心せんずるにてはなし。時が発するなり。よって同心発時ともいふべし」。参照「百万衆と同参なるべし、同時発心なるべし、同道なり、同国土なり」（密語）

一〇四　われを排列して、われこれをみるなり　↓註一〇二

一〇五　自己の時なる道理　↓註一〇二

一〇六　恁麼　↓註六五

一〇七　かくのごとくの往来　「往来」とは、往き来すること、参ずること。参学、参究に同じ。参照「四海五湖に往来するは、四海五湖をして偏参せしめず、路頭を滑ならしむ」（偏参）

一〇八　田地　安穏のところ、安心の境地のこと。

一〇九　会象不会象　「象」とは、形あるもののこと。「会」は会得のこと。「不会」は会得しないことであるが、しばしば、知的理解を超えて悟ることをいう。↓註五四

一一〇　正当恁麼時　↓註六五

一一一　時さるべからず　原始仏教の経典の中阿含には、「慎みて過去を念ずるなかれ、また未来を願ふことなかれ。過去のことすでに滅し、未来またいまだ来らず。現在所有の法、かれまた、まさに思ひをなすべし」（同書巻四三）とある。また倶舎論によると、上座部のある実在論者は、「過去、現在、未来はともに実在であり、存在の作用の位によって過去、現在、未来が成立する」と主張した（↓註二八）が、それに対して、ある一派（経量部といわれ、説一切有部から分派した認識論者のグループ）の論者は、「過去はかつて実在し、未来はこれから実在しうるものに過ぎず、現在のみが実在である。過去は、かつての現在であり、未来は、これから来るべき現在である」といい、現に存在していないものは、種子として存在していると主張した。（これが後世の唯識説の源とされている）。倶舎論はこの主張を認めて、「未来も現在もないものであるから、現在は未来をもたらさず、過去をつくらない」と論じている。また中論は、「過去は去らない」（同書巻一）といい、「時は住することもできず、時は去ることもできない。したがって時は認められない」（同書巻三）という。もともと時間は、自己に去来するとともに、自己に去来しないという矛盾の総合として成立するものであるから、時間は去来するといっても誤りであるし、去

来しないといっても誤りである。中論はこの矛盾を指摘するにとどまったが、華厳哲学では、「一切存在はみな一時において成立する」「前後始終は別にあるのではなく、（現在が）一切を具えている」「永遠のうちに一瞬があり、一瞬のうちに永遠がある」（以上、五教章）、「一は一切に入り、一切は一に入り、互いにさまたげ合うことはない」（五教章指示、寿量七五七―七九一による?·註釈書）というように、時は常に現在から現在へ移り変わりながら、時の流れの全体を包んでいると主張するのである（中山延二氏著「仏教に於ける時の研究」参照）。道元の「時さるべからず」という思想は、華厳哲学のこのような主張を、さらに具体的、現実的に展開したものといえよう。

一一二　時もし去来の相にあらずば　→前註

一一三　時もし去来の相を保任せば　「保任」とは、保護任持のこと。承認する、受けとる、自己のものとする、そのものになりきるという意。「去来の相を保任する」とは、時が世界の全体とともに去来すること。御聴書「時もし去来の相を保任せばといふは、尽界ともにさり、尽界ともに来ると心得るべきなり」。

一一四　かの上山渡河の時　過去の時、迷妄の時のこと。弁註「而今の此玉殿に来る時を、昔日の山に上る時より吐却せりといふべきか」。那一宝「山に上るも我なり、河を渉るも我なり。迷の時、悟の時もまた是のごとし」。

一一五　玉殿朱楼の時　現在の時、悟りの時のこと。　→前註

一一六　呑却、吐却　覆い尽くし、解脱していること。現成透脱に相当する（→註六三）。那一宝「昔日の時、而今の時、別時なく、往来なくして往来し、異別あるに似て異別なし」。参照「諸悪たとひいくかさなりの尽界に弥綸し、いくかさなりの尽法を呑却せりとも、これ莫作の解脱なり」（諸悪莫作）

一一七　青原、黄檗、江西、石頭　→人名13、24、14、15

一一八　凡夫のみるところなりといへども、凡夫の法にあらず　御抄「凡夫の見の方よりこそ、凡夫の見所なりといへども、凡夫の法にはあらざるなり」。聞解「在凡夫と在諸仏と、時に浄不浄あるのみ、法に二つはない」。

一一九　法しばらく凡夫を因縁せるのみ　御抄「この凡夫見るといふも、有時の方よりは有時なるべし。……凡夫所具の妄見邪念なりといへども、みな有時ならぬ法あるべからず」。

一二〇　未証拠者の看看　出典、臨済録上堂三。

一二一　住法位　刻々の時間が、いずれも独立した全体であること。→註二八

一二二　昇降上下　時間が流動していること。具体的には、午、羊、子、寅と、刻々に変化していること。聞解「一日で勘定すれば、卯辰巳午は上る、未申酉と下るなり。一日一夜に是の如くあるなる、これらの時がみな心所現の有時なり」。

一二三　生　衆生のこと。

一二四　菩提　ボーディ bodhi の音写で、迷いを断ち切って得られる悟りの智慧のこと。→次註

一二五涅槃　→註八〇。御抄「発心修行菩提涅槃等は、次第々々にあさきより深きにいたる心地に之を談ず。今の有時しかあるべからず、今は有時を以て発心を談ず、有時を以て修行を談ず、ないしは菩提涅槃等も此の如し」。

一二六　有なり時なり　有=時。参照、本文「いはゆる有時は、時すでにこれ有なり。有はみな時なり」。

一二七　形段　姿、もの、ありさま。参照「いはゆる牆壁はいかなるべきぞ、なにをか牆壁といふ、いまいかなる形段をか具足せると、審細に参究すべし」（古仏心）

一二八　有時の住位　有時の住法位（→註二八）、つまり、そ

れぞれの時においての全現成のこと。

一二九　無と動著すべからず、有と強為すべからず　直訳「時が無常であるという考えに心を動かしてはならない。時が常住であると無理に極めてしまってはならない」啓迪「すべて物を対待の見をもって見る間は、仏見でも法見でも恐怖《ぐふ》は絶えぬと思へ。その二見を透得し、有無等のしきりの取れる時、はじめて解脱の消息が得られるのだ」。

一三〇　解会は時なりといへども、他にひかるる縁なし　理解されてもされなくても、時であることには変わりないということ。聞解「時は他縁に引かれてうつるもので無し。子は子の時きり、丑は丑の時きり、子丑を離れて見れば、うつるものは無い」。

一三一　皮袋　(1)身体、(2)身体を持ったもの、すなわち人間のこと。

一三二　たれか既得恁麼の保任を道得せん　「既得恁麼」とは、すでに理解したそのこと、という意。「保任」とは、相続護持すること。「道得」とは、口に出していうこと。聞解「法位に住して動かぬと、相続保任して、道得する者はない」。

一三三　いまだ面目現前を模索せざるなし　聞解「たとひ道得でも、今日の子丑の時が、本来の面目現前とさぐりつける者はない。今日の上をみな蹉過し、よそ見している。この面目現前とさへ気がつけば、光蔭むなしく渡ることなし」。

一三四　羅籠　鳥網と籠のこと。その意が転じて、拘束をうけること、小見に囚われること。

一三五　境　アルタ artha の訳で、対象のこと。

一三六　東にむきて百千世界をゆきすぎて　求道者の永遠の修行のこと（→註三六）。出典、大般若経巻二六。

一三七　百千万劫　「劫」はカルパ kalpa の音写で、長大な時間のこと。

一三八　薬山弘道大師　→人名17

一三九　無際大師（石頭）　→人名15

一四〇　江西大寂禅師（馬祖）　→人名14

一四一　三乗十二分教　「三乗」とは、仏の教えが人を乗せて悟りに至らせるということから乗物（ヤーナ yāna）に喩え、(1)声聞の教え、(2)縁覚の教え、(3)菩薩の教え、に分けたもの。「声聞」（シュラーヴァカ śrāvaka）とは、釈尊の教えをきいて迷悟の道理を知り、修行によって世間の尊敬供養をうける聖者のこと。「縁覚」（プラティエーカブッダ pratyeka-buddha）とは、師なくして人生の無常の原因（十二因縁）を観察して、迷いを断つ独覚者のこと。「菩薩」（ボーディサットヴァ bodhi-sattva の音写、菩提薩埵の略）とは、自らが悟りを求めて向上するばかりでなく、一切衆生が救われることを願って精進する求道者のこと。(1)(2)は自己の人格の完成を主目的とすると、大乗仏教の立場からしばしば「小乗」「二乗」と呼ばれ、(3)は「大乗」または「一乗」と呼ばれる。また「十二分教」とは、経典を形式と内容によって、大略次のように分けたもの。(1)散文による教え、(2)その意を伝える詩文、(3)未来についての証言、(4)詩文による教え、(5)釈尊の自発的な教え、(6)経典や戒律の由来、(7)譬えによる教え、(8)前世の物語、(9)前世における釈尊の修行物語、(10)教えの広大さを説いたもの、(11)仏の神秘や功徳を説いたもの、(12)経典についての論議と解説。

一四二　如何なるか是、祖師西来意　禅宗の初祖である菩提達磨（→人名6）が西方のインドから中国に来て禅法を伝えた真意は何であるかを反省すること。その意義を究めることが禅の根本精神を明らかにすることになるので、禅宗では悟りの機縁となる語として、古来盛んに問題にされた。六世紀のはじめに達磨が西から単身、手ぶらでやって来たありさまは、当時の仏法伝来者たちがすべて経典の翻訳者、註解者であったこととは全く異なっていた。始めに達磨に会見した梁の武帝は熱心な仏教庇護者であったが、達磨の真意を悟ることができなかった。そこで達磨は遠く北方の魏へ行き、嵩山（洛陽の東方）少林寺において面壁坐禅したという。禅門では特定の経典をよりどころとせず、真理を言説によって表現しようとしないから、達磨西来の真意は長いあいだ疑問とされていた。

一四三　揚眉瞬目　「拈華微笑、揚眉瞬目」のこと。この寓話の出典は、恐らく大梵天王問仏決疑経（宋代に成立？→註一）の次の個所であろう。「世尊坐に登り、花を拈じて衆に示す。人天百万、悉くみな措かず。ひとり金色頭陀あり、破顔微笑す。世尊いはく、〈吾に正法眼蔵涅槃妙心実相無相あり。摩訶大迦葉に分布す〉」（原経は現存していないが、この個所は『人天眼目』（智昭編、一一八八年）等に引用されている）。「揚眉瞬目」の語は後に追加されたもので、たとえば人天眼目の「霊山会上、世尊は青蓮をもって目を瞬き、四衆に示す」という個所が、その原形を示している。この寓話は宋代以降の禅林で喧伝され、以心伝心で仏法を体得する妙であるとして、しばしば禅宗の立宗の基いとされた。（薬山、大寂に参問の出典、馬祖道一禅師語録、および五燈会元五章）

一四四　是、不是　「是」とは、(1)これ、このこと、(2)よい、そう、その通り、真実の意。「不是」はその反対、あるいはその超越。

一四五　山海は眉目なるゆゑに　御抄「今は尽十方界が釈尊の体、尽十方界が迦葉と談ずるゆゑに、今の眉目は山海なるべし、山海は眉目なるべしとはいふなり。たとへていはば尽界眉なり、尽界目なりともいふべし、すでに尽十方界沙門一隻眼ともいふゆゑに」。

一四六　宗す　尊崇し帰向すること、宗旨とすること。参照「九年面壁のあひだ、道俗いまだ仏正法をしらず、坐禅を宗とする婆羅門となづけき」（辨道話中段）

一四七　是は伊に慣習せり、伊は教に誘引せらる　御抄「ただ所詮、是伊も教もともに有時なり、慣習も誘引も同心なり」。聞解「教字は、使字、令字の意で、せしむると訓ず。かうさするといふこと」。

一四八　不是は不教伊にあらず、不教伊は不是にあらず　御抄「今は不是も有時なるゆゑに不教伊にあらず、不教伊も有時なるゆゑに、不是と嫌ふにあらずといふなり」

一四九　明星　禅宗の伝えによると、釈尊は三十歳のとき、十二月八日の暁天に明星の現ずるのをみて成仏されたという（景徳伝灯録巻一）

一五〇　如来　タターガタ Tathāgata の訳で、仏の称号の一つ。真理に到達したもの、あるいは真理より来たものという意。シャカすなわちシャーキャ族出身の聖者ガウタマは、一般に釈迦牟尼（シャーキャ・ムニ Sakya-muni 釈迦族の聖者）、釈尊、世尊、またはガウタマ・ブッダ（瞿曇仏陀 Gautama Buddha）、ブッダ、仏と尊称される。釈尊みずからは初転法輪以来、タターガタと称せられた。禅宗では右のほかに、仏祖、老漢などという尊称も用いる。

一五一　眼睛　眼玉、真理を悟る智慧のこと。↓註四二九

一五二　拈華　↓註一四三

一五三　帰省禅師、首山　↓人名32、31

一五四　有時は意到りて句到らず　出典、続伝灯録（一三六八—一三九六年）巻一。

一五五　驢、馬　出典「僧問ふ、〈如何なるかこれ仏法の大意〉

師（霊雲）いはく、〈驢事いまだ去らざるに馬事到来す〉」（景徳伝灯録巻一一）。仏道の修行は一瞬の絶え間もなく続けられるべきであるということ。「驢」（まだ去っていないもの）も「馬」（すでに到来しているもの）も同じく現前しているもののこと。

一五六　さへ、礙する　＝罣礙する（↓註三五）。宇宙を罣礙の一枚と見、罣礙のほかにものなく、また罣礙すべきなにものもないということ。御聴書「仏道には能所なし、相対なし、ただ一法をもって万法ともまなべば、罣礙の詞も、おなじものを罣礙とつかまつるなり」。参照「自己なるがゆゑに、自自己己みなこれ十方なり。自自己己の十方、したしく十方を罣礙するなり」（十方）

一五七　礙は他法に使得せらる　私記「たとひ使得せらるるも、使得すなはちこの礙なるがゆゑに、彼此の論にはあらざるをもて、他法を礙する礙いまだあらずといへり」。啓迪「これは向からのままになりきる、能所一枚の道理である」。参照「十二時に使はる、および十二時を使得するも、これ虚空を証得する時なり」（虚空）

一五八　我逢人　出典「（三聖いはく）〈我、人に逢ふときはすなはち出でん。出づるときは人のためにせず〉。興化いはく〈我、人に逢ふときはすなはち出です。出づるときはすなはち人のためにす〉」（五燈会元一一章）

一五九　関棙　関門の鍵のこと。出典、景徳伝灯録巻九。

一六〇　即此離此　御聴書「これに即すると、これにはなるると、ともに有時の上につかふ。即も離も、各別には心得ぬなり」。

一六一　向来の尊宿　「上述の尊い師たち」という意。聞解「巻首にある薬山より以下挙する処の祖師をさす」。

一六二　山水経　「経」はスートラ sūtra の訳で、釈尊の教説を述べたもの。一般に禅宗では、「不立文字、教外別伝」といって、特定の経典を依りどころとせず、釈尊の真意は経典のほかにあるとしてきた（不立文字は達磨以来の伝統的な思想であるが、教外別伝が喧伝されはじめたのは、六祖以後、南宗と北宗が対立した時代からである）。これに対して道元は、禅宗の基本は不立文字であることは認めながら、仏教のほかに仏心があるというのは、まことの仏教ではない、仏心とは三乗十二分教そのものだとして、教外別伝の思想を排斥して、経典尊重の立場を明らかにしている（仏教）。道元の立場が「禅をこえた禅」（増永霊鳳博士著 "The Sōtō Approach to Zen"）といわれるゆえんである。さらに道元は、「いはゆる経巻は、尽十方界これなり、経巻にあらざる時処なし」（仏経）といっている。「山水経」という話は、そのような考え方を背景としているのである。この題名の直接のモチーフは、宋の文人蘇東坡（一〇三六―一一〇一年）が、廬山において得たという次の詩にもとづくといわれる。「谿声すなはちこれ広長舌、山色は清浄身にあらざるなし。夜来八万四千の偈、他日いかが人に挙似せん」。

一六三　而今の山水は、古仏の道現成なり　現在目前にある山水が、仏の教えを説いていること。御抄「而今とさすは、仏法の上をいふなり」。啓迪「これは仏道の山水である。その仏道の山水とは、常無常の二辺を離れ、動不動、流不流の対待を飛超えた、空劫已前の面目、朕兆未萌の心田地をいふのだ」。

一六四　法位に住して　↓註二八

一六五　究尽の功徳　↓註一六三。「功徳」は、　↓註三八

一六六　空劫已前、朕兆未萌　仏教では、一つの世界には、成立期、安定期、破滅期、虚無期（空劫）があり、そのような世界が数知れず生滅するという。「空劫已前」とは、世界が成立

する前の虚無期よりも更に以前のこと。「朕兆未萌」も、世界の萌しが始まっていない時のこと。ともに迷悟凡聖等の対立を超えていること（→註一六三）。「威音王（空劫初生の仏）已前」「父母未生の時」に同じ。

一六七　乗雲の道徳……順風の妙功……　「乗雲」「順風」とは、無礙自在のこと。「神通」（→註七七）に同じ。弁註（天桂による註釈書）「恁麼の道徳妙功、あにただ山より通達するのみならんや、燈籠露柱より通達し、透脱し、自己の脚跟下に透得することを了ぜよ」「道徳」とは、道理、功徳のこと。

一六八　大陽山楷和尚　→人名34

一六九　青山常に運歩し……　出典、五燈会元一四章。「青山」とは山一般のこと。ただしここでは仏道の立場から見た山のこと。御聴書「東の地あがれば西はさがり、南の地あがれば北はさがり、中の地たかくなるといふも、詮は大地有情同時成道と体脱すべし。牆壁瓦礫を仏心ぞなむどいふ、これこれ今の青山の運歩なるべし、庭前柏樹の動は祖師意なるべし」。

一七〇　そなはるべき功徳の虧闕することなし　聞解「この青山には一方ならぬ功徳あり。不変真如の不動なる功徳、動なる随縁または体用等の功徳あり」。

一七一　人の運歩のごとくなるべき　御聴書「この人は、我等がことにてなし、平常人か、尽十方界真実人体の人か」。

一七二　仏祖　禅宗では、釈尊、迦葉、達磨をふくめて、宗門の正統的な継承者を、「仏祖」あるいは「古仏」と敬称する。この場合は道楷のこと。

一七三　得本　根本に同じ（啓迪）。参照「芙蓉山の楷祖、もはら行持見成の本源なり」（行持下）

一七四　山中人　御聴書「この山中人は、人の山に入りたるとは心得まじ。三界を心としたる人か、もしくは尽十方界を体としたる人かと心得るなり」。→註一九〇

一七五　不覚不知　知的理解を超越していること。御抄「山中人とは、やがて山をもって人と談ずるなり。別人のあるにあらず、ゆゑに不覚不知なり」。参照「法華のいまし法華なる不覚不知なれども、不識不会なり」（法華転法華）

一七六　世界裏の華開　御抄「世界裏の華開とは、山と世界が同程なるなり。山はせばく、世界はひろきにあらず」。参照「仏祖の大道は、究竟参徹なり、足下無絲去なり、足下雲生なり。しかもかくのごとくなりといへども、華開世界起なり、吾常於此切なり」（徧参）

一七七　山外人　御聴書「人と山と対する可らず、よって不見とはいふなり。山外人といふも所詮上の如きなり。内外の法にかかはらざる処をいふなり」。参照「諸仏のつねにこのなかに住持たる、各各の方面に知覚をのこさず、群生のとこしなへにこのなかに使用する、各各の知覚に方面あらはれず」（辨道話）

一七八　這箇　これ、このうち、このところという意。

一七九　自己の運歩をもいまだしらざるなり　自己と山が一体になっているのであるから、山の歩みを知らないものは、自己の歩みも知らないということ。→註一七四

一八〇　有情にあらず、非情にあらず　那一宝「青山も自己も、十方法界を尽して、情非情、動不動の局量を超越せり」。参照「山河大地を、ひとしきわが生なりといへりけりと、あきらむべし」（唯仏与仏）

一八一　いく法界を量局として　御抄「いま、青山運歩の道理辺際なき処を、いく法界を量局としてとはいふなり」那一宝→前註。啓迪「青山が尽法界だとすれば、その運歩もまた尽法界である。谿声山色から生死去来、生仏迷悟等にいたるまで、三世一貫、法界一等の運歩じゃ」。

一八二　未朕兆、空王那畔　→註一六六「空王」は威音王仏、「那畔」はそのほとりのこと。

一八三　流山　聞解「山が流れ、流るるが山なり」。啓迪「山が流れて運歩する、その流が直きに山、常運歩が直きに常安住である」。

一八四　青山も運歩を参究し　啓迪「山の参学とは、山の姿がすなはち自己の姿と参究する。だから山を外境とし、自己を能観者とするのではない。青山がすなはち自己、自己が即ち青山だから、かういはれたのである」。

一八五　東山も水上行　→註二〇五

一八六　廻途参学　「廻途」の解釈については諸註は一定しないが、ここでは、「廻り道して、さまざまに参学する」と解釈することにする。その理由は、原書中には「かくのごとく参学す」「あきらかに参学す」「久しく参学す」「ひろく参学す」などの類似の用法が多いので、そう解釈するのが自然だと考えられるからである。

一八七　不得なると　版本によっては「不得なるとら」となっているが、ここでは真筆本に従った。

一八八　所積の功徳　御抄「所積の功徳とは、右にいふ運歩流行、山の山児、山の仏祖となる等、各々の所挙をいふなり。これらみな山の所積の功徳なるべし」。

一八九　形名とし、命脈とせり　「形名」とは、形と名のこと。「命脈」とは、(1)真面目、本質、真理、(2)伝承、正統。この場合は、(1)の意。直訳、「青山運歩や東山水上行が、山の表面的事実であるばかりでなく、本質的事実である」。御聴書「所積の功徳挙せるを形名とし命脈とせりといふは、今の山水経のありさまなり」。

一九〇　山の仏祖となる　聞解「宏智録四巻に、〈来々去々山中人、識得青山即是身〉とある。この山のこと。自己なるが仏祖となる、故に仏祖も出現するなり」。

一九一　かくのごとく　山のうちに。

一九二　牆壁　囲いの壁のこと。無生物を代表する語。出典「僧また問ふ、〈阿那箇かこれ仏心〉師（南陽慧忠）いはく、〈牆壁瓦礫これなり〉」（景徳伝灯録巻二八）

一九三　七宝　金《こん》、銀《ごん》、瑠璃《るり》、頗黎《はり》、硨磲《しゃこ》、珊瑚《さんご》、瑪瑙《めのう》（そのほかの分類法もある）

一九四　実帰　真実に帰すること。参照「識知のおよばざるより同生して、識知のおよばざるに実帰す」（神通）

一九五　依正　→註七〇

一九六　転境転心　「境」は客観、「心」は主観のこと。「転境転心」とは、主観と客観の対立を超えること。しかしそれにこだわれば、かえって主観、客観を対立させてしまうことになる。

一九七　説心説性　心がそのまま覚者の本質であると説くこと。しかしそれにこだわれば、かえって心と本質を異なったものとして説くことになる。

一九八　見心見性　自己の心や本質を徹見すること。唐代、宋代の禅宗には、「直指人心、見性成仏」を禅の中心とする傾向があったが、道元は、「仏法いまだ其要、見性にあらず」（四禅比丘）といって、その立場に執することを否定した。→註四五八

一九九　夜といふ　弁註「不生の生を明すなり、夜は所明の見なきをいふ」。聞解「夜といふは、一切所見を離れたところ。常字と対す。すこしも隙間がない。有の無の断の常のと一切の見の到らぬ処なり」。

二〇〇　男石女石　　中国には、男が石になったり、石が女になったりする伝説がある。述異記などに記載されているのがそれである。
二〇一　天を補し　「物たらざることあり。ゆゑに昔、女媧氏、五色の石をねりて、もってその欠けるを補へり」（列子）。
二〇二　親子並化　御聴書「今この三界みなこれ我有、そのうちの衆生ことごとくこれ吾子といふ。仏身を三界といふ。されば何か父、何か子。ゆゑに此のごとくとくなり」。
二〇三　生児現成の修証なり　修証＝現成（私記）
二〇四　雲門匡真大師　→人名30
二〇五　東山水上行　出典「〈いかなるかこれ諸仏出身のところ〉師いはく、〈東山水上行〉」（雲門広録上巻）。「東」は東西南北を代表する語。
二〇六　九山迷盧　「迷盧」はメール Meru あるいはスメール Sumeru（須弥）の音写。古代インドの宇宙説によれば、この世界の一番下に空輪、風輪があり、次に水輪、金輪（あるいは地輪）があり、その上に九山八海があって、その中心をなすものがこの山であるという。
二〇七　皮肉骨髄　本質、全体。→註三三六
二〇八　修証括計に透脱ならん　聞解「雲門からはいふけれども、お手前には東山の身について皮肉あり、心について修証活計あることを透脱はなるまいとおさへて、東山を重くいふ」。
二〇九　小実の撃不能　私記「小は誠に大に敵すべからずといはんがごとし」。
二一〇　南泉の鎌子話　「南泉普願禅師、一日山にありて作務するに、僧ありて過ぎて師に問ふ〈南泉の路、いづれの処に向ってか去る〉、師、鎌子を拈起していはく〈我がこの茆鎌子、三十文銭をもて買得せり〉僧いはく〈茆鎌子、三十文に買へることを問はず。南泉の路いづれの処に向ってか去る〉師いはく、〈我れ如今使得するにまさに快し〉」（五燈会元三章）。南泉（→人名16）の真意は、道は遠くにあるのではなく、目前にあって明白であるということ。
二一一　黄檗　→人名24
二一二　臨済　→人名25
二一三　朕兆未萌已前　→註一六六
二一四　葛藤断句　「葛藤」とは、葛や藤のつるが複雑にからみあっているように、(1)言句に捉われること、(2)妄想に捉われること、(3)一体となって一切を覆い尽くすこと。「葛藤断の句」とは、(1)(2)を一挙に断ちきることば。
二一五　小獃子　小さな愚かもの、青二才のこと。
二一六　六群禿子　釈尊の在世当時いた六人の仏弟子のこと。つねに一群をなして悪を行い、戒律制定の原因となった。
二一七　小乗声聞　→註一四一
二一八　所陳　弁明すべきところ。
二一九　天真の師範　本来の真実を教える師。
二二〇　諸水は東山の脚下に現成せり　御抄「これ諸水が東山なる道理なるべし」。那一宝「この道理は、一法究尽すれば万法究尽せらるるなり。山といひ水といひ、許多の功徳現成すること著眼看せよ」。
二二一　諸山の脚尖、よく諸水を行歩し　御抄「諸山と諸水一物なる道理が、行歩とも、躍出すともいはるるなり」。
二二二　修証即不無　→註五一〇
二二三　瓔珞とみる　→註三九
二二四　水を妙華とみる　→註三一〇
二二五　猛火とみる、濃血とみる……宮殿とみる　→註三九
二二六　七宝摩尼珠　「七宝」→註一九三「摩尼珠」（マニ

mani）は珠玉の総称。

二二七　殺活の因縁　御抄「いきしぬといふことばなり。この各々の所見、殺活の道理なるべし」。

二二八　究竟の境界　究極の境地のこと。

二二九　本水なきがごとし　聞解「本来の水の相、真空性水ではない。ゆゑに諸類の水は、もと自体には無いものなり」。

二三〇　随類の諸水　類によってさまざまに見られる水のこと。

二三一　それ心によらず、身によらず　この水は仏道の水であり、主観、客観を超えた水だというのである。啓迪「その水は真空性水だから、心によってできたでもない、身によってできたでもない。……透脱してみれば水も水でない。真空性水じゃ、法性水じゃ。これを山水経という」。

二三二　依水の透脱あり　聞解「真空性水によって透過脱落するゆゑに、一切に依ることなし。因縁生の法はすなはち空なるゆゑに」。　↓註六一二

二三三　地水火風空等の水おのづから現成せり　聞解「真空の諸水は地水火風空の五大にあらず。また青黄等の五色にあらず。色声香等の六塵をも離れたもの。さうあれども、よの地水火風空筆の水現成する。これ一切の相を離れて、よく一切の相を現じて、一切の相に即するなり」。

二三四　空輪・風輪にかかれる　↓註二〇六

二三五　一切の諸法は畢竟解脱にして……　出典、大宝積経巻八七。

二三六　諸法住位せり　↓註二八

二三七　九淵　九重の淵、深い淵のこと。　↓註六六九

二三八　文子　周の辛鈃のこと。

二三九　天に上りて雨露と為り……　出典「天下、水より柔弱なるものはなし。水の道たるや、広くして極むべからず。……天に上りて雨露となり、地に下りて潤沢となる」（辛鈃著とされる通玄真経巻一）

二四〇　覚知仏性裏にもいたるなり　御抄「これはすなはち、火焔裏ないし心念思量分別裏、覚知仏性裏を、やがて水と談ずるゆゑに此の如くいふなり」。

二四一　三際　過去、現在、未来のこと。

二四二　かならず水を拈じて身心とし、思量とせり　「拈ずる」とは、(1)つまむ、つねること、(2)特にとりたてていうこと、拈じあげてわがものとすること。聞解「仏祖はこの性水をもって身心ともし、思量ともす」。

二四三　仏経　金光明最勝王経のこと。

二四四　火風は上にのぼり……　「四大蚖蛇、その性おのおの異なる。地水二蛇、その性は沈下す。風火二蛇、その性は上昇す」（右経巻一）

二四五　四大、五大、六大　古代仏教では、存在を構成する元素として六種を立てて、大なるものという意で、「六大」と呼んだ。このうち「四大」とは、地水火風のこと。「五大」はこれに空（空間）を加えたもの。「六大」は、さらにそれに識（精神作用）を加えたもの。

二四六　無想天　天界の最上位。無想定を修する果報によって生ずるといわれる。

二四七　阿鼻獄　アヴィーチ avīci の音写で、無《む》間《げん》地獄のこと。

二四八　宮殿楼閣の欄階露柱は、かくのごとくの説著ありと保任する　聞解「さらに竜魚のほうでは欄階露柱等も此のごとく人間の見る欄階等の如く説いてあると保任して居るで有らう」。

二四九　料理　＝道理（私記）

二五〇　辺表　表面的対立、限界のこと。啓迪「この水の流不流の二辺を透脱しなければ、凡夫たることを免れぬ」。

二五一　仏祖の屋裏、また水ありや水なしや　「屋裏」とは、身体、堂奥、安住しているところ、働いているところ、行い現わしているところ、全世界という意。御聴書「尽界を水と談ずる事あり。尽界を仏身とならひ一心とならふとき、水いづれの所にか置くべきと尋ぬべきなり」。参照「さるときは漫天さり、きたるときは尽地きたる。これ平常心なり。平常心この屋裡に開閉す」（身心学道）

二五二　大聖の所居なり　啓迪「その山とは、動静有無を離れた聖賢の境界じゃ」。

二五三　堂奥　堂の奥。屋裏に同。→註二五一

二五四　一人にあふ一人もなきなり　山と人が一体のこと（→註一七五）。御聴書「山を身心としつる上は不逢人なり、山にもあはざるなり。ゆゑに入りぬれば蹤跡なしともいふなり」。

二五五　頂𩕳眼睛　「頂𩕳」とは、頭のこと。「眼睛」（眼玉）、「拳頭」（こぶし）などとともに禅門でよく用いられる。抽象的概念を具体的に表現する語。

二五六　拈一はこれ流なり、拈一はこれ不流なり　弁註「拈一とは、仏祖に学する仏道の一辺を拈ずればこれ山流なり、人間驚疑の一方を拈ずるときはこれ山不流なり」

二五七　一回は流なり、一回は不流なり　聞解「一回は流、一回は不流で、流の動く即、不流の不動なり。色即是空、空即是色で一枚なり」。

二五八　如来正法輪　→註三一

二五九　古仏　この場合は、六祖の弟子、永嘉玄覚（六七五―七一三年）のこと。

二六〇　無間業を招かざることを得んと欲せば……　出典、景徳伝灯録巻三。

二六一　身心依正　→註七〇

二六二　若樹若石　「若」は、もしくはの意。出典、涅槃経巻一四。

二六三　若田若里　出典、法華経随喜功徳品。

二六四　勝躅　古人の行った勝れた事蹟のこと。

二六五　崆峒華封　黄帝が崆峒山（長安の西にある）の石窟に、広成（伝不詳）を訪ねた故事（荘子巻四）。「華封」とは、行幸のこと。

二六六　釈迦牟尼仏　→註一五〇

二六七　運啓　＝成道

二六八　輪王　転輪聖王。天からさずかった輪宝を回して世界を征服するという伝説の王。

二六九　風流　おもむき、すぐれたおもむき、境地。参照「学道は幽遠なり。捨家出家せる風流、たとひ蕭然なりとも、樵夫に混同することなかれ」（身心学道）

二七〇　徳誠和尚　→人名21

二七一　薬山をはなれて江心にすみし　徳誠が唐の武宗の仏教弾圧（八四五年に始まる）にあって、薬山（中国の中西部、薬山惟儼の僧団の所在地）を離れ、船頭に身をやつした故事をいう。

二七二　華亭江　江蘇省（中国の東部）華亭の呉江のこと。

二七三　人の徳誠をみることをうるは、徳誠なり　御抄「徳誠をば徳誠が見るべきなり。全く余人が所見あるべからず」。聞解「直下第二人無い相見」。

二七四　徳誠の人を接するは、人にあふなり　御抄「徳誠が徳誠にあふなり」。私記「これ師資の面目の洪波に裂破出現するなり」。

二七五　雲中にも有情世界あり　直訳「雲の中にも生物の世界がある」。「有情」とは、サットヴァ sattva の訳で、一切の生き物の総称。

二七六　一茎草　路傍に生えている名もない一本の草のこと。出典「胡来れば胡現じ、漢来れば漢現ず。老僧は一枝の草をとりて丈六の金身となして用ひ、丈六の金身をとりて一枝の草となして用ふ」（景徳伝灯録巻一〇、趙州の語）

二七七　真龍　水が流れるという凡見を打破したもののこと。聞解「この真竜は仏々祖々をいふなり」。

二七八　非流と強為する　私記「水は流不流に不必なるを、流不流と強為するは、謗るなり」。

二七九　如是実相　諸法実相に同。現象そのものが真実の実在であること。→註四〇一、註三

二八〇　蔵に蔵山する　山が山になりきっていて、山であるという必要もないこと。聞解「蔵に蔵山は、没蹤跡処莫蔵身なる山なり」。

二八一　古仏　この場合は、青原行思のこと。→人名13

二八二　山是山、水是水　出典「老僧三十年前、未だ参禅せざりしとき、山はこれ山とみ、水はこれ水とみたり。後来親しく知識にまみゆるにいたるに及んでこの入処あり。山をこれ山にあらずとみ、水をこれ水にあらずとみたり。而今この休歇のところを得たるに、前のごとく山をただこれ山とみ、水をこれ水とみるのみ」（雲門広録巻上、青原行思の語）。御聴書「山を仏法にてみるときこそ、山これ山、水これ水なれ。この道理なるべし」。

二八三　山に功夫なり　聞解「これ此方の山が向ふの山で、能境二つなし。ここを参究すべし」。

二八四　先師天童古仏　→人名36

二八五　大宋慶元府　いまの浙江省（中国の東部）寧波の海岸地方。

二八六　天童仲冬の第一句　出典、如浄和尚語録巻下。旧暦十一月の冬至上堂の句。

二八七　太無端なり　御抄「無端といふ詞は、始中終をはなれたる義、無辺際の義なるべし」。

二八八　樹功より樹功せり　御抄「この梅華の道理より、此のごとく無尽に談ぜらるる所を、樹功より樹切すとは談ずるなり」。

二八九　葛藤の葛藤を結纏するなり　聞解「この梅の通達せぬところなき故に、葛藤の葛藤を結びまとふごとく、尽過去より尽未来に断絶せず」。→註二一四(3)

二九〇　華開世界起　梅華の開くときそのままが春の世界であること。出典「心地は諸種を生ず。事によってまた理を生ず。果満ち菩提まどかに、華開いて世界起る」（景徳伝灯録巻二、インドの二十七祖プラグニャータラ（般若多羅）の詩とつたえられるが後世の創作らしい）

二九一　開五華の一華あり　「一華」とは、釈尊から達磨大師に伝わった正伝の仏法、あるいはそれを護持するもののこと。「五華」あるいは「五葉」とは、禅の五門、あるいは多数の覚者のこと。聞解「五仏五智等、心上の一華よりあらはるるなり」。→註三二九

二九二　不可誇　御聴書「一切対境してこそほこれ、全機のときは誇といふ詞不用なり」。

二九三　優曇華　ウドゥンバラ udumbara の音写。無花果《いちじく》の一種で、三千年に一度花を開くといわれ、稀有の瑞祥に喩えられる。

二九四　優鉢羅華　ウトパラ utpala の音写。睡蓮のこと。

二九五　恩給　聞解「六道十界の心華開くるは、みな老梅樹の恩給、めぐみたまはるのじゃ」。
二九六　喚作　大声でさけぶこと。
二九七　祖師本来茲土　→註三二九
二九八　瞿曇眼睛を打失する時……　出典、如浄和尚語録巻上。「眼睛を打失する」とは、対立の世界を離れて、自由の境へ入ること。「瞿曇」→註一五〇
二九九　法輪　→註三一
三〇〇　おぼろげの福徳　聞解に「おぼろげは小縁と書す、かりそめのこと」とあるが、これでは意味が通じないので、私意をはさんで「信じられないほどの……」と訳した。
三〇一　相見問訊　対面して合掌低頭すること。
三〇二　討掛搭　一定の禅林に留まって住することを請うこと。「討」は、たずね求めること。「掛」も「搭」も、掛けるという意。僧が鉢嚢を僧堂のかぎにかけて、そこに留まることを表わすことから由来している。
三〇三　箇裏　→註二六
三〇四　一本分人　→註一四
三〇五　瞬目、破顔　→註一四三
三〇六　承当　承認する、合点する。
三〇七　天上天下唯我独尊　パーリ語の「アッゴー・ハム・アスミ・ローカッサ aggo 'ham asmi lokassa」（私は世界の中で最勝のものである）の訳。釈尊が誕生するやいなや、四方に七歩ずつ歩み、右手を挙げてこれを唱えたと伝えられる（長阿含経巻一、瑞応経巻上）
三〇八　天雨曼陀羅華　マーンダーラ māndāra の音写。色美しく芳香を放ち、見るものの心を喜ばせるという天界の花。また葉が多く、大きな木蔭をつくるという。「天雨」→註三一〇
三〇九　摩訶曼陀羅華　→前註。「摩訶」はマハー mahā の音写で、大、多、勝の意。
三一〇　曼殊沙華　マンジューシャカ mañjuṣaka の音写。鮮やかな白色で、柔かく、天人が意のままに雨として降らせ、見るものを悪業から離れさせるという。
三一一　摩訶曼殊沙華　→前註、前々註。
三一二　恩徳分　→註二九五
三一三　百億華は梅華の眷属なり　聞解「梵網経に、〈一華に百億国あり〉とある。百億華は一華の眷属なること知れたり」。
三一四　空華　カプシュパ khapuṣpa の訳。眼を病むとき、あるいは眼に翳があるときに虚空に見える花の影像のこと。
三一五　三昧華　「三昧」→註四五六
三一六　華裏に百億華をなす　→註三一三
三一七　命脈みな梅華よりなれる　聞解「もし人、心を識得すれば、大地に寸土なき道理なり。然するによって、仏々祖々の慧命血脈は、この梅よりなるなり」。
三一八　嵩山少林　→註一四二
三一九　雪山雪宮　ヒマラーヤ Himalāya のこと。釈尊は過去世においてここで修行して、「諸行無常、是生滅法、生滅々已、寂滅為楽」の詩をえられたという（涅槃経巻一四）
三二〇　五眼　修行によって得られるという、人間の眼、天人の眼、小乗の眼、菩薩の眼、仏の眼のこと。
三二一　千眼　観世音菩薩は、千本の手と千個の眼をもって、餓鬼たちを善導するという。
三二二　諸法実相　→註二七九
三二三　雪漫漫にあらざれば、尽界に大地あらざるなり　聞解「雪漫々なる是三無差の心地にあらざれば、尽十方の心地の大地は無し」。

三二四　表裏団圝　聞解「表は十界の相、裏は十界の性、団圝は円なり。一色一心のことに取る」。

三二五　華地悉無生　御抄「華も無上菩提なり、地も無上菩提なり、華地、悉く無上菩提なりといふなり」。「無生」↓註三〇

三二六　地華生生　「無生」といえば、生死の対立を超えたことをいうが、それでもまだ対立の気持が残っているから「生生」というのである。御抄「地華無生といふ上は、また地華生々の道理もあるべきゆゑに、此のごとくいふなり」。参照「色即是空なり、空即是色なり。色是色なり、空即空なり」（摩訶般若波羅蜜）

三二七　尽界は心地なり　聞解「尽十方界はみな心地なり。心より十界も作り出すなり」。参照「地はかならずしも土にあらず、土かならずしも地にあらず。土地もあるべし、心地もあるべし、宝地もあるべし」（身心学道）

三二八　而今の到処　聞解「今の梅華の到る処は、山河にも大地にも到る。世界いっぱいが仏法の梅華で塞がるるなり」。

三二九　吾は茲土に本来し……一華は五葉を開き……　達磨大師が二祖慧可に与えたといわれる詩句（景徳伝灯録巻三）。一般には、「吾本《もと》茲土に来り……」と読まれるが、内容に従って、ここでは「吾は茲土に本来し……」と読むことにする。参照「面授を保任することありて、日本国に本来せり」（面授）

三三〇　旧枝新枝の而今　聞解「今とは、今の当人の一念当念を離れぬといふこと」。

三三一　処は到に参学すべし　御抄「処も究尽の処、今も究尽の今なるべきがゆゑに、此の如くいふなり」。

三三二　到は今に参学すべし　御抄「この今、古今の今にあらざるゆゑに、到は今に参学すべしといふなり」。

三三三　裏功徳の深広なる……表功徳の高大なる……　御抄「この裏、外に対したる裏にあらず、この表、裏に対したる表にあらず。表裏ともに梅華なり」。

三三四　この表裏は一華の華発なり　聞解「この功徳の表裏相応、十界の依正等は、みな梅の一華の発《ひら》く処なり」。

三三五　吾有の正法眼蔵付属摩訶迦葉　↓註一

三三六　汝得は吾髄なり　達磨大師が慧可に述べたことば。出典「（大師いはく）、〈時、まさに至れり。汝等、なんぞ各々の所得をいはざる〉道副こたへていはく……。師いはく、〈汝、吾が皮を得たり〉。尼総持いはく……。師いはく、〈汝、吾が肉を得たり〉。道育いはく……。師いはく、〈汝、吾が骨を得たり〉。最後に慧可、礼拝してのち、位に依って立つのみ。師いはく、〈汝、吾が髄を得たり〉」（景徳伝灯録巻三）。これについて道元は、「しるべし、祖道の皮肉骨髄は、浅深にあらざるなり。たとひ見解に殊劣ありとも、祖道は得吾なるのみなり」と評している（葛藤）

三三七　大尊貴生　はなはだ尊貴なこと。「生」は助字。

三三八　開五葉なり　↓註二九一

三三九　七仏祖　釈迦牟尼仏（釈尊）の前に現われた六仏（ヴィパシン仏、シキン仏、ヴィシュヴィブー仏、クラクッチャンダ仏、カナカムニ仏、カーシャパ仏）、および釈迦牟尼仏のこと。これについては、原始仏典である長阿含にすでに記載がある。禅宗では、その伝統の源が七仏にあるとする。参照「過去現在未来の諸仏、ともにほとけとなるときは、かならず釈迦牟尼仏となるなり」（即心是仏）

三四〇　雲月是同なり、谿山各別なり　聞解「本は同じ雲井一輪の月なれども、分かれてからは渓山各別なる行李なり。けれども山から見ても渓から見ても、雲井の月は唯一輪、見る人は

替れど月は同じ。幾梅華が分かれても本の一枝梅は離れぬ」。私記「ここをもて雲山の同別は、只一枝の語脈裡に転身して隔異を跳出するなり」。

三四一　六祖　→人名11

三四二　元正啓祚……　出典、如浄和尚語録巻上。

三四三　梅は早春を開く　この句は一般には、「梅は早春に開く」と読まれているが、本文の「その宗旨は、梅開に帯されて万春はやし」の説明からみても、「梅は早春を開く」とよむ方が、原意に近いように思われる。

三四四　老古錐　古徳に対する敬称。鋭いこと錐《きり》のようだという意。

三四五　万法を元正ならしむ　聞解「一つの春さへ万物を新ならしめる、一つは少しのことでない。世界みな春となる……。有情無情に春をかうぶらしむ」。

三四六　啓祚は眼睛正なり　私記「眼睛正は、瞿曇眼睛なり」。

三四七　威音王以前　→註一六六

三四八　このゆゑに伏惟大衆なり　御抄「伏惟大衆の詞は、寺院に付したる衆僧の事かときこゆるを、今は無量無辺過現来ことごとく新なりといふ道理を、伏惟大衆なりとあり。この詞、迷旧みぬべし。所詮梅華の道理伏惟大衆なるべし」。

三四九　伏惟大衆は恁麼なるがゆゑに　私記「伏惟大衆は梅開なり。ここをもて恁麼なるがゆゑにと結せらるるなり」。

三五〇　一言相契へば　出典、如浄和尚語録巻上。

三五一　百大劫　→註一三七

三五二　一言相契　聞解「法は二言なし。一言に相契ふものなり。寒いといへば寒い切りで、あとから暑いといふ。寒暑一時にはいはれず、この相契ふ道理は千万古移り替ることはない」。

三五三　一念頃　きわめて短い時間、一刹那のこと。

三五四　吾有正法付属迦葉　→註一

三五五　拈華、破顔　→註一四三

三五六　楊柳腰帯を粧ひ　出典、如浄和尚語録巻上。

三五七　蜀錦和璧　蜀の錦、および和氏の璧のこと。蜀（四川省）は錦の名産地。和璧とは、楚の国のひと卞和《べんか》が発見したといわれる宝玉で、後に趙に伝わり、秦の昭王が十五城をもって交換することを請うたといわれる。

三五八　髄吾得汝　これは達磨の語「汝得吾髄」（→註三三八）をさかさまにした語。「汝は吾が髄を得たり」といえば、汝と吾が対立しているように考えられるから、こういうのである。御聴書「得吾髄の後は、汝と吾二つあることなし、唯一体のみなり。この心地をもって、此のごとく髄吾得汝ともいふなり」。

三五九　波斯匿王　→人名4

三六〇　賓頭盧尊者　→人名3

三六一　尊者手を以て眉毛を策起して　出典、如浄和尚語録巻下。参照「〈阿育王いはく〉〈またつぎに大徳、世尊を見るやいなや〉この時、賓頭盧、両手を以てその眉毛を挙げ、阿育王を視て、すなはち偈をもって説いていはく……」（雑阿含経）

三六二　阿羅漢果　→註三六四

三六三　面授　師が弟子に相対して奥儀を授けること。

三六四　四果　いわゆる小乗の修行によって到達する境地を、預流《よる》果、一来《いちらい》果、不還《ふげん》果、無学果（阿羅漢果）に分けたもの。阿羅漢はアルハト arhat の音写で、声聞（→註一四一）の到達できる最高の境地。

三六五　この春は人間にあらず、仏国にかぎらず、梅梢にあり　御抄「この梅梢の道理、雪寒のすがた、眉毛策の各法界を尽す道理なるがゆゑに、これほどの理なるゆゑに、かかるぞといふ心地なり」。

三六六　雪寒の眉毛策なり　雪寒の梅華の境地を、尊者が眉毛策起して示したといふのである。聞解「梅にある春は、策起の処にある。仏の法身恩徳が、策起の処であらはれた。ゆゑに春は策起の処にある」。

三六七　本来の面目生死なし　出典、如浄和尚語録巻下。

三六八　余外の力量をとぶらはず　「とぶらふ」(訪ふ)とは、たずね求めること。参照「生をとぶらふに、諸法にあらぬはなし。死をたずぬるに、いまだ万法をはなれず」(別本仏向上事)。聞解「春がやはり画図に入るから何も外から持て来ぬ。今日の梅楊をのけ外力をかりるでなし」。

三六九　春をつかはしむる　御抄「梅華が春なる理を以て、梅華をして春を仕《つか》はしむともいふなり」。

三七〇　仏祖に正伝す　御抄「逆なるやうにぞ覚ゆれども、仏祖の皮肉相嗣のやう、今更疑ふべからず」。私記「三世十方の仏祖、先師古仏ともに正法眼蔵の開明なるがゆゑに、この正法眼蔵を正伝すといへり」。

三七一　自魔　御聴書「是は我身の邪見を魔とは仕《つかは》るなり」。

三七二　対面不相識、相蓬未拈出　聞解「この梅よりほかに勝れる一法を求めば、いづれの時も対面していながら、仏眼睛を蹉過して不相識なり、また相逢しながら未拈出で蹉過して居る」。「拈出」については　↓註二四二

三七三　明歴歴　出典、如浄和尚語録巻下。

三七四　自古今　古今より、という意。

三七五　云為　云うこと為すこと、しわざ。

三七六　千曲万重色　こまかく微妙な変化のありさま。

三七七　千功万徳　多くさまざまな功徳のこと。↓註三八

三七八　自古今は梅華なり　聞解「古今ともに梅でささふるゆゑに」。

三七九　梅華を古今と称するなり　聞解「三世はみな梅華の上でさへずる。三世古今によって梅華があるとみるな。梅華によって三世古今もあるなり」。

三八〇　法演禅師　↓人名33

三八一　朔風、雪に和して……　出典、続灯録巻三〇。

三八二　太原孚上座　↓人名29

三八三　憶ふに昔当初未悟の時　出典、景徳伝灯録巻一九。

三八四　夾山の典座に開発せられて　出典、五燈会元七章。典座(衆僧の食事をつかさどる僧)の氏名は不詳。夾山(湖南省)に住したからそう呼ばれているが、夾山善会(↓人名22)とは別人。

三八五　春風を大小吹せしむる　御聴書「梅華春をなせば、大小吹となり」。

三八六　諸仏これ証なるゆゑに、諸物これ証なり　聞解「諸仏は能証契の道理なるゆゑに、向ふ所の諸物万法も証契の道理。これ物と我とが立たず能所一枚なり」。参照「いまをしふる功夫辦道は、証上に万法をあらしめ、出路に一如を行ずるなり」(辦道話)

三八七　一性にあらず、一心にあらず　直訳「諸仏と諸物は、同一の本性、同一の心をもつものではない」。聞解「能所一枚いふたとて、物と仏と一性一心と一つにおしかたづけたことでない。その位に住す」。↓註一八

三八八　一異　「異教徒の考えは否定肯定の二つの立場を出ない。あるいは有に執し、あるいは無に執する。そして有の立場において、一であるか異であるかを考える」(成実論―ハリヴァルマン著、四世紀頃成立)。↓註三〇

三八九　通をして通の礙なからしむる　参註「通みづから通を忘るるなり」。「通」とは脱落のこと。↓註一五六

三九〇　一通は一法なり　「一通」は主体的行為であり、「一法」は客体である。両者が共に脱落していること。私記「彼此の永断するがゆゑに、一通これ万通なり。万法の当相を、一法の全体と脱落するなり。このとき絶待の画餅なり」。

三九一　古仏　この場合は、香厳智閑（?～八九八年）のこと。

三九二　画餅飢に充たず　出典「師（香厳）、つひに堂にかへり、遍く集めしところの諸方の語句を検するに、一言もまさに酬対すべきものなし。すなはち自ら歎じていはく、〈画餅は飢を充たすべからず〉。これにおいてことごとく之を焚く」（景徳伝灯録巻一一）

三九三　雲衲霞袂　雲の衣、霞の袂をまとったもの、つまり修行者のこと。雲水に同じ。

三九四　菩薩・声聞　↓註一四一

三九五　樹下草菴の活計　御聴書「しばらくの方便をさすなり」。

三九六　家業を正伝するに　聞解「この公案祖師家業を伝へるに……」。

三九七　経論　経典（スートラ sūtra）と論書（アビダルマ abhidharma）のこと。前者は釈尊の教えを伝える書。後者はそれを分類、整理、あるいは解説する書。

三九八　三乗一乗　↓註一四一

三九九　三菩提　↓註四五四

四〇〇　諸悪莫作、衆善奉行　出典「もろもろの悪をなすなかれ。もろもろの善を奉行せよ。みづからその心を清くする。これ諸仏のをしへなり」（増一阿含経）。この詩句は、過去七仏が共通して受持したと伝える。道元はこの禁戒を積極的に解釈して、「諸悪はなさないほかはなく、衆善はなすほかはない」という道徳律を築いたのである（諸悪莫作）。したがって諸悪莫作を「諸悪はなさない」と読めば、いっそう原意に近いであろう。

四〇一　是什麼物恁麼来　六祖慧能（↓人名11）の語。原意は、「何者がどのようにして来たのか」ということであるが、それが禅宗において公案として取り上げられ、問いのなかに既に真理が説き尽くされているとして尊重される。すなわち、中国の俗語「什麼」（＝恁麼）は、「なに」「なにものか」「これ」「この」「このように」「どのように」という多くの意味に用いられる。そこで六祖の語を、後代の禅者たちが「何ものかが、このように（ありのままに）現前している」と解釈したのである。「何ものか」とは、言説で示すことのできない真理をいう。一般に仏教では、真理（サティヤ satya、あるべきものの意味）は、現実にあるものを、ありのままに悟ることにほかならないと主張して、現実以外に特別の真理を認めない。それを大乗仏教ではタタター tathatā（そのようにあること、かくあること）といい、中国人はそれを「真如」「如々」「如是」「只麼」と訳した。ここにいう「恁麼」もその意に用いる。参照「直趣無上菩提、しばらくこれを恁麼といふ」（恁麼）。出典「（六祖）問ふ〈什麼のところより来る〉。（南岳）いはく〈嵩山より来る〉。祖いはく〈什麼物か恁麼に来る〉いはく〈一物を説似するにすなはちあたらず（言句で表現することはできない）〉、祖いはく〈また修証すべきや否や〉、いはく〈修証はすなはちなきにあらず、染汚することはえじ（修行もさとりもないことはないが、それに捉われはしない）〉。祖いはく、〈ただこの不染汚は諸仏の護念するところなり。汝すでにかくのごとし。われもまたかくのごとし〉」（景徳伝灯録巻五）。この問答が、道元の修証一如の仏法の典拠となるのである。

四〇二　吾常に是において切　　洞山良价（↓人名26）の語。出典「（僧）問ふ、〈三身のうち、いづれの身か衆数に堕せざる〉師いはく、〈吾はつねに此において切なり〉」（最徳伝灯録巻一五）「切」とは、「親切」「親密」「迫切」に同じで、そのものと一体となって、そのものを究め尽くしていること。そのほかに何ものもなく、言句で言い尽くせないこと。

四〇三　父母所生の面目　　日常的なありさま。聞解「しるべし父母所生の眼横鼻直なることが、人々そなはる本来の面目」。

四〇四　父母未生の面目　　自分を生んだ父母さえ未だ生まれていない時の面目。迷悟凡聖を超えた本質のこと。↓註一六六

四〇五　現成道成の時節なり　　聞解「生不生にあらず、有無を離る。けれども現成して画餅といふ相はあるなり。有ることはあれども、画なる故に餅の用をなさぬ。これ有無を離れたるなり」。

四〇六　去来の見聞に拘牽せらるる　　聞解「畢竟不生なる故に、見聞にひかれぬ」。

四〇七　餅を画する丹臒は、山水を画する丹臒とひとしかるべし　啓迪「丹臒は絵の具だ、彩りだ。これは解脱の義を表する。彼もこれもみな解脱だから、今の生餅と山水の色とは同じじゃ、一切衆生みな解脱じゃ」。

四〇八　画餅を画するには米麵をもちゐる　　啓迪「あの団子になってをる餅が直きに画餅じゃ」。↓前註

四〇九　その所用おなじく、功夫ひとしきなり　　聞解「これで知るべし、餅も画も自体無性にして畢竟空の法に等しといふことを」。

四一〇　みなこれ画図より現成するなり　　聞解「十界の諸法みな画餅なり」。

四一一　画等・餅等・法等　　御抄「一法一法究尽の道理が此のごとくいはるるなり」。

四一二　一時現なりといへども、一時不現なり　　これについて諸註は、「一時現即一時不現」と解しているが、ここでは「この法は人人の分上にゆたかにそなはれるといへども、いまだ修せざるにはあらはれず、証せざるにはうることなし」（辦道話）の意味に解する。

四一三　老少の相にあらず　　年齢の長短にかかわらないこと。↓註四四二

四一四　這頭　　このところ、そのところ。

四一五　十二時使にあらざれども　　啓迪「いまいふ飢は、世間でいふ飢のことでないといふことだ」。

四一六　相見する便宜あらず　　直訳「とりたてて飢えが画餅に逢うことはない」。御抄「実はこの飢、十二時にあらず、只画餅なるべし」。

四一七　活計つたはれず、家風つたはれず　　御抄「活計つたはれず宗風つたはれずとは、右に挙ぐる所の道理あるべからずといふ心なり」。「家風」↓註四一

四一八　飢も一条拄杖なり、横担・竪担・千変万化なり　　御抄「みな飢の一法のほかに交り物あるべからず」。

四一九　餅も一身心現なり、青黄赤白・長短方円なり　　御抄「飢（すなはち餅）の尽界を尽す道理なるべし」。

四二〇　七宝四宝　　「七宝」↓註一九三。「四宝」とは、日蔵光明大宝、離潤光明大宝、光焔光明大宝、尽無余光明大宝をいう（↓註六一、引用文）。

四二一　四大五蘊　　「蘊」はスカンダ skandha の訳で、集合の意。「五蘊」とは、物質、感覚作用、表象作用、意志作用、心の本体のこと。このうちの物質が、地水火風の四大元素（四大）に分かたれる。釈尊は、具体的な一つ一つの事物が、あら

ゆる条件によって五蘊が集っているに過ぎないから、「我《われ》」として執着すべき実体はないと主張した。したがって五蘊説は、仏教の無我説の前提をなすものである。

四二二　泥龕土塊　「泥龕」とは、金泥などで描かれた龕（仏像を安置する室）のこと。「土塊」は、黄土などからつくった絵具のこと。

四二三　三十二相　釈尊と転輪王に具わるとされる三十二のすぐれた外見のこと。

四二四　一茎草　↓註二七六

四二五　三祇百劫の熏修　菩薩が発心してから仏に至るまでの修行のこと。「祇」（アサンキャ asaṃkhya）、「劫」（カルパ kalpa）は、共に極大の時間の単位。

四二六　石烏亀　出典「（僧）問ふ、〈如何なるかこれ祖師西来の意〉、師（竜牙居遁、八三五—九二三年）いはく、〈石烏亀の語を解するを待ってすなはち汝に向っていいはん〉」（景徳伝灯録巻一七）

四二七　道は成じて白雪千扁し去り　出典不明。

四二八　大悟話　祖師の悟道をあらわすことば。

四二九　十号　ほとけの十の尊称のことで、如来《にょらい》、応供《おうぐ》、正《しょう》遍知《へんち》、明行足《みょうぎょうそく》、善逝《ぜんぜい》、世間解《せけんげ》、無上士《むじょうし》、調御丈夫《ちょうごじょうぶ》、天人師《てんにんし》、仏世尊《ぶっせそん》をいう。

四三〇　三明　過去を知る力、未来を知る力、現在を知って煩悩を断つ力。

四三一　根・力・覚・道　悟りに至る機能、能力、過程、方法。

四三二　雲門匡真大師　匡真は賜号　↓人名30

四三三　いかにあらんかこれ超仏越祖之談　出典、雲門広録巻上。「糊餅」（＝胡餅）、胡麻を入れた餅のこと。

四三四　聞著せざる鉄漢あり　啓迪「糊餅と一度聞いただけで、直きに認得しておしかへして問はぬ、疑著せぬ」。

四三五　展事投機　修行者が自己の問題をのべ、師がそれに対して精妙な応答をして両者の機が投合すること。「機」については　↓註六二

四三六　入仏入魔の分あり　聞解「却来《きゃらい》しては仏にも入り魔にも入り衆生にも入る。どの様にも用ゐらるるなり」。

四三七　脩竹芭蕉画図に入る　出典、如浄和尚語録巻上。

四三八　陰陽　中国古代の哲学である易によれば、陰と陽の二元が交互に作用して、宇宙を支配し万象を生成するという。

四三九　大聖、陰陽を測度することあたはず　御聴書「測度せずといひぬれば、能所をおきて見る覰見にてはなきなり」。↓次註

四四〇　法等なり、測度等なり、道等なる　「測度」とは、主観的作用のこと。また、主観と客観が一体になって、差別がなくなってしまうこと。聞解「陰と陽とが心法とひとしく、また測度とひとし。これ、向ふに法があるでないから、測度ならぬ」。

四四一　大海・須弥　↓註二〇六

四四二　一老一不老　時間的対立を超えていること。御聴書「たとえば、会不会といふがごとし」。出典「道は無心にして人に合す。人は無心にして道に合す。箇中の意を識らんと欲せば、一は老いて一は老いず」（洞山良价の詩、景徳伝灯録巻二九）

四四三　眼裏に筋骨なし、色裏に膠膘あらず　「眼のなかに筋骨はなく、絵具のなかに膠《にかわ》はない」という意。眼は眼、絵具は絵具として前後際断していること。

四四四　須臾刹那　ムフールタ muhūrta クシャナ kṣaṇa の訳

で、共に極小の時間のこと。

四四五　竹声を聞著して大悟せんもの　出典、註三九二のつづき、「（香厳）つひに泣きて潙山を辞して去る。南陽にいたり、忠国師の遺跡をみ、つひに憩止す。一日、瓦礫をもって竹を撃つに声おこる。にはかに失笑する間、廓然として惺悟《せいご》する」。

四四六　凡聖の情量　那一宝「大悟の正当恁麼時、凡聖の情量を脱し、長者は長、短者は短、みなこれ画図にして、長短の図相応するなり」。

四四七　那竿恁麼長を得る　直訳「あの竹は長い」。

四四八　這竿恁麼短を得る　直訳「この竹は短い」。

四四九　長短の図かならず相符する　聞解「これみな画なるゆゑに、長に長なるもの無く、短に短相なし。ゆゑにその図が、長は長で長法身にちょうど符《わりふ》が合ひ、短は短で短法身にちょうど合ふ」。

四五〇　画餅にあらざれば充飢の薬なし　御抄「画餅の法界を尽すとき、飢あるべからず。画餅究尽の理のほかに、余物交はるべからず。ゆゑに画餅不充飢といふなり」。

四五一　転物物転　自己が物を転じ、物が自己を転じること。参照「長沙景岑禅師にある僧とふ、〈いかにしてか山河大地を転じて自己に帰せしめん〉。師いはく、〈いかにしてか自己を転じて山河大地に帰せしめん〉」（谿声山色）

四五二　諸仏如来　聞解「まず現在十方の諸仏、さて三世の如来といふ心」。

四五三　妙法　→註三

四五四　阿耨菩提　阿耨多羅三藐三菩提アヌッタラ・サンミャク・サンボーディ（anuttara-samyak-sambodhi）の略。無上正等覚と訳す。仏の悟りがこの上なく勝れ、正しく平等円満であるという意。

四五五　無為　アサンスクリタ asaṃskṛta のことで、作為を超えたもの、無心、無我、無目的、無思量、無所得の意（→註六八七）。道元は習禅（さとりをうるための手段としての坐禅）を否定して、「初心の辦道すなはち本証の全体なり。かるがゆゑに、修行の用心をさづくるにも、修のほかに証をまつおもひなかれとをしふ」（辦道話後段）、「無所得無所悟にて端坐して時を移さば、すなはち祖道なるべし」（随聞記第五）と説く。

四五六　自受用三昧　広大な悟りの境地にひたり、みずから楽しむこと。仏がみずから楽しむ面を「自受用」といい、そこから衆生救済へ乗り出して、その楽しみを分ちあたえる面を「他受用」という。「三昧」はサマーディ samādhi の音写で、「定」「禅定」と訳す。心を集中して安定した状態に入ることをいう。

四五七　その標準なり　聞解「三世十方の諸仏如来、ともに寸分も違はぬは、自受……坐禅を標準と、目じるし手本とする」。

四五八　端坐参禅を正門とせり　参照「おほよそ西天東地に仏法つたはるるといふは、かならず坐仏のつたはるるなり」（坐禅箴）。「また話頭によりてさとりをひらきたる人あれども、それも坐の功によりてさとりのひらくる因縁なり。まさしく功は坐によるべし」（随聞記第五）。もともと、達磨大師が中国にもたらした禅では、坐禅がその中心的な方法であった。ところが後代の中国に、いわゆる公案禅、あるいは話頭禅の形の禅が発達して、公案にかくされた真理を悟ることによって、自己の本性を徹見することに重きをおいた。公案禅は中国人の逆説的叡智の所産であって、言説によって表現することのできない真理を体得するためのすぐれた方法であるが、仏教本来の経典を無視し、坐禅を見性のための手段とするという弊害も強かった。道元はそのような傾向を排して、あくまでも仏道の中心は釈尊以来の純禅にあると主張したのである。

四五九　この法　妙法のこと（聞解）

四六〇　修せざるにはあらはれず、証せざるにはうることなし　参照　↓註五七参照文。

四六一　各各の方面に知覚をのこさず　↓註五四、一七五

四六二　各各の知覚に方面あらはれず　↓註五三、三七二

四六三　証上に万法をあらしめ　聞解「仏境界を呑込んで疑ひのない時じゃ。この時は知覚を離れた境界じゃによって万法がいくら顕れても、一つも取て除《すて》ることはない」。

四六四　出路に一如を行ずる　聞解「然れども、その万法の上をただ置けば、凡夫に堕すから、あらしめた万法の上を出身せねばならぬを、出路といふじゃ。けれども脇へ出るではない。万法を一如と知るまでじゃ」。参照「入頭の辺量を逍遙すといへども、ほとんど出身の活路を虧闕す」（普勧坐禅儀）

四六五　超関脱落　私記「罣礙なきをいふ」

四六六　節目　竹の節、木の目のこと。差別のさま。

四六七　建仁の全公　仏樹明全。　↓人名38

四六八　祖師西和尚　栄西禅師。　↓人名37

四六九　両浙　浙江の西と東のこと（中国の東部）。唐代の五山（径山、霊隠山、浄慈山、天童山、阿育王山）があって、禅風が盛んであった。

四七〇　浄禅師　天童如浄。　↓人名36

四七一　紹定のはじめ　実際は宋の年号で紹定元年の前年、宝慶三年（日本の安貞元年、西暦一二二七年）。この年に紹定改元が布告された。

四七二　激揚のときをまつ　本巻が執筆された一二三一年頃には、まだ新仏教に対する旧仏教の側の反感がはげしかった。一一九四年、栄西は禅宗停止の宣下をうけ、また一二〇七年、浄土門の念仏が禁止された。このとき、栄西の臨済宗は時代によく適合して宗門を興隆したが、正法を伝えることを第一義として、時代に妥協することを拒んだ道元は、将来、激しく伝道教化する時を期して待とうとするのである。

四七三　般若　↓註五四

四七四　貧道　僧の自称、謙遜していうことば。

四七五　禅林　禅の修道場のこと。修行者の来集和合するさまを林に譬えたもの。叢林に同じ。

四七六　閑道　解脱道のこと。参照「此の田地に到らば、之を絶学無為の閑道人と謂ふ也」（諸法実相）

四七七　かも　＝かな

四七八　大師釈尊　↓人名1

四七九　霊山　グリドラクータ Gṛdhrakūṭa（霊鷲山《りょうじゅせん》の略）の訳。中インド、マガダ国の首都ラージャグリハ（王舎城）の東北にある山。

四八〇　迦葉　↓人名2

四八一　菩提達磨　↓人名6

四八二　神丹国　真丹、震旦に同じ。インドからシナを指す呼名。チーナスターナ Cinasthāna の音訳か。

四八三　慧可大師　↓人名7

四八四　六祖大鑑禅師　↓人名11

四八五　ことき　＝このとき

四八六　東漢　聞解「東方なり、漢土なり」。

四八七　節目　啓迪「ここは前の節目（↓註四六六）とは違って、正しく天台の四教、華厳の五教等、教者の立義をいふ」。

四八八　南岳の懐譲　↓人名12

四八九　青原の行思　↓人名13

四九〇　仏印　「仏心印」に同じ。坐禅をしている仏の心、形。

↓註四九五

四九一　見在　＝現在

四九二　五家ことなれども　一般に「法眼宗は詳明、潙仰宗は謹厳、曹洞宗は細密、雲門宗は高古、臨済宗は痛快」と評する。

四九三　一仏心印　↓註四九〇

四九四　葛藤の根源をきり　私記「言語の糟粕のこらざるなり」。

四九五　三業に仏印を標し　「三業」とは、身、口、意のこと。聞解「結跏趺坐は身業の仏印なり。舌の上齶をささふるは口業の仏印なり、不図作仏、非思量の境界は意業の仏印なり」。

四九六　遍法界みな仏印となり　私記「一即一切なるがゆゑに、法界虚空みな仏印となるなり」。

四九七　本地　衆生を導くために他神の姿をとるのではない、本来の諸仏のこと。

四九八　十方法界　東西南北等の八方および上下の世界のこと。

四九九　三途六道　「三途」は地獄道、餓鬼道、畜生道で三悪道ともいい、これに天上道、人間道、修羅道を加えて「六道」という。衆生が輪廻するといわれる道程。

五〇〇　証会の辺際を一超して　聞解「そこを守っては居らぬ。悟辺に滞らぬことじゃ」。参照「悟迹の休歇なるあり、休歇なる悟迹を長長出ならしむ」（現成公案）

五〇一　無等等の大法輪を転じ　↓註三一

五〇二　究竟無為　↓註四五五

五〇三　深般若　↓註五四

五〇四　したしくあひ冥資する　聞解「吾も知らず人も知らずに相たすくるみちが通ふといふこと」。

五〇五　本証　↓註一四、五一〇

五〇六　展転広作　次々と広く働くこと。

五〇七　当人の知覚に昏せざらしむる　↓註一七五

五〇八　静中の無造作　↓註四五五

五〇九　直証　坐禅が直ちに悟りであるということ。↓次註

五一〇　修証を両段にあらせば　道元の仏法の基本的な立場は、「修証不二」あるいは「本証妙修」「証上の修」などという語によって知られている。前者は、修行と証果は対立するものではないということであり、後者は、衆生に本来具わっている悟りの上に修行の全体があるということである。このような明確な考え方によって、大乗仏教の一切衆生救済の思想が、新たな理論的完成を得たといってよいであろう。この思想の依って立つところは、南岳懐譲の「修証はすなはちなきにあらず。染汚することはえじ」という語と、それに対する六祖の「ただこの不染汚（対立をこえた純粋な行い）は、諸仏の護念するところなり。汝すでにかくのごとし。われもまたかくのごとし」という印可証明の語であろう（↓註四〇一）。これについて道元は、「きかずや祖師のいはく、修証はすなはち無きにあらず、染汚することはえじ。又いはく、道を見るもの、道を修すと。しるべし、得道のなかに修行すべしといふことを」（辦道話後段）と解説している。

五一一　証則　本証の法則、またはそれの働くところ。↓次註

五一二　心境ともに　心も対象も同時に、という意（↓註四九六）。聞解「一切の上に本証則が行はれてやすむことはない。それじゃから凡聖等一、無自無他とも示さる」。

五一三　証入悟出　↓註一四

五一四　同修なり、同証なり　聞解「彼々一等の同修同証で、

凡夫聖人の隔てはない」。

五一五　幢の前後に妙声綿綿たるものなり　　聞解「坐禅する前も、坐禅する後も、虚空の妙声が綿々と続いて断えぬ」。

五一六　このきは　　聞解「この際といふは、空をつくの前際後際の妙声のみに限らんや」。

五一七　百頭みな本面目に本修行をそなへて　　万物が本面目、本修行をもともと具えているというよりも、一人一時の坐禅によって万物が本面目、本修行を具えると解した方が原意に近かろう。訳文ではその意をとって、「みな仏としての本来の姿と本来の修行を現わして」とした。参照「仏性は成仏よりさきに具足せるにあらず、成仏よりのちに具足するなり」(仏性)

五一八　無量恒河沙数　　ガンジス河(ガンガー Gaṅgā)の砂の数、つまり無限のこと。

五一九　仏性　　ブッダター buddhatā あるいはブッダトヴァ buddhatva の訳で、覚者の本性、悟りの可能性、人間の宗教性をいう。インド仏教の初期には、仏、菩薩以外の成仏は説かなかったが、のちに上座部の実在論者のグループ(↓註二八)は、「一般の人間には先天的な仏性はないが、修行によって仏性がえられる」と説いた。また涅槃経は、「すべての衆生はみな仏性を有するが、身心を迷わせる精神作用によって覆われていて、これを払い除くことによって仏性が顕われる」と説いている。

五二〇　一切の衆生は、悉く仏性を有す　　原書、漢文。「一切衆生、悉有仏性、如来常住、無有変易」(涅槃経巻二七、師子吼菩薩品)。この語は一般に上掲のように読まれるが、道元はこれを拡大して解釈して、「一切衆生、悉有(一切存在)は仏性なり」と読むのである。これは言語学的にみれば相当無理な読み方であるに違いない(右の漢文中の「有」は所有の意味をあらわす動詞である。サンスクリット語の原文は現存しないが、サンスクリット語の構造からいって、そこでは名詞の所有格をもって所有の意味をあらわしていたと考えられる)。しかし、この語をこのように解釈することによって道元は、一切衆生救済の可能性を主張する大乗仏教の立場を更に発展させて、一切存在の救済の可能性を主張するのである。これはちょうど親鸞が、「至心廻向、願生彼国、即得往生、住不退転」(無量寿経巻下)を「至心廻向して……」と読まずに、「……至心に廻向したまえり。かの国に生れんと願はば、すなわち往生を得て不退転に住せん」と読みかえたことと対照できるであろう。

五二一　師子吼　　涅槃経師子吼菩薩品に因む。↓前註

五二二　頂𩕳眼睛　　御聴書「全体是なる道理なり」。↓註二五五

五二三　正嫡わずか五十代……西天二十八代　　達磨はインドの第二十八祖、および中国の初祖として数えられる。したがって実質的には西天二十七代、東地二十三代で五十代となる。

五二四　是什麼物恁麼来　　御聴書「是は衆生も悉有も仏性も、皆同じだけなるあひだ、恁麼来の道理なり」。↓註四〇一

五二五　道転法輪　　「道」は、ことば、教え。「転法輪」↓註三一

五二六　悉有は仏性なり　　↓註五二〇

五二七　悉有の一悉を衆生といふ　　御聴書「悉有は迷なり、悉有は悟なり、ないし悉有は生なり、悉有は死なりと談ぜむ、相違ふべからず。然して、今は悉有は仏性なりとある所の詞を、今、悉有の一分を衆生といふとは書かるるなり」。

五二八　単伝する皮肉骨髄のみにあらず　　聞解「単伝するは、達磨の二祖へ単伝せらるるなり。それのみでない。汝得吾皮……およそ汝なるものは、四大五蘊なりとある。一切衆生みな

汝なり」。→註三三六

五二九　汝得吾皮肉骨髄なるがゆゑに　聞解「およそ汝なるものは、みな吾が達磨の皮肉を得てゐる。故にみな仏祖の悉有なり」。→前註

五三〇　仏性に悉有せらるる有　啓迪「皆それに在らせられて、それに成り切ってゐるといふことである」。

五三一　有無の有にあらず　知的論議によっては解決できない問題だという意。→註一二九

五三二　悉有は仏語なり、仏舌なり、仏祖眼睛なり、衲僧鼻孔なり　仏道の立場からいう有であって、明白に現前するという意。

五三三　悉有の言、さらに始有にあらず、本有にあらず　直訳「ここにいわれる悉有ということばの意味をいえば……」。啓迪「この悉有の有といふのは、仏性がはじめてできたといふので有といふのではない。なぜ。衆生本来成仏だから。そんなら本有か。いやそうでもない。なぜ。修せざるには現はれぬから」。

五三四　衆生悉有の依正　直訳「衆生悉有の主体も客体も……」悉有である仏性をさす。啓迪「悉有といふ時は、依正ともに仏性だといはれる」。「依正」→註七〇

五三五　尽界はすべて客塵なし　「客塵」とは、煩悩のこと。聞解「尽界みな仏性の悉有で、塵埃とすべきものなし」。

五三六　直下さらに第二人あらず　啓迪「尽界に第二人はない。そんなら第一人は何者か。仏性人ただ一人きりである」。

五三七　直截根源人未識、忙忙業識幾時休　本来は「直ちに根源を截るを人未だ識らず……」（直ちに迷いの根を断ち切ることを人は知らないので、迷いの休むときがない）と読むのであるが、道元はそれを「直ちに根源を截る人は未識なり……」（直ちに迷いの根源を断ち切った人は思慮分別をはなれ、迷悟の対立をこえている）と読むのである。私記「直截根源人未識とは、しるべき自他なきなり」。御聴書「この業識はみな仏性と心得るべきゆゑ、この道理が幾時休とはいはるるなり」。参照「直截根源仏所印」（証道歌、永嘉玄覚（六七五―七一三年）の作）。「業識」→註五八七、五九〇

五三八　偏界不曾蔵　出典「僧あり。明窓の外に在りて問ふ、〈咫尺《しせき》の間に什麼としてか師の顔をみざる〉師（石霜）いはく、〈我、遍界曽て蔵さずといはん〉」（景徳伝灯録巻一五）

五三九　偏界我有は外道の邪見なり　→註八、五四三

五四〇　是什麼物恁麼来　→註四〇一

五四一　平常心是道　出典「（趙州）南泉に問ふ、〈如何なるかこれ道〉、南泉いはく〈平常心これ道なり〉、師（趙州）いはく〈また趣向すべきや否や〉、南泉いはく〈向はんと擬すればすなはちそむく〉、師いはく〈擬せざるとき、如何にしてこれ道なることを知らん〉、南泉いはく、〈道は知と不知とに属せず〉（景徳伝灯録巻一〇）

五四二　悉有中に衆生快便難逢なり　本来は「悉有（仏性）は衆生に逢い難い」という意であるが、この場合は、仏性と衆生が一体であるから、ことさらに対立しないこと。御聴書「衆生悉有一物なれば難逢なりとも心得るべし」。

五四三　先尼　セーニカ Senika の音写で、有軍とも訳す。釈尊在世のころのバラモンの学者で、当時の有力な有我論者。「身は滅しても霊は常住不滅である」と主張したが、釈尊に説破されて帰依したといわれる（涅槃経巻三九）

五四四　風火の動著する　「著」は助字。「風火」とは物質を代表する語で、この場合は身体のこと。ただし身体は精神作用と切り離して考えることができないというのが仏教の伝統的な考

え方であるから、ここでは前後の意味を通じさせるために「身心の働きによる……」と訳した。参照「身心を挙して色を見取し……」（現成公案）。御聴書「風火の動著といふは、この依身は地水火風空の五大をもって成るなり。これを指すなり」。

五四五　仏性は覚知覚了にあらざるなり　聞解「仏性は非思量なもので、覚知覚了にはあらざるなり」。

五四六　一両の仏面祖面、これ覚知なり　聞解「覚者知者とは、一両（一箇二箇）の仏面目、祖面目の現成する処をいふ。仏面祖面とは、名状性相、動不動を離れた、是什麼物なる非思量の境界なり」。

五四七　稲麻竹葦　数の多いこと。

五四八　真箇の動著　聞解「風動くにあらず、幡動くにあらず、仁者の心動くといふが……真箇の動著は仁者心動で、動に動なる物がない」。参照「（六祖）〈風、幡の動くにあらずして、自心動く〉といふを以てするのみ」（景徳伝灯録巻五）

五四九　仏之与性達彼達此　「之」「与」はともに「と」という意。御聴書「仏は修にあらはれ、性は内に具足すと思へり。是は達彼達此の義にあらず」。私記「仏と性と差別あるにあらざるなり。仏と性と、彼と是と、みな大解脱なれば、達達といへるなり」。参照「仏之与道、ただこれ名字なるのみ」（景徳伝灯録巻一五、洞山の語）。

五五〇　百雑砕にあらず　御聴書「諸のすがたを集めたるにもあらず」。

五五一　一条鉄にあらず　御聴書「一をまろめておきたる姿にもあらず」。

五五二　拈拳頭　聞解「衲僧門下で拳頭を拈起するこの時に現成する仏性なるゆゑに」。「拳頭」はにぎりこぶし。本来の面目に同じ。→註二五五

五五三　諸聖と斉肩なるべからず　啓迪「つまりは諸聖と仏性とは一つのものゆゑ、仏性と諸聖の二つに見るなといふを、斉肩すべからずといふ」。

五五四　仏性と斉肩すべからず　聞解「心は心を見ず、刀が刀を切らず。これはただ、ものが二つならばぬをいふ」。

五五五　ある一類　種子説は、マイトレーヤ（弥勒、二七〇―三五〇年頃）、アサンガ（無著、三一〇―三九〇年頃）、ヴァスバンドゥ（世親、四―五世紀頃、無著の弟）などにはじまる唯識派によって唱えられた。

五五六　条条の赤心　御聴書「たとへば凡夫の思ふがごとくの草木種子芽茎枝葉花果なりとも、ただふさねて、皆仏性なりと談ずるべきなり」。

五五七　不空　御聴書「これは眼前の謂なり」。

五五八　震旦第六祖……　→人名11。「震旦」　→註四八二

五五九　五祖　→人名10

五六〇　なんぢいづれのところよりかきたれる　出典、景徳伝灯録巻三。

五六一　嶺南人　嶺南とは、南嶺（中国の中部と南部の分界をなす山脈）より南の地方のこと。六祖は広東省の西南、新州に生まれた。その当時この地方はまだ文化が開けていなかった。

五六二　阿笈摩教　パーリ語のアーガマ āgama の音写で、阿含に同じ。「来ること」「万法の帰するところ」という意味から、仏陀の説いた教えを指すようになり、さらに西暦紀元前後に大乗仏教が興起してからは、上座部仏教の異称になった」。

五六三　成仏よりのちに具足するなり　私記「仏性は前後際断なるがゆゑに、具足せるにあらず、具足するなり。ただこれ仏性のあとさきなり。仏性かならず成仏の同参するなりといふゆゑんなり」。参照「この法は、人人の分上にゆたかにそなはれ

りといへども、いまだ修せざるにはあらはれず、証せざるにはうることなし」（辦道話）
五六四　十聖三賢　菩薩（→註一四一）の修行の段階を五十位に分けて、はじめの三十位を三賢、四十一位から五十位までを十聖という。「賢」とは、惑いを伏すること。聖とは、惑いを断つこと。
五六五　正的　正しいめあて、標準、課題。参照「この曹山は雲居の兄弟なり、洞山の宗旨、このところに正的なり」（海印三昧）
五六六　難得難聞なる　得がたく尊いこと。参照「近日は大宋国の天下に難得なるべし、ありがたかるべし」（仏道）
五六七　一隅の搆得あり……　「搆得」とは、了解のこと。啓迪「……という一面（裏）の意味もあるぞ」。
五六八　罣礙の力量ある　私記「森羅万象は、悉くこの無性に罣礙せらるるなり」。「罣礙」→註三五
五六九　迦葉仏　釈迦牟尼仏の前仏とされているカーシャパ・ブッダ Kāśyapa Buddha のこと（→註三三九）。摩訶迦葉とは異なる。
五七〇　釈迦牟尼仏　→人名1
五七一　諸仏は、作仏し転法するに、悉有仏性と道取する力量あるなり　聞解「迦葉仏も釈迦仏も、お手前の自行では作仏し、化地では転法輪（→註三一）する中に、悉有仏性と道取する。みなこの四祖五祖の無仏性の道得よりあらはれたものなり。然れば、三世仏と四祖五祖と同皮同肉で、前後順逆はない」。
五七二　無無の無に嗣法せざらん　直訳「衆生有仏性というおしえの本質が、衆生無仏性という語によって伝えられるのである」。聞解「……無と、悉有の有と、血脈通貫するから、その間に髪を容れず、すきまがないから、嗣法している」。
五七三　その人　＝本分人（→註一四）。参照「むかしよりいまだ一語をも道著せざるを、その人といふこといまだあらず」（心不可得）
五七四　撈摝、撈波子　「撈摝」とは、水中に沈んで魚を掬いとること。「撈波子」とは、竹で作った道具で、えびをとるのに用いる。ともにねんごろにまなぶこと。
五七五　拈放　脱落、超越の意。聞解「放下拈得で取捨之義」。
五七六　質礙　物質的存在。
五七七　虚融　虚空のように非物質的な存在。
五七八　趙州真際大師　→人名20
五七九　狗子還仏性有りや也た無しや　出典、宏智広録巻一、聯灯会要巻六。
五八〇　鉄漢また学道するか　鉄漢は仏法辺を超越した禅僧。
五八一　あやまりて毒手にあふうらみふかし　聞解「ひとたび誤りて問ひ、知識のあらい毒手に逢うて、法の骨髄に徹した。そのかたじけなさが、尽未来忘られぬ」。
五八二　三十年よりこのかた、さらに半箇の聖人をみる　出典「石鞏、つねに弓を張り、箭を架して、以て学徒をまつ。師（三平義忠）、法席に詣る。鞏いはく、〈箭を看よ〉、師、すなはち胸を擘開す。……鞏いはく〈三十年、一張の弓と両隻の箭をもって、ただ半箇の聖人を得しことを謝す〉」（景徳伝灯録巻一四）
五八三　仏性の自称する無も恁麼道なるべし　啓迪「今は趙州が取立てて無といふようじゃが、たとひ仏性が出て来て答へても、無としかいはれまい」。
五八四　消石の日　御聴書「日のつよく照らす時は、消石の用あるなり。その定めに、今仏性の究尽する力量に、皆けさるる

なり。所詮、仏性のつよく照らす時、仏性のほかに余物なき心地なり」。

五八五　一切衆生無ならば　　ここは「一切衆生にはみな仏性があるのに、どうして犬にはないのですか」という語についての説明であるから、当然「一切衆生有ならば」と述べるべきところ、ここでは、「一切衆生無ならば」といっている。これについて御聴書は「然るは、狗子も仏性も無も一詞なりと心得ぬべし。随って一切衆生無ならば、仏性も無なるべし、狗子も無なるべしと之を釈さるるなり」と註している。つまり「仏性」という語を「無」という語に置き換えてみればいいというのである。なぜならばこの「無」は、有無の無ではなく、すべての対立を超えた無だからである。→註一〇、五八九

五八六　狗子仏性、なにとしてか無をまつ　　聞解「狗子仏性も無ならば、趙州の無といはぬ已前から無仏性なり」。

五八七　業識　　無明を根本として起こる妄心のこと。

五八八　為他有は業識なり　　直訳「いぬのもっているものは業識である」。

五八九　業識有、為他有なりとも、狗子無、仏性無なり　　直訳「為他有（いぬのもっているもの）、業識（妄心）がそのまま仏性無である」。御聴書「為他有といふに、今無といふは相違したるようなれども、この有無また差別あるべからず。仏性の上の解脱の上の詞なれば、さらに相違の法となるべからず」。

五九〇　業識いまだ狗子を会せず　　御聴書「一法を証すれば、一方はくらしといふ程の義なり」。→註一八、五四二

五九一　双放双収すとも、なほこれ業識の始終なり　　御聴書「放収ともに仏性の始終なりといふ心地なり。業識の始終といはるるは、仏性の始終なり」。

五九二　搆得趙州　　御聴書「趙州の心地をよく心得て問取するなり」。「搆得」→註五六七

五九三　有部　　説一切有部（サルヴァースティヴァーディン Sarvāstivādin）のこと。→註二八

五九四　仏有　　有無の対立を超えた有のこと。→註一〇

五九五　皮袋　　肉体のこと。→註一三二

五九六　既有は孤明なり　　聞解「この仏性の既有は、孤明歴々遍界不蔵なり」。

五九七　入之一字も不用得なり　　那一宝「菴中不死人は誰なりとも、常に在りて莫離なるがゆゑに、知而故犯して出入するものあるか。出入の蹤跡を求むるに不可得なり」。出典「陸（郎中）いはく、〈弟子因みに涅槃経を看るに、云へることあり、煩悩を断ぜずして涅槃に入ると。箇の安楽の処を得たり〉、師（仰山）、払子を竪起していはく、〈只這箇のごとき、作麼生か入らん〉陸いはく、〈入之一字も不用得〉」（聯灯会要八章）

五九八　菴中不死の人を識らんと欲せば……　　「菴中不死の人」とは、仏性のこと。御聴書「尽十方界真実人体の人を以て、不死人とは指すなり」。出典、草菴歌（石頭希遷の作）

五九九　知而のゆゑに故犯あるべきなり　　弁註「知犯は仏辺事なり、仏性を知り、仏性を犯する（実現する）なり」。本書ではその意をとって「思慮分別があるから修行する（仏性を知り、仏性を犯す）のである」と訳した。→註六〇五

六〇〇　驢前馬後漢　　周囲をうろうろしていて、真実を悟らないもののこと。出典、景徳伝灯録巻十二、睦州の語。

六〇一　雲居高祖　　→人名27。「高祖」は、曹洞宗の直系の師に対する敬称。

六〇二　たとひ仏法辺事を学得する……　　出典、五灯会元一三章。

六〇三　ひさしくあやまりきたること、日深月深なりといへども

聞解「少し錯りはじめてより日月深く、久しくたけてある。さはあれども、このあやまり来たるによりて、仏祖ともにこの皮袋に入る。脱体の行袋は故犯のゆゑに、覆蔵すとはいへども有仏性なり」。

六〇四　這皮袋に撞入する　＝脱体の行履を覆蔵する（↓本文、前註）

六〇五　知而故犯なりとも有仏性なるべし　御聴書「日深月深なりとは、積功累徳の心地なり。この道理を以て結する句に、知而故犯なりとも、有仏性なるべしとあるなり」。

六〇六　長沙景岑和尚　↓人名19

六〇七　竺尚書　伝記不詳。尚書は官名。

六〇八　蚯蚓斬れて両段と為り……　出典、景徳伝灯録巻一〇。

六〇九　風火　↓註五四四

六一〇　未斬時は一段なりと決定するか、仏祖の家常に不恁麼なり　啓迪「もとより一でもない両でもない。蚯蚓はどこまでも蚯蚓じゃ。さてそこに一の両のという自性があるか」。

六一一　定は動かし智は抜く　出典、涅槃経巻三一。「定」↓註四五六

六一二　風火未散はほとけ法をとく　聞解「諸法は元来無性なものゆゑに、五蘊の中になにも散ずべき物がない。ここは脱落身心で、諸法の当体がそのまま脱落で、仏を説く」。

六一三　法ほとけをとく　「ほとけが法を説く」というとき、説く仏も、説かれる法も一体であるから、こういう。参照「ほとけ法をとく、法ほとけをとく。法ほとけにとかる。ほとけ法にとかる」（仏教）

六一四　説法の一音なる到来の時節なり　聞解「法は一音なり。さまざまに説き分けれども、ただ一音の法じゃ。これは上の未散風火の意を釈す」。

六一五　神不神　神＝精神作用。

六一六　無始劫来は、痴人おほく識神を認じて仏性とせり　出典「学道の人の真を識らざるは、ただ従来、識神を認むるが為なり。無始劫来の生死の本、痴人よんで本来の身となす」（景徳伝灯録巻一〇、長沙が竺尚書に与えた詩）。「識神」↓前註

六一七　拕泥滞水　老婆心をもって衆生を教化すること。

六一八　牆壁瓦礫　聞解「牆壁瓦礫がみな仏性なり。一切処、一つも外の物はないじゃによりて」。↓註一九二

六一九　還委悉す麼　直訳「くわしく知っているであろうか」。

六二〇　三頭八臂　御聴書「三頭八臂はただ無量頭無量臂なり。仏性の面になりて、臂ともかしらとも、いはるるなり」。↓註九五

六二一　行持　持続的修行によって仏法を護持すること。出典「仏に十一持あり……、第九に行持。いはく如来往昔、一切殊勝の妙行を勤修して、無量無辺、つねに厭足せず。これを行持と名づく」（華厳経巻五三）

六二二　道環　時間空間に亘って、環のように連続して、端なく終わりなく、めぐりめぐっていること。御聴書「教行証ひとつなる道理を道環といふべし」。

六二三　不曾染汚の行持　↓註五一〇

六二四　みなその功徳をかうぶる　御聴書「大地有情同時成道これなり」。

六二五　われらが行持によりて、諸仏の行持見成し、諸仏の大道通達するなり　聞解「我等が行持が悪ければ、諸仏の行持は今日に伝はらず」。

六二六　仏非　形式的な仏であることを脱落すること。出典「洞山に僧問ふ〈如何なるか是向上の事〉、山いはく〈非仏〉。雲門いはく〈名不得状不得、所以に非と問ふ〉、保福いはく

〈仏非〉」（洞山録）

六二七　この行持によりて日月星辰あり　　聞解「広くいへば、修行力によりて日月等もあり」。

六二八　依正身心　　↓註七〇

六二九　四大五蘊　　↓註四二一

六三〇　あらはれざれども、かくれず　　御抄「この発心修行も、菩提涅槃を果におきて談ずる発心修行にはあらず。ゆゑに隠顕存没にもかかはらず、見聞覚知する人なきなり」。

六三一　いまの当隠に　　直訳「（われを現成する行持が）、いまそのように思慮分別されないときには」。↓前註

六三二　いかなる縁起の諸法ありて行持すると不会なるは　「縁起」とは、プラティーティヤ・サムトパーダ pratitya-samutpāda）の訳で、因縁生起の略。他との関係が縁になって生起すること。直訳「因縁となるどのような事柄によって、いまのわれが行持しているかに気がつかないのは……」

六三三　新条の特地にあらざる　　聞解「たとへば、坐禅すればこれ程の新条なことが、目に見えて特地にわざわざと珍しく出来たといふようなことはない」。

六三四　縁起は行持なり　　聞解「たとへば善縁でも悪縁でも、縁にこたへる法は、行持の功徳なり」。

六三五　行持は縁起せざるがゆゑに　　聞解「自己不変の修行護持、堅固の身心は、順縁にも逆縁にも動かぬもの」。

六三六　行持現成するを、いまといふ　　参照「わがいま尽力経歴にあらざれば、一法一物も現成することなし、経歴することなしと参学すべし」（有時）

六三七　華開葉落　　あとにつづく「磨鏡破鏡」と対になって、開悟脱落（↓註一四）を意味するように考えられる。

六三八　磨鏡破鏡　　「鏡を磨く」とは、修行して菩提を求めること（古鏡の巻に数例を挙げる）。「鏡を破る」とは、迷悟の境を脱落すること。出典「（華厳休静いはく）〈破鏡は重ねて照らさず。落華は枝に上り難し〉」（景徳伝灯録巻一七）。参照「破鏡の正当破鏡なるゆゑに、そこばくの活計見成すれども、おなじくこれ不重照の照なるべし」（大悟）

六三九　行持をさしおくも行持なるによりて、行持におもむかんとする　　直訳「いい加減な行持をしても、行持には変わりないだろうと思って、いい加減な行持をしようとする」。御抄「何とあるも行持なるうへは、只いたづらに居たらんも行持なるべしといふ邪心を、多くの人のおこすなり」。

六四〇　他国跉跰の窮子　　法華経巻二にある家出息子の譬え。

六四一　十九歳の仏寿、三十歳の仏寿　　出典「年十九にして出家を求めんと欲し、自ら念言すらく……」「菩薩は十二月八日の明星出づる時に成仏し、天人師と号すと」（景徳伝灯録巻一）

六四二　精藍　　精舎（ヴィハーラ vihāra）、伽藍（サンガーラーマ saṃghārāma）の略。寺院のこと。

六四三　僧伽梨　　サンガーティー saṃghāṭī の音写。僧の用いる三衣（上衣、内衣、重衣）の一つで、王宮や村落に入って托鉢、説法するときに必ずつける重衣のこと。

六四四　一盂　　ひとつの鉢盂（パートラ pātra）、飯器のこと。鉄製と泥製の二種類がある。

六四五　閑供養　　来世において人間、天人に生まれ変わろうとして、聖者を供養すること。

六四六　第八祖　　釈尊をふくめた七仏（↓註三三九）の継承者として、禅宗では迦葉を第八祖、あるいは（七仏をのぞいて）初祖とする。↓人名2

六四七　十二頭陀　　仏道の修行者が、衣食住に亘って少欲を行ずるための十二の誓行（ドゥータ dhūta）のこと。出典、大比

丘三千威儀経巻下、仏説十二頭陀経。

六四八　比丘僧　「比丘」は、ビクシュ bhikṣu の音写で、出家得度して具足戒を受けた男子のこと。

六四九　僧迦僧泥　サンガアーサニカ saṃghāsanika（僧食、僧一食という意）の音写であろう。

六五〇　僧泥沙者傴　サンガナイシャディカ saṃghnaiṣadika（僧不臥、但座不臥という意）の音写であろう。

六五一　三領の衣　大・中・小の三種の袈裟（三衣）のこと。→註六四三

六五二　果蓏　「果」は木の実、「蓏」は草の実。

六五三　醍醐　→註六一

六五四　辟支仏　プラティエーカ・ブッダ pratyeka-buddha の音写。縁覚、独覚と訳す。→註一四一

六五五　洞山悟本大師　→人名26

六五六　行不得底を説取し……　出典、景徳伝灯録巻九。「底」は助字。

六五七　高祖　曹洞宗の始祖に対する敬称。

六五八　行は説に通ずる……説の行に通ずる……　聞解「説と行の親切なるをもて、通ずるみちありといひ、とくところにおこなふといへり。説と行の無罣礙なればなり」。

六五九　雲居山弘覚大師　→人名27

六六〇　説のとき行路無く……　出典、註六五六におなじ。

六六一　一生叢林　出典、古尊宿語録巻一三（趙州の語）。参照「一生不離叢林は、一生不離道得（仏法を説き示すこと）なり。兀坐不道十年五載は、道得十年五載なり……たとひ啞漢なりとも、道得底あるべし」（道得）。「叢林」→註四七五

六六二　頭を洗ひて雪峰の前に到る　出典「雪峰山の畔に一僧ありて卓庵す。多年剃頭せず。自ら一柄の木杓を作って、水をくんで喫む。時に僧ありて問ふ〈如何なるかこれ祖師西来意〉、庵主いはく〈谿深くして柄長し〉、僧帰りて雪峰に挙示す。峰いはく〈また甚だ奇怪なり。然も是の如しといへども、老僧自ら去って勘過して始得なるべし〉、峰、一日侍者と、剃刀をもて去りて他を訪ふ。わづかに相見するに、すなはち問ふ、〈道得ならば汝の頭を剃らじ〉、庵主すなはち水をもて洗頭す。峰すなわち他がために剃却す」（聯灯会要二一）。参照「庵主まことあるによりて、道得に助発せられて茫然ならざるなり。家風かくれず洗顔してきたる。これ仏自らの智慧も、其の辺りを得ざるの法度なり。現身なるべし、説法なるべし、度生なるべし、洗頭来なるべし」（道得）。雪峰　→人名28

六六三　若し人生けること百歳にして……　出典、法句経巻上、景徳伝灯録巻二。

六六四　回生回死　生まれかわり死にかわること。

六六五　髻中の明珠　法華経安楽行品。国王が、特に大功のあった者に、もとどりの中の明珠をとって与えたという。参照「雪峰いはく、〈尽十方世界はこれ一顆の明珠なり〉」（景徳伝灯録巻一八）

六六六　古鏡　参照「霊峰いはく、〈世界、ひろきこと一尺ならば、古銭もひろきこと一尺、世界ひろきこと一丈ならば、古鏡もひろきこと一丈ならん〉」（景徳伝灯録巻一八）

六六七　仏祖の面目骨髄　これ不去なり如去なり、如来なり不来なり　仏祖の面目（仏性）は人間に本来具わっていて、実現するしないという意図にかかわらず、厳然として存在すること。参照「いはゆるその面目は、不染汚なり。不染汚とは、趣向なく、取舎なからんと、しひていとなみ、趣向にあらざらんところ、つくろひするにはあらぬなり。いかにも趣向せられず、取舎せられぬ不染汚のあるなり」（唯仏与仏）

六六八　尺璧　直径一尺もある玉のこと。出典「聖人は尺之璧を宝とせず、寸之陰を貴ぶ」（淮南子）

六六九　驪珠　黒い竜のあごの下にある玉のこと。高価な美玉の譬え。出典「千金の珠、必ず九重の淵、而して驪竜の頷下にあり」（荘子、列禦冠）

六七〇　云為《うんい》　→註三七五

六七一　恩愛をあはれむといふは、恩愛をなげすつるなり　聞解「生者必滅、会者定離で、今日の恩愛は則日の哀別なり。ゆゑに恩愛を憐れみたくば、恩愛を捨つるがよい」。

六七二　坐禅儀　「儀」は作法のこと（聞解）

六七三　坐蓐　下に敷くもの。坐蒲団。

六七四　金剛　釈尊の成道の時の坐処で、マガダ Magadha 国のガヤー Gayā 村の菩提樹下にある石だといわれる（倶舎論一一、大智度論三四）

六七五　盤石　「衡山の南寺にゆく。寺の東に石の状、台の如きものあり。すなはち庵を其の上に結ぶ。時に石頭和尚と号す」（景徳伝灯録巻一四）

六七六　諸縁、万事　聞解「諸縁は……外なり。万事は手前にある」。

六七七　坐臥を脱落すべし　ただ坐っている時ばかりでなく、日常生活のすべてが坐禅だということ。御聴書「坐禅が坐臥にあらざる事をしるを、脱落すべしといふなり」。

六七八　頭然をはらふがごとく　焦眉の急、暫くも放置することのできないこと。（大般若経巻三九三、五三五）

六七九　黄梅山の五祖　→人名10

六八〇　ことなるいとなみなし　参照「（神秀）五祖の忍師の坐禅を以て務と為すに遇ふ。すなはち歎伏していはく、〈此れ真に吾が師なり〉」（景徳伝灯録巻四）

六八一　袈裟　カシャーヤ Kasāya の音写。→註六四三

六八二　跏趺　「跏」は、重ねること。「趺」は足の甲。

六八三　衣衫　「衣」は袈裟。「衫」は褊衫《へんさん》（上半身にきる袖のある衣）のこと。

六八四　息は鼻より通ずべし　参照「鼻息は通ずるに任せ、喘がず声せず、長からず短からず、緩ならず急ならず」〔道元禅師（永平）清規、（大仏寺）辧道法〕

六八五　目は開《かい》すべし、不張不微なるべし　参照「眼を閉づれば昏生ず。頻頻に眼を開けば、微風眼に入りて困容易に醒《さ》む」（前註）

六八六　欠気一息　臍下丹田に力を入れ、腹中の気を吐き出して、三昧の状態に入ること。

六八七　思量箇不思量底　本能にもとづく精神の動揺が無くなった境地（不思量底）を体験する（思量する）こと。この場合の「思量」とは、思量不思量を超えた体験のこと。出典「師（薬山）、坐する次いで、僧ありて問ふ〈兀々地に什麼をか思量する〉。師いはく〈箇の不思量底を思量す〉。いはく〈不思量底、如何が思量す〉。師いはく〈非思量〉」（景徳伝灯録巻一四）。参照「文殊いはく、〈世尊よ、無為とは何の境界ぞや〉、仏いはく〈無為とは非量の境界なり〉」（仏境界経）

六八八　坐禅は習禅にはあらず　→註四五五

六八九　不染汚の修証　→註五一〇

六九〇　菩提薩埵四摂法　「菩提薩埵」はボーディ・サットヴァ bodhi-sattva（菩薩と略）の音写（→註一四一）。「四摂法」（チャトゥル・サングラハ・ヴァストゥ catur-saṃgraha-vastu）とは、衆生を摂受（原意は「把握」）する四つの方法のこと。出典、維摩経、仁王経。

六九一　布施　ダーナ dāna の訳。真理を教えたり、物を与え

ること。

六九二　愛語　プリヤヴァーディタ priyavādita。やさしい言葉をかけること。

六九三　利行　アルタチャルヤー arthacaryā の訳。身、口、意による善行で人々に利益を与えること。

六九四　同事　サマーナールタター samānārthatā。形を変えて人々に近づき、同じ仕事にいそしむこと。

六九五　遠山のはなを如来に供し　弁註「惜しむ心なきをいふ」。

六九六　前生のたからを衆生にほどこさん　弁註「前生の宝とは、目のいまだ見ざる所の宝なれば、これもまた惜しむ心なきをいふ」。

六九七　我物にあらざれども　弁註「一切諸法我が物にあらず、他人の物にもあらざるなり」。

六九八　能受　与えること。「所受」の対。

六九九　布施する人の、衆会のなかにきたるときは、まづその人を諸人のぞみみる　出典、増一阿含経巻二四。参照「楽施の人は五種の名利を獲べし。一には常に一切の賢聖に親近することを得。二には一切衆生の楽見するところ。三には大衆に入るの時、人に崇敬せらる。四には好名善誉、十方に流聞す。五にはよく菩提の為に浄妙の因となる」（大宝積経）

七〇〇　一句一偈　「偈」とはガーター gāthā の音写で、韻文で示された教説のこと。

七〇一　願楽　願い好むこと。

七〇二　ひげをほどこしては、もののこころをととのへ　出典「唐の李勣病む。医のいはく〈鬚灰を得て之を服せばまさに止む〉。太宗之を聞き、ついに自ら髭をきり、灰に焼きて賜はる」（本草綱目）

七〇三　いさごを供しては、王位をうる　出典「仏在世のとき王舎城に入り、乞食して二小児を見る。一を徳勝といい二を無勝といふ。土を弄して戯れに擁して以て城となす。……仏の相好を見て徳勝歓喜して、倉中の土を掬《す》って麨《しょう》となして世尊に奉上す。而して願を発していはく、〈我をして将来、なんぞ天地において広く供養を設せしめよ〉。この善根発願の功徳によりて、仏般涅槃一百年の後、転輪王となりて閻浮提に王たりと」（阿育王経巻一）

七〇四　檀度　六度の第一。「度」（波羅蜜）とは、パーラミター pāramitā の訳で、到彼岸、究竟、完成のこと。菩薩が実践すべき六つの徳目をいう。「檀」は檀那 dāna の略で布施のこと。

七〇五　阿育大王　↓人名5

七〇六　半菴羅果、よく数百の僧衆に供養せし　「菴羅」は、アームラ āmra の音写でマンゴーのこと。出典、阿育王経巻五。

七〇七　便宜をすごさざるべし　聞解「時節をやりのばさず施すがよい」。

七〇八　みづからに布施の功徳の本具なるゆゑに　聞解「前世に布施を種ゑたから、此身を受けるなり」。

七〇九　其の自身においてすら尚受用すべし……　出典不明。

七一〇　一財をきざして　直訳「一財をはじめてあたえて」。

七一一　六波羅蜜、檀波羅蜜　↓註七〇四

七一二　心の大小ははかるべからず、物の大小もはかるべからざれども　私記「心物の大小、みな布施なるがゆゑに、はかるべからざるなり」。

七一三　心転物のときあり、物転心の布施あるなり　聞解「心物を転じて施す時は、物と心と二つない。物が心を転じて布施するも二つなし。能所を見ずして相手を取らぬ」。

七一四　珍重　禅家での挨拶の語。お大事に、お休みなさい、さようなら、大儀であった、お目出とうなどという意。

七一五　不審の孝行　「不審」とは、(1)如何ですか、という朝の挨拶。(2)いぶかしいという意。「孝行」は目上のものに対する礼儀のこと。

七一六　衆生を慈念すること猶赤子の如し　出典、法華経提婆品。

七一七　愛語よく廻天のちからある　「廻天」とは天（天子の心）をめぐらせること。出典「太宗、洛陽官を修せんと欲す。玄素つとめて諌中止せしむ。魏徴嘆じていはく〈張公（張玄素）事を論ずれば廻天之力あり〉」（旧唐書）。参照「忠臣一言を献ずれば、しばしば廻天の力あり」（学道用心集）

七一八　善巧　善巧方便に同じ。よい方法を用いて衆生を導くこと。

七一九　窮亀をあはれみ　晋の孔愉の故事（晋書）

七二〇　病雀をやしなふべし　後漢の楊宝の故事（蒙求）

七二一　利行は一法なり　利他と自利をわけて考えるのは誤りだということ。

七二二　ひとたび沐浴するに、みたびかみをゆひ、ひとたび飱《そん》食《しょく》するに、みたびはきいだせし　出典「武王崩じて周公、成王をたすく。而してその子伯禽を代って魯に就封せしむるに、之を戒めていはく〈我は文王之子、武王の弟、成王之叔父なり。我天下においてまた賎しからず。然れども我ひとたび沐するときに三たび髪を握り、一たびくらうときに三たびふくみたるを吐き、起きて以て士を待つ。なほ恐るるは天下之賢人を失ふことを。子、魯にゆくに慎んで国を以て人に驕ることなかれ〉」（史記・魯世家）

七二三　同余界　聞解「日蔵菩薩は五百馬中に生れ、馬の為に説法するごとき、十界には十界に同ずるなり」。

七二四　かの琴詩酒　出典「琴詩酒を以て三友と為す」（唐書・白居易伝）。「三友とは誰とか為す、琴やんですなはち酒を挙ぐ、酒やんですなはち詩を吟ず、三友たがひに相引きて、循環してやむ時なし」（白居易・北窓三友の詩）

七二五　自他はときにしたがふて無窮なり　→前註、「循環してやむ時なし」。

七二六　管子　書名。中国の春秋時代、斉の管仲が書いたと伝える、富民、治国、敬神、布教の術を述べた書。

七二七　かのときの賞罰は、いまとひとしからざれば　聞解「かのときの賞罰は、ただ罪の次第を以て衣服に画くのみなり」。

七二八　薩埵　→註六九〇

七二九　行願　事を行おうとする願い。

人　名

インド仏教の成立発展時代

1　釈迦牟尼《しゃかむに》（シャーキャ・ムニ Śākya-muni）　ネパール中部、シャーキャ族の王家に生まれた（生誕年には各説があるが、宇井伯寿博士は前四六六年、中村元博士は前四六三年）。二十九歳のとき出家し、六年間の苦行の後、苦行生活のむなしさを知ってこれを捨て、改めて静観思索の生活に入って大悟した。その関心は常に現実の反省にあり、現世における寂静の体現を理想とした。約五十年に亘ってインド各地で教えを説き、インドをはじめ、東洋の宗教・文化にはかり知れない影響を与えた。西暦前三八三年に入寂（中村元博士説）

2　摩訶迦葉《まかかしょう》（マハーカーシャパ Mahākāśyapa）　釈尊の十大弟子の一人。ラージァグリハ（王舎城。中インド・マガダ国の首都）近郊のバラモンの子。釈尊成道の三年後に弟子となった。執着のない清廉な人格者で、師の信頼が最も厚かったといわれる。釈尊の入滅後、教団の統率者となり、第一回の経典結集を行った。とくに禅宗では、インド禅宗の初祖として尊崇される。寂年不詳。

3　賓頭盧《びんずる》（ピンドーラ・バーラドヴァージャ Pindola Bhāradvāja）　釈尊の弟子で、十六羅漢の一人。中インド・カウシァーンビー国のウダヤナ王の臣であったが、出家して聖者となり釈尊の命によってインドの西方・南方の教化に当たった。寂年不詳。

4　波斯匿王《はしのくおう》（プラセーナジット Prasenajit）　釈尊と同じ頃、中インドのコーサラー国の王。シュラーヴァスティー市（舎衛国）に住み、釈尊の教団の大外護者であった。八十歳で没したという。寂年不詳。

5　阿育王《あいくおう》（アショーカ Aśoka）　インドの最初の統一国家マウリヤ王朝第三代の帝王。在位は紀元前二六八～二三二年。即位後、仏教に帰依し、特に即位後九年のカリンガ国征服の時に、両軍の悲惨なありさまをみて戦争を放棄し、以来、仏教の慈悲にもとづく政治を行った。第三回の経典結集を行った。また宣教師をセイロン、エジプト、マケドニヤ等に派遣した。寂年不詳。

中国禅の成立時代

6　菩提達磨《ぼだいだるま》（ボーディダルマ Bodhidharma）　中国禅宗の初祖。南インドの人で五二〇年頃に南中国（海南島の対岸地方）に上陸し、五二五年頃、北方の魏に赴いたといわれるが、伝説的要素が強く伝記は不詳。常に坐禅を重んじて、心が本来清浄である理を悟ることを説いたといわれる。五二八年頃寂（南北朝時代）。

7　大祖《たいそ》（神光）慧可《えか》　中国禅宗の第二祖。洛陽（中国古代の都、黄河の南）の人で、四十歳で菩提達磨に入門を乞い、左腕を切って求道の誠を認められたという。達磨の思想をついで楞伽経《りょうがきょう》により、万法唯心の立場から、一切の対立的見解は妄想であると説いた。魏の都、鄴都（河南省臨漳県）に住した。四八七—五九三年（南北朝時代—隋代）。

8　鑑智僧璨《かんちそうさん》　中国禅宗の第三祖。出身不明。はじめ鄴都あたりで慧可の教えを受け、のちに舒州司空山（安徽省太湖県）に住した。著に「信心銘」を伝える。六〇六年頃寂（南北朝時代—隋代）。

9　大医道信《たいいどうしん》　中国禅宗の第四祖。僧璨の法をつぎ、廬山の大林寺、破頭山（?・）に住し、五百余人の弟子を養成したといわれる。五八〇—六五一年。（隋代）。

10　大満弘忍《だいまんこうにん》（また、ぐにん）　中国禅宗の第五祖。湖北省黄梅の人。七歳、廬山の四祖道信について出家。五十一歳で師席をついだ。黄梅山に教団をきづいて、禅宗が後世大をなす基礎をなした。心が本来清浄であることを説いて、即心是仏を強調した。六〇一—六七四（隋—初唐時代）。

中国禅の発展時代

11　大鑑慧能《だいかんえのう》　中国禅宗の第六祖。広東省新州の貧家の出で薪を商っていたが、二十四歳のとき弘忍の門下に投じた。八カ日間、碓坊（米つき小屋）の労務にしたがっていたが、先輩の神秀（?—七〇六年）を超えて師の法を継承し、広東省曹溪に住して、南方を教化した。悟りに段階を認めず、直ちに自己の本性を徹見することを説いた。北方の神秀の禅（弟子をさとらせるに段階を認めて漸次さとらせる禅で北宗禅とよばれた）に対して南宗禅をとなえたが、門下に英才が集まって、後世の禅宗はほとんどこの系統から発展した。語録に「六祖壇経」を伝える。六三八—七一三年（初唐—中唐時代）。

12　南岳懐譲《なんがくえじょう》　六祖慧能門下の偉才で、七一四年より、湖南省の南岳に住して独自の禅風を宣揚した。青原行思とともに、南宗禅の中心となり、この二つの法系のみが後世に重きをなした。修と証を対立させて、坐禅しながら悟りを求め、作仏を図ってはならないと説いた。六七七—七四四年（初唐—中唐時代）。

13　青原行思《せいげんぎょうし》　六祖慧能に参じて南岳懐譲とともに法を継いだ。江西省青原山に住して宗風を栄えさせた。伝記・思想など不詳。七四〇年示寂（初唐—中唐時代）。

14　馬祖道一《ばそどういつ》　南岳懐譲の法を継ぎ、江西省方面で南岳系の禅風を発揚したので江西の馬祖として有名。その言行は多く公案として用いられている。弟子には、禅院の規則を制定した百丈懐海（七四九—八一四年）があり、その法系が栄えて臨済宗、潙仰宗となった。七〇九—七八六年（中唐時代）。

15　石頭希遷《せきとうきせん》　六祖慧能、青原行思に師事した人。湖南省衡山（南岳）で石上に庵を結んで坐禅し、宗風が大いに揚がった。江西の馬祖と並び称され、当時の修行者は悉く、この二人のも

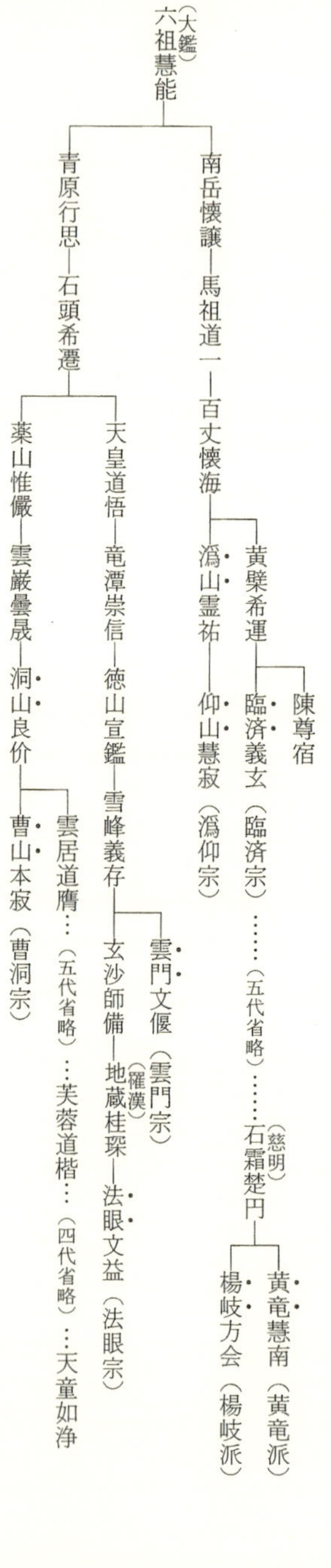

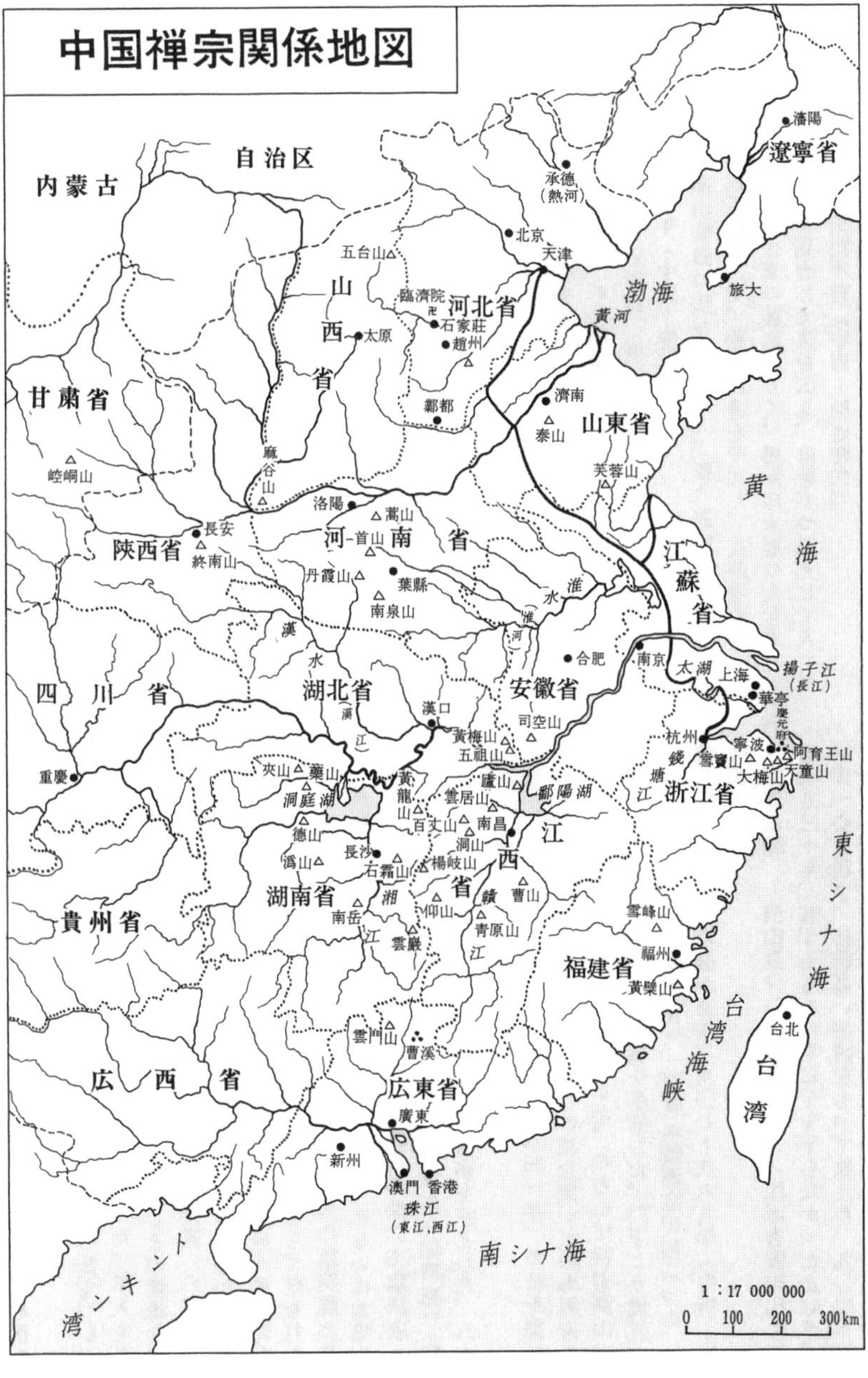
中国禅宗関係地図
内蒙古
自治区
遼寧省
瀋陽
承徳
（熱河）
北京
天津
渤海
旅大
五台山
臨済院
河北省
石家荘
趙州
山
西
省
太原
黄河
甘粛省
済南
山東省
泰山
鄴都
崆峒山
麻谷山
芙蓉山
黄
海
洛陽
嵩山
長安
陝西省
終南山
河
首山
南
省
丹霞山
葉県
南泉山
江
蘇
省
淮
水
淮河
漢
水
合肥
南京
太湖
上海
揚子江
（長江）
華亭
慶元府
四
川
省
湖北省
安徽省
漢口
漢
江
司空山
黄梅山
五祖山
杭州
寧波
阿育王山
雪竇山
錢
塘
江
浙江省
大梅山
天童山
重慶
夾山
薬山
洞庭湖
黄
龍
山
廬山
雲居山
鄱陽湖
百丈山
南昌
江
西
省
徳山
長沙
潙山
洞山
石霜山
楊岐山
東
シ
ナ
海
湖南省
貴州省
湘
江
仰山
贛
江
曹山
南岳
青原山
雪峰山
雲巌
福州
福建省
黄檗山
台
湾
海
峡
台北
台
湾
雲門山
曹溪
広
西
省
広東省
廣東
新州
澳門
香港
珠江
（東江，西江）
南シナ海
トンキン
湾
1：17 000 000
0
100
200
300 km

とに集まったといわれる。即心是仏を力説した。著に「草菴歌」「参同契」がある。七〇〇―七九〇年（中唐時代）。

16 南泉普願《なんせんふがん》　馬祖道一の法を継いだ人。河南省池陽の南泉山に禅院を構え、三十余年坐禅して山を下らなかったという。禅機縦横で、即心即仏の病弊を正し、宗風の宣揚に努めた。その言行は多く公案として用いられている。七四八―八三四年（中唐時代）。

17 薬山惟儼《やくさんいげん》　はじめ石頭希遷に参じ、その指示に従って馬祖道一の教を受け、石頭のところへ戻ってその法を継いだ。湖南省薬山に住して、非思量底の禅を挙揚した。七五一―八三四年（中唐時代）。

18 麻谷宝徹《まよくほうてつ》　馬祖道一の法を継いだ人。山西省蒲州麻谷山に住して盛んに宗風を振るった。伝記不詳（中唐時代）。

19 長沙景岑《ちょうしゃけいしん》　南泉普願の法を継いだ人。はじめは居所を定めず各地を教化し、のちに湖南省の長沙に住して機鋒敏捷をうたわれた。伝記不詳（中唐時代）。

20 趙州従諗《じょうしゅうじゅうしん》　南泉の法を継いだ人。河北省趙州観音院に四十年住して、不二の大道を説き、北地に独自の門風を昂揚した。当時の修行僧の中で、その門風を聞いて心服しないものはなかったという。その言行は、多く公案として用いられている。七七八―八九七年（中唐―晩唐時代）。

21 船子徳誠《せんすとくじょう》　薬山惟儼の法を継いだ人。唐の武宗の仏教弾圧（八四五年以後）に遇って、船頭に身をやつし、江蘇省華亭の呉江に舟を浮かべて往来の客に接して、秘かに求道の人を求めた。遂に夾山善会を見出して法を伝え、舟をくつがえして入水したといわれる。伝記不詳（中唐―晩唐時代）。

22 夾山善会《かっさんぜんえ》　船子徳誠の法を継いだ人。湖南省夾山に住して教化した。八〇五―八八一年（中唐―晩唐時代）。

23 定山神英《じょうさんしんえい》　潙山霊祐（七七一―八五三年）の法を継いだ人。夾山善会とともに大梅法常（七五二―八三九年）の法を聞いた。伝記不詳（中唐―晩唐時代）。

24 黄檗希運《おうばくきうん》　百丈懐海（七四九―八一四年）の法をついだ天成の禅者、福建省黄檗山に住して宗風を広げた。学人を導くに、しばしば警策（木製の平たい棒）で痛打しその峻厳な禅風は天下に聞えた。語録には「伝心法要」（裴休編、八五七年）がある。本来清浄の一心が即ち仏であって、外に向かって道を求めてはならないと説く。八五〇年頃示寂（中唐―晩唐時代）。

25 臨済義玄《りんざいぎげん》　黄檗希運の法を継いだ人。大悟して師を打ち、大声一喝したことは有名。のちに河北省鎮州の臨済院に住した。機鋒峻烈、あるいは警策をもって打ち、あるいは大喝して拑槌した。門下に逸材が多く、その法系が栄えて臨済宗となり、中国禅宗中最も盛んに行われた。語録に「臨済録」（慧念編八六七年）がある。無心を重んじ、無事を宗とした。八六七年示寂（中唐―晩唐時代）。

26 洞山良价《とうざんりょうかい》　雲巌曇晟（七八〇―八四一年）の法を継いだ人。各地を遍歴して南泉、潙山などの法を聞いてのち雲巌の弟子となり、水中の影をみて大悟した。のちに江西省洞山に住し、坐禅を重んじて綿密な宗風を挙揚した。門下より雲居、曹山などのすぐれた弟子が出て、後世に曹洞宗が起こった。「宝鏡三昧」など多くの著がある。八〇七―八六九年（中唐―晩唐時代）。

27 雲居道膺《うんごどうよう》　洞山良价の法を継いだ人。江西省雲居山に住すること三十年、参ずるものは常に千を下らなかったという。万法即一心を説き、格調高い実践をもって教えた。九〇二年示寂（晩唐時代）。

28 雪峰義存《せっぽうぎそん》　徳山宣鑑（七八二―八六五年）の法を継いだ

人。福建省雪峰山に住し、王室や信徒の外護をうけて多数の修行を教化した。唯一心を強調し、老熟した方法によって縦横自在の教化を行った。八二二—九〇八年（晩唐時代）。

29 太原孚上座《たいげんのふじょうざ》　雪峰義存の法を継いだ人。諸方を遍歴してその名は四方に聞えたが、禅院に住持することがなかったので、ひとは太原孚上座と名づけた（上座とは一座の首位にあるもののことで、長老の意）。伝記不詳（晩唐時代）。

30 雲門文偃《うんもんぶんえん》　雪峰義存の法を継いだ人。広東省雲門山に住し、禅機潑剌をもって聞え、参ずるものは常に千を下らなかったという。その教化の方法は絶妙で、その言は人の意表をついた。のちに雲門宗が起こり、臨済宗とともに宋代に栄えた。八六四—九四九年（晩唐—五代時代）。

中国禅の守成時代

31 首山省念《しゅざんしょうねん》　臨済から四代目の師。河南省首山で教化した。参ずるものは、常に千を数えたという。九二六—九九三年（五代—北宋時代）。

32 葉県帰省《せっけんきせい》　首山省念の法を継いだ人。河南省葉県に住して宗風を広めた。伝記不詳（五代—北宋時代）。

33 五祖法演《ごそほうえん》　臨済宗の楊岐派第三代（臨済より九代目）の師。湖北省東山（五祖山）に住して、臨済の宗風を広めた。一一〇四年示寂（北宋時代）。

34 芙蓉道楷《ふようどうかい》　洞山良价より七代目の師。山東省芙蓉山の湖心に住して、多くの出家や在家を教化した。その日常は枯淡で、専ら古人のすぐれた行蹟を範としたという。それまで曹洞宗は振るわなかったが道楷より漸く盛んになってきた。一〇四二—一一一七年（北宋時代）。

35 圜悟克勤《えんごこくごん》　五祖法演の法を継いだ人。四川省などに歴住した。禅門第一の書といわれる「碧巌集」の完成者として知られる。その門下からは、臨済風の公案禅を挙揚して、宏智《わんし》正覚の黙照禅に対抗した大慧宗杲《だいえそうこう》（一〇八九—一一六三年）が出た。一〇六三—一一三五年（北宋時代）。

36 天童如浄《てんどうにょじょう》　芙蓉道楷より五代目の師。宏智《わんし》正覚（一〇九一—一一五七年）の黙照禅の根拠地、浙江省天童山最徳寺の住職。曹洞宗正統の綿密厳修な風によって、天下の禅林の範となった。道元の師。一一六三—一二二八年（南宋時代）。

日本禅の形成時代

37 明菴栄西《みょうあんえいさい》　備中の人。入宋すること二度。臨済宗を継いだ。帰朝後、「興禅護国論」を著して、日本ではじめて禅宗の独立を唱えた。後に幕府の帰依をえて関東に禅風をふるい、京都に建仁寺をひらいた。日本臨済宗の開祖。ほかに「喫茶養生記」などの著がある。一一四一—一二一五年（平安—鎌倉時代）。

38 仏樹明全《ぶつじゅみょうぜん》　伊勢の人。はじめ叡山にあって教学を修め、後に栄西に参じて禅を学んだ。栄西示寂後は建仁寺に住して師の禅風を継承した。道元とともに入宋し、その翌々年、天童山において示寂した。一一八四—一二二五年（鎌倉時代）。

道元禅師年譜

西暦	年号	満年齢	事蹟	備考
一二〇〇	正治二年	0	正月二日、京都に生まれる。	五月十二日、幕府が念仏宗を禁ずる。
一二〇一	建仁元年	1		
一二〇二	二年	2	十月二十一日、父、源（久我《こが》）通親が没する。	栄西が建仁寺を開く。 十一月二十三日、源頼家が征夷大将軍に任ぜらる。
一二〇三	三年	3	この冬『李嶠鏡雑詠』を読んだといわれる。	九月七日、源実朝が征夷大将軍に補される。
一二〇四	元久元年	4		七月十八日、源頼家が修善寺で殺される。 法然が「七箇条制戒」を定めて門弟をいましめる。
一二〇五	二年	5		三月二十六日、『新古今和歌集』撰進。 閏七月、北条時政が実朝を殺そうとして失脚、北条義時が執権となる。
一二〇六	建永元年	6	この年、『毛詩』『春秋左氏伝』を読んだといわれる。	二月、興福寺衆徒が法然らを訴える。
一二〇七	承元元年	7	母（松殿関白基房の娘）が亡くなる。無常を感じ、道心をおこす。	二月、法然が土佐に、親鸞が越後に流される。
一二〇八	二年	8	この春、『倶舎論』を読んだといわれる。	
一二〇九	三年	9		
一二一〇	四年	10		十二月二十八日、順徳天皇御即位。
一二一一	建暦元年	11		

一二一二	二年	12	春、叡山の麓に伯父良観をたずねて出家を求め、横川般若谷の千光房に入る。	正月二十五日、法然が没する。 三月、鴨長明が『方丈記』を著す。
一二一三	建保元年	13	四月九日、天台座主公円について剃髪し、翌十日、受戒する。顕密・大小乗の教理を学ぶ。	十月十三日、鴨長明が没する。
一二一四	二年	14	春、叡山を下りて園城寺公胤に教えを乞う。公胤の指示を受けて栄西に参ずる。	正月、栄西が『喫茶養生記』を著す。 四月十四日、延暦寺衆徒が園城寺を焼き討ちする。
一二一五	三年	15		七月五日、栄西が没する。
一二一六	四年	16		閏六月二十日、公胤が没する。
一二一七	五年	17	八月二十五日、建仁寺の明全に参ずる。	
一二一八	六年	18	建仁寺にあって、顕密および律蔵を学ぶ。	
一二一九	承久元年	19		正月二十七日、源実朝が殺され源氏が滅び北条氏、執権政治を開始。
一二二〇	二年	20		この年、慈円が『愚管抄』を著す。
一二二一	三年	21	九月十二日、明全より印可を受ける。 この頃から渡宋の準備にかかるか。	五月十四日、承久の乱がおこる。七月、後鳥羽上皇が隠岐に、順徳上皇が佐渡に流される。
一二二二	貞応元年	22		
一二二三	二年	23	二月二十二日、明全らとともに京都を出て、入宋の途につく。 四月初旬、明州慶元府に着く。 五月四日、船中で阿育王山の典座と問答する。 七月、天童山景徳寺にとどまって、無際了派にまみえる。 秋、阿育王山広利寺をたずねる。 この年、仏眼派、法眼派、雲門派の嗣書を見る。	
一二二四	元仁元年	24	正月二十一日、無際了派の嗣書を見る。 冬、諸山遍歴の旅に出る。	正月、親鸞が『教行信証』を著す。

一二二五	嘉禄元年	25	五月一日、如浄に相見し、弟子となる（如浄62歳）。 五月二十七日、明全が景徳寺において没する。 七月二日、如浄の室に入って参問する。その後、夏安居のときに身心脱落の大事を悟了する。 九月十八日、如浄から仏祖正伝菩薩戒を授かる。	
一二二六	二年	26	如浄のもとにあって、その教えを筆録する（『宝慶記』）。 江西方面を巡遊。	
一二二七	安貞元年	27	如浄より大法を依嘱されて帰国。 八月、肥後河尻に帰着し、ついで建仁寺に入る。 『普勧坐禅儀』を著す。 十月十五日、明全の遺骨将来記『舎利相伝記』を著す。	六月二十二日、延暦寺の衆徒が法然の墓を破却、七月、念仏僧を迫害。
一二二八	二年	28		七月十七日、天童如浄が没する。 四月二十三日、興福寺衆徒が多武峯を焼く。 十一月二十八日、高野山僧徒の武装が禁止される。
一二二九	寛喜元年	29		九月、奈良僧徒の武装禁止される。
一二三〇	二年	30	叡山の圧迫によって京都建仁寺を去り、深草の安養院に閑居する。	この年、飢饉
一二三一	三年	31	七月、安養院において了然尼に法要を説く。 八月十五日、「正法眼蔵辨道話」を著す。	この年、大飢饉、餓死者が道路に充満する。
一二三二	貞永元年	32		八月十日、幕府が貞永式目五十一条を制定する。
一二三三	天福元年	33	春、深草の極楽寺跡に観音導利興聖宝林寺を開く。 夏、「正法眼蔵摩訶般若波羅蜜」を示す。 七月十五日、『普勧坐禅儀』を浄書する。 八月、「正法眼蔵現成公案」を著し、楊光秀に与える。	五月、日蓮が清澄山にのぼる。

一二三四	文暦元年	34	三月九日、『学道用心集』を示す。 冬、懐弉が参ずる（この時、懐弉36歳）。これ以後か、翌年から『正法眼蔵随聞記』の筆録が始まる。	六月三十日、専修念仏が禁止される。
一二三五	嘉禎元年	35	八月十五日、懐弉に仏祖正伝菩薩戒を授ける。 十二月、興聖寺僧堂建立の勧進を始める。 冬、『正法眼蔵三百則』の序文をかく。	八月、親鸞が入洛する。
一二三六	二年	36	十月十五日、興聖寺開堂を祝し、衆をあつめて説法を行う。 十二月二十九日、懐弉を興聖寺の首座とする。	九月、興福寺衆徒が蜂起。 十月、幕府が興福寺衆徒の荘園を没収。
一二三七	三年	37	春、『典座教訓』を著す。 この年、『出家授戒作法』を著す。	
一二三八	暦仁元年	38	この頃、『正法眼蔵随聞記』の筆録が終わる。 四月十八日、興聖寺において「正法眼蔵一顆明珠」を示す。	
一二三九	延応元年	39	この年、興聖寺僧堂を増築する。 四月二十五日、「正法眼蔵重雲堂式」を示す。 五月二十五日、同「即心是仏」を示す。 十月二十三日、同「洗浄」「洗面」を示す。	二月二十二日、後鳥羽法皇崩御。
一二四〇	仁治元年	40	三月、「正法眼蔵礼拝得髄」を著す。 四月、同「谿声山色」を示す。 八月十五日、同「諸悪莫作」を示す。 十月、同「有時」「袈裟功徳」「伝衣」を著す。 十一月十八日、同「山水経」を示す。 この冬、某が同「礼拝得髄」を写す。	
一二四一	二年	41	正月三日、「正法眼蔵仏祖」を示す。 二月、瑞巌寺義遠から如浄の遺文の集録を送られる。 三月七日、「正法眼蔵嗣書」を著す。 春、『天童如浄禅師続語録跋』を著す。 春、日本達磨宗の懐鑒、義介、義尹、義演、義準等が参ずる。 夏、「正法眼蔵法華転法華」を慧達に授ける。	八月二十日、藤原定家が没する。

			夏、同「心不可得」「後心不可得」を著し示す。 九月九日、同「古鏡」を示す。 九月十五日、同「看経」を示す。 十月十四日、同「仏性」を示す。 十月中旬、同「行仏威儀」を著す。 十一月十四日、同「仏教」を示す。 十一月十六日、同「神通」を示す。	
一二四二	三年	42	正月二十八日、「正法眼蔵大悟」を示す。 三月十八日、同「坐禅箴」を著す。 三月二十三日、同「仏向上事」を示す。 三月二十六日、同「恁麼」を示す。 四月五日、同「行持」を著す。 四月二十日、同「海印三昧」を著す。 四月二十五日、同「授記」を著す。 四月二十六日、同「観音」を示す。 五月一日、議尹に大事を授ける。 五月十五日、「正法眼蔵阿羅漢」を示す。 五月二十一日、同「柏樹子」を示す。 六月二日、同「光明」を示す。 八月五日、如浄の語録が宋より到来する。翌六日上堂。 九月九日、「正法眼蔵身心学道」を示す。 九月二十一日、同「夢中説夢」を示す。 十月五日、同「道得」を示す。 十一月二日、懐弉が同巻を筆写。 十一月五日、同「画餅」を示す。 十一月七日、懐弉が同巻を筆写。同「仏教」を再び示す。 十二月十七日、波多野義重幕下において同「全機」を示す。 この頃、『護国正法義』を著す。	三月十八日、後嵯峨天皇即位。
一二四三	寛元元年	43	正月六日、「正法眼蔵都機」を著す。	

一二四四 | 二年 | 44

三月十日、同「空華」を示す。

四月二十九日、六波羅蜜寺において同「古仏心」を示す。

五月五日、同「菩提薩埵四摂法」を著す。

七月七日、同「葛藤」を示す。

この頃、叡山の圧迫により深草興聖寺が破却される。

七月十六日頃、波多野義重の請に従って越前に向かう。

閏七月一日、越前禅師峰において「正法眼蔵三界唯心」を示す。

閏七月十七日、義重らが、大仏寺(永平寺)の地曳き作業を始める。

九月十六日、越前吉峰寺において同「仏道」を示す。

九月二十日、同「密語」を示す。

九月二十四日、吉峰寺に掛錫する。

九月、同「諸法実相」「仏経」を示す。

十月二日、同「無情説法」を示す。

十月二十日、「正法眼蔵面授」を示す。同「洗面」を再び示す。

十月、同「法性」を示す。

十一月六日、同「梅華」を著す。

十一月十三日、同「十方」を示す。

十一月十九日、禅師蜂において同「見仏」を示す。

十一月二十七日、禅師蜂において同「偏参」を示す。

十一月、吉蜂寺において同「坐禅箴」「坐禅儀」を示す。

十二月十七日、禅師峰において同「眼睛」「家常」を示す。

十二月二十五日、禅師峰において同「竜吟」を示す。

この年、吉峰寺において同「説心説性」「陀羅尼」を示す。懐弉が同二十余巻を書写、校合する。

正月二十七日、吉峰寺において「正法眼蔵大悟」を再び示す。

二月四日、越前深山裏において同「祖師西来意」を示す。

二月十二日、同「優曇華」を示す。

二月十四日、同「発無上心」「発菩提心」を示す。


四月、幕府が将軍頼経を辞任させ、子の頼嗣に代える。

			二月十五日、同「如来全身」「三昧王三昧」を示す。 二月十九日、大仏寺法堂造営の工を起す。 二月二十四日、同「三十七品菩提分法」を示す。 二月二十七日、同「転法輪」を示す。 二月二十九日、同「自証三昧」を示す。 三月九日、同「大修行」を示す。 三月二十一日、『対大己五夏闍梨法』を著す。 四月二十一日、大仏寺立柱。翌日、上棟。 七月十八日、大仏寺開堂供養を行う。 九月一日、大仏寺法堂が竣工する。 十一月三日、大仏寺僧堂上棟。 この年、「正法眼蔵春秋」を示す。懐弉が同約二十巻を書写する。 義价を永平寺典座に任ずる。	
一二四五	三年	45	三月六日、大仏寺において「正法眼蔵虚空」を示す。 三月十二日、同「鉢盂」を示す。 四月、大仏寺において夏安居を始める。 この頃『大仏寺辨道法』を著す。 五月、波多野広長に法語を与える。 六月十三日、「正法眼蔵安居」を示す。 七月四日、同「他心通」を示す。 十月二十三日、同「王索仙陀婆」を示す。 この年、懐弉が豊後永慶寺を開く。 また「正法眼蔵」三巻を書写、校合。	
一二四六	四年	46	六月十五日、大仏寺を永平寺と改める。『日本国越前永平寺知事清規』を著す。 七月十日、永平寺仏前斎粥供養侍僧の順位をきめる。 八月六日、永平寺において「正法眼蔵示庫院文」を示す。 九月十五日、同「出家」を示す。	三月十一日、後深草天皇即位。 三月二十三日、北条時頼が執権となる。 六月、建仁寺が焼ける。

一二四七	宝治元年	47	正月十五日、永平寺において布薩説戒を行う。 春、『立春大吉文』を著す。 夏、義价を永平寺監寺に任ずる。 八月三日、鎌倉に向かう。鎌倉において北条時頼に仏祖正伝菩薩戒を授ける。 十一月、兄、証空が没する。 この年、北条時頼の請により、和歌十首を献ず。懐奘が豊後永慶寺より永平寺に帰る。	二月、後嵯峨上皇が石清水に百万遍念仏を修する。
一二四八	二年	48	正月、兄、通光が没する。 三月十三日、鎌倉より永平寺に帰り、翌日上堂する。 夏、袈裟一領を縫う。 十二月二十一日、永平寺庫院制規五箇条を定める。	十二月九日、幕府が引付衆を設置する。
一二四九	建長元年	49	正月一日、羅漢供養会を行う。 正月、『吉祥山永平寺衆寮箴規』を著す。 八月、観月画像に自讃を書く。 十月十八日、永平寺住侶心得九箇条を定める。	
一二五〇	二年	50	正月十一日、永平寺において「正法眼蔵洗面」を三たび示す。 八月十二日、永平寺山下の居住者に法語十八条を説く。 この年、波多野義重が一切経を書写して永平寺に納める。 この年（または前年）、後嵯峨上皇より紫衣を賜わったといわれる。	
一二五一	三年	51		
一二五二	四年	52	夏以後病勢が悪化。 この年、「正法眼蔵現成公案」に奥書をかく。同「八大人覚」を書き始める。	二月二十日、幕府が将軍頼嗣を廃する。 三月、親鸞が『浄土文類聚鈔』を著す。 四月一日、宗尊親王が将軍となり、鎌倉につく。 八月、浄光が鎌倉長谷に金銅の大仏を造立し始める。

一二五三	五年	53	正月六日、「正法眼蔵八大人覚」を書き終える。 三月九日、懐弉が同「三時業」を書写する。 七月八日、病いが重発する。 七月十四日、永平寺住職を懐弉にゆずり、自縫の袈裟を与える。 八月五日、波多野義重のすすめに従い、上洛の途につく。 八月十五日、中秋の和歌を作る。 八月二十八日、京都の俗弟子覚念の邸で没する。 九月十日、舎利が永平寺につく。 九月十二日、入涅槃の儀式が行われる。	五月、日蓮が日倉名越に入り法華経を唱える。『守護国家論』を著す。 十一月二十五日、鎌倉建長寺開堂。 この年、親鸞が『愚禿鈔』を著す。

解題

本書は、日本曹洞宗《そうとうしゅう》の開祖、永平道元禅師《えいへいどうげんぜんじ》の著、正法眼蔵《しょうぼうげんぞう》九十五巻の中から十二巻を選んで、現代語に訳したものである。

原書は鎌倉時代の中期、一二三一年から約二十三年間に亘って、興聖寺《こうしょうじ》、永平寺などの僧団や在俗の信徒たちに、禅の本義を伝えるために書かれたものである。この期間は道元禅師が宋から帰朝後四年目の満三十一歳から、五十三歳で入滅に至るまでの期間である。したがってこれは、禅師畢生の述作といえよう。

「正法眼蔵」という題名については、詳しくは註一にゆずるが、要約すれば「正しい教えを学びおさめる」という意である。これが、当時流行した末法思想を否定して、真実は人間の生き方のうちにのみあると主張した道元禅師の高く掲げた理想であり、旗じるしである。

このような題名をもつ原書は、仏心宗（禅宗の別称）の立場からみた仏教の歴史、思想、修行の境地、規律などを、さまざまな角度から叙述、批判、解説したものである。

正法眼蔵の主張

正法眼蔵の中心課題は、真理とは何かということである。そして人間がどのようにして真理を発見し、行い現わして行くことができるかということである。

それでは、ここにいう真理とは何であろうか。それは人間が生病老死の問題を解決するために不可欠な普遍的原理のことである。人間はどうすれば生の悩みから、死の悩みから自由になることができるのであろうか。そして最も意義のある生き方をすることができるのであろうか。そのためには、人生を、世界をどのように見ていったらよいのであろうか。それがすべての人間にとって最も緊要の問題であり、第一義の問題である。

仏教では、こうした根本真理、およびそれを説く教えのことを法（ダルマ）と呼んでいる。したがって仏教者である道元禅師にとって真理の問題は、正しい法とは何かという形で提起される。

釈尊によって説かれた根本真理とは、要するに人間が自分自身に対して持っている妄念を去って、正しい行いによって心を静めれば、叡智ある完全な人格者である仏になって、すべての悩みから解放されるということである。そして、あらゆる人間が、もともと仏になる可能性を具えているのであるから、修行を完成して仏となって人々を救うことができると考えるのが大乗仏教の立場である。正法眼蔵は、このような立場にたって、解脱《げだつ》の問題を説くのである。

それでは、正法眼蔵の説く解脱とは何かというと、すべての執着を離れ、解脱しようとする意図さえも捨てて、ただ、ひたすらに坐禅修行することが解脱なのである。そのようにして修行するときには、すでに悟りも迷いも問題にならないのであって、そうした境地そのものが、実は悟りの境地である。つまり、悟りとは、なにも神秘的なものでも瞬間的なものでもなく、悟りと迷いを区別する常識的な見解から自由になって、ひたすらに正しい行いを現わしてゆくことそのものである。

そのような立場からすれば、悟りを求めて修行することが、すでに迷妄なのである。すべての人が、もともと仏としての完全な人格を具えているのであるから、それを修行によって行い現わしてゆけばよいのである。つまり、修行とは、自分のうちにかくれている真の自分を生かしてゆくことである。一寸坐れば一寸の仏という言葉があるように、一刻々々が究極的な悟りなのである。しかもそれは修行の年月の長さにかかわりなく実現する。つまり、悟りとは修行の目標ではなく、修行の出発点である。さとりへの修行ではなく、さとりから修行が始まるのである。

このような修行と悟りの関係は、あまりにも微妙であり、あまりにも密接すぎて逆説的であるので、それを言句によって表現することは難しい。むしろ、固定した言句は、行的《ぎょうてき》体験を理解するための妨げになる。したがって修行者たちは、真理を生きたものとして、自分自身の体験を通して創造的に摑みとらなければならない。

いま仮りに釈尊の宗教活動を、悟りのための修行と、救いのための教化の両面に分けて考えるならば、禅宗はまさしく前者を基調とするものであり、仏教のその他の諸宗派は後者を基調とするものである。経典に記された文字を超えて、釈尊と同一の手段によって、人間本来の叡智にめざめようとするのが禅宗の立場である。

特に中国禅においては、禅者たちの日常の生活や生産活動がそのまま真理の体験であるとされ、一般的な論理では全く理解のできない突飛ともいえる臨機応変の言行によって、真理の直接体験が開示されるのである。

したがって先人たちの突飛な言行は、論理を無規した出鱈目ではなく、その背後には、明快な、普遍的な真理体験があるのである。ただそれが、あまりにも常識的な立場を超えていて、常識よりも高次な論理であるために、一般の人には理解できないだけである。そのため、先人たちの言行を、ただ非論理的なものとして片付けてしまったり、同一視してしまってはならないのであって、その背後にある解脱者の論理を学ばねばならない。

ここにいう解脱者の論理とは、すべての差別観から自由であり、さらに、自由になろうとすることからさえも自由である論理である。それは現象の肯定からも、現象の否定からも超越する自在な論理である。それが大乗仏教の空の立場である。

たとえば、主観客観というとき、主観を離れた客観はありえず、客観を離れた主観はありえないのであるから、主観客観を対立するものとしてとらえるのは誤りである。逆に、主観客観を同一のものとしてとらえるのも誤りである。なぜならば、主観客観の対立は依然として現前しているからである。主観と客観が同一のものでもなく別個のものでもないという矛盾の相《すがた》においてとらえられたとき、始めて真実が理解されるのである。それが仏教でいう、二辺のいずれにも偏しないということであり、中道ということである。矛盾を矛盾として、対立させることなく、同一視することなく、矛盾を矛盾の総合として、具体的、直接的にとらえるよりほかに真理にめざめる方法はないのである。矛盾は、論理によって分析することのできないものなのであって、ただ行《ぎょう》によってのみ超越されるのである。

真理と人間の関係にしても同様である。客観的な真理を求めることばかりを考えていては、真理に近づくことはできない。真理を自分の外側にあるものとして求めるよりさきに、真理を求める自分とは何か、真理を生かす自分とは何かを、まず反省してみる必要がある。自分を生かすことによって、真理がおのずから生かされるのである。

自分が自分を発見することが、真理を発見することにほかならない。そして、自分を発見するということは、自分を捨てることにほかならない。それは我見を去ることである。そのためには、正しい師に逢わねばならない。師の人格と自分の人格が触れ合うことによって、自分が自分に逢うのである。したがって、真理を発見するのは究極的には自分自身でありながら、自分を空しくして、先人の教えを学び、正統的な教えを継承してゆくことが必要なのである。それが、「正法眼蔵」という語の真意であり、禅宗の基本的な立場である。

禅宗はこのように修行者たちの直接的な真理体験を基調とするものであり、言句による表面的理解を拒むものである。しかし、言句そのものを拒むのではない。むしろ経典は、釈尊によって説かれた真理を記したものとして一言一句尊重すべきものである。

したがって大部分の禅者たちが教外別伝《きょうげべつでん》と称して、経典以外に真理があるように考えているのは誤りであって、経典に説いている以外に何も真理はない。禅宗などという一派をたてて経典を否定することもまた、おかしなことである。道元禅師はこのように説いて、その宗派を禅宗と呼ぶことをさえ拒んでいる。

また、末法《まっぽう》ということについていうならば、真理（法）を自分と離れたものと見るからそのようなことにこだわるのである。たとえ現在が末法の世であるとしても、自分たちが正法を行い現わしてゆきさえすれば、そこに正法の世の中が実現するのであって、末法ということは問題にならなくなる。これが道元禅師の末法に関する考え方である。

人間は、もともと一時的、個別的な存在でありながら、普遍的永遠性をえたいという強い願望をもっている。宗教は、そのような人間の願望に根ざしているものである。滅びゆくべき人間が、どうしたら永遠に生きることができるのであろうか。この問題に対して道元禅師は次のように答えている。

時間というものは、一瞬一瞬たえまなく流動するものであるが、流動の中にも不動の相がある。一瞬のうちに永遠の相がある。現在のこの一瞬がなければ、過去もありえず、未来もありえない。現在のこの一瞬がなければ、どのような永遠もありえない。つまり、永遠をあらしめているのが、現在のこの一瞬なのである。

したがって、今の一瞬が、われの全生命である。そのことに気がついて、あらゆる相対的差別観を打破して、現在の一瞬を最高に生きてゆくことが、永遠を生きることである。それを可能にするのが無礙なる自己であり、無礙《むげ》なる自己は、現在の一瞬をおろそかにしないことによってのみ生まれるのである。

こうして正法眼蔵は、日常の修行生活を実践するための具体的な徳目や方法を述べるのである。

このように、正法眼蔵は、一言にしていえば、解脱の意義と方法を余すことなく明らかにした書である。

正法眼蔵の真骨頂は、人間が第一義に生きるとはどういうことであるかを、教えてくれることである。それは人間が常に解決をもとめてやまない普遍的な問題である。

では、第一義に生きてゆくとは、どういうことであろうか。それは、自分自身のうちにある無礙《むげ》なる自己を発見することである。自己のなかにある不動なものとともに生きてゆくことである。

わたくしたち現代人は、便利な生活をいとなみ、自然や社会についての厖大な量の知識や経験を刻々に取り込んで、ひどく利口になっている。外面的には充実した生活を送っている。しかし、というよりは、そのためにこそ、何かしら生活がざわざわとしていて、ともすれば生活に支配されて生きている。本当の自分をみつめ、本当の自分の命ずるままに真剣に生きることを忘れているのである。極端ないい方をすれば現代のわたくしたちには生活ばかりがあって、生きることがないのである。

そういうわたくしたちが、真の叡智とは何か、ほんものの生き方とは何かということを学ぶために、正法眼蔵は格好な道しるべとなるはずである。

正法眼蔵の特色

正法眼蔵が成立した十三世紀前半は、わが国において古代律令国家が崩壊して、中世封建国家が形成されつつあった一大変革の時代である。正法眼蔵は、そのような中世における文化の開幕を告げる述作であるとともに、中世文化の一大頂点を示すものである。

それでは、日本の中世文化は、それに先行する古代文化とどのような点で異なっていたのであろうか。

その最も根本的な違いは、中世においては、人間の主要な関心が、外面から内面に移ってきたことである。自分とは何か、自分の真に求めているものは何か、自分を最高に生かすとはどういうことかという自己の問題を明瞭に意識して、そこから出発していることである。そしてその問題に、理智的に、意志的に立ち向かってゆこうとしたことである。

それはとりも直さず、国家のための仏教、学問の仏教、芸術の仏教、呪術の仏教が後退して、それを継承しつつも否定してゆく、純粋な信仰の仏教、行《ぎょう》の仏教が生まれたことにほかならない。

中世を切り開いた人たちにとって、真理（法）をいかに受けとめるかということは、客観的な智慧の問題ではなく、自分自身の内面からほとばしり出てきた、やむにやまれぬ現実的、主体的な問題だったのである。

たとえば、法然にとって現実の世は末法の世であり、人間は罪悪深重《じんじゅう》の存在である。したがってそのような人間が救われるためには、末法相応の念仏行《ぎょう》によらねばならないと主張するのである。その主著「選択《せんちゃく》本願念仏集」の題名からも窺えるように、法然にとって真理とは、人間が現実に即して選ぶべきものだったのである。このことは、中国からさまざまな経典を持ち帰って受け入れてきた前代の仏教者たちには思いも及ばない、新しい批評精神の誕生を示すものである。親鸞もまた、法然の立場をさらに徹底し、純化してゆくのである。

ところが道元は、現実の人間のあり方にかかわりない本物の真理とは何か、あらゆる時代や人間をこえた普遍的なものは何かを問うのである。自分にふさわしい真理を選ぶのではなく、真理を得るのにふさわしい自分になろうとするのである。それはいわば、真理中心の理想主義の立場である。

法然が人間の弱さを自覚して、そこから出発した人だとすれば、人間の弱さを徹底して生きぬき、つらぬいていった人が親鸞であるといえよう。弱い人間としての苦しみと克己のうちに、親鸞の宗教家としての偉大さや魅力があるのである。

道元は、親鸞とは対照的である。そこには、一刻の修行もおろそかにしない緊張した気迫と、首尾一貫した強靭な思索力があるのみである。二人の手書されたものをみても、親鸞聖人のそれは、奔放な行書体で暖かみがあるが、道元禅師のそれは、峻厳な張りつめた楷書体で少しの隙もない。道元禅師のまわりには常に、わたくしたち凡俗のものには近よりがたい孤高の雰囲気がただよっている。

それは無論、脱俗超世を理想とする禅の特殊性にもよろう。多数の救済を目ざして、民衆のなかに入っていった法然上人や親鸞聖人と、多数の救済のためにこそ少数の指導者の育成に心を打ちこんだ道元禅師の立場の違いもあろう。しかしそれを煎じ詰めてゆけば、人間の弱さに徹していった人と、人間はもともと救われているという信念に徹した人との、人間観の違いということになろう。

しかし両者に共通なのは、絶対的な自己放棄の体験である。法然、親鸞においては、おのれを空しくして阿弥陀如来に帰依し奉ることである。道元においては、おのれを空しくして、おのれに対面することである。一方が他者のうちにある自己の発見であるとすれば、一方は自己のうちにある他者の発見である。

その頃の仏教者たちにとって、先人の教えを聞くことはほとんど絶対的な意味をもっていた。だからこそ法然や親鸞は、立宗に当たってその根拠となる語句を経典の中から探さねばならなかった。道元もまた、重要な思想の開展に当たっては、常に経典や禅籍から引用を怠らない。したがって正法眼蔵には先人の語句をはじめに掲げて、それをさまざまに叙述、解説してゆくという形式が多い。

道元禅師にとっては、独創的な思想ということは少しの意味ももたない。先人の教えを、ひたすら正統的に、少しの誤解もなく忠実に守り伝えることのみに心を注ぐのである。しかし、それは決して、先人の教えを形式的に、語句の表面だけによって理解しようとすることではない。むしろ先人の語句を批判し取捨し、そこに一層高度な解釈を加えることによってのみ、先人の教えの本質を伝えることができるとするのである。つまり、道元が道元自身の生きた体験によって、道元自身の立場において摑み取る以外には、先人の教えを生かすことはできないのである。甚だ逆説的ないい方のようであるが、独創的であることによってしか、独創以上のものは達成されないのである。個によってしか、普遍は得られないのである。

　独創を求めずして独創的になっていることが、正法眼蔵の秘密といえよう。

　たとえば、大般涅槃経《だいはつねはんぎょう》の「一切《いっさい》の衆生《しゅじょう》は悉《ことごと》く仏性《ぶっしょう》を有す」という漢文を、道元禅師は、「一切衆生、悉有《しつう》は仏性なり」と、意識的に読みかえている（仏性の巻参照）。これによって仏性をもつとされるものの範囲が、生物から無生物にまで及ぼされるわけで、大乗仏教の経典解釈の立場からいえば画期的なことだったのである。しかし道元禅師自身は、このような解釈をすることが、釈尊の教えに最も近いと信じたにすぎないのである。

　また前章に述べた、さとりへの修行より、さとりからの修行へという劇的な転回は、道元禅師によって始めて明確に論証されたことである。しかし道元禅師は決してそれを自己の独創とはしないのであって、「修証《しゅしょう》はすなはちなきにあらず、染汚《ぜんな》することはえじ」という南岳懐譲《なんがくえじょう》のことばを典拠とするのである。

　このように、道元禅師は、正伝《しょうでん》の仏法を一歩も踏み違《たが》わずに伝えることのみを心掛けたのであって、その点に関しては非常な自信のほどを示している。釈尊以来の仏法をまっすぐに伝えてきたものは、師の如浄禅師と自分以外は無いとまでいいきっているのである。

　そのような道元禅師の自信が決して独りよがりなものでないことは、その境地の深さ高さによって知ることができよう。たとえば、曹洞禅の巨匠である宏智正覚《わんししょうがく》の坐禅箴《ざぜんしん》（坐禅の意義を記した詩文）は禅門で重きをなすものであるが、道元禅師はそれをかなり改訂している。その両者を全体に亘って比較するとよくわかるが、ここではその最後の二行のみをとりあげることにする。

　水清くして底《てい》に徹す、魚《うお》の行くこと遅々たり。
　空闊《ひろ》くして涯しなく、鳥飛んで杳々《ようよう》たり。（正覚）

　水清くして地に徹し、魚行いて魚に似る。
　空闊くして天に透《とお》り、鳥飛んで鳥の如し。（道元）

　このように比較してみると、道元禅師の境地がいかに無礙なものであったか、そしていかにそれを現わす天才的な表現力に恵まれていたかということがわかるであろう。

　中国語は、厖大な表意文字を有する言語であるために、感覚的なニュアンスを伝えるには適した言語であるが、主語、述語、目的語、修飾語などの関係が明白でなく、論理的な思考を発展させるには適した言語ではない。そこで中国人が発達させたのは、直観的、飛躍的な思惟形式である。禅的表現もまた、そうした中国人の思惟形式の所産であるといえよう。つまり、インド人の沈思的、論理的、分析的、抽象的な性向を、さらに積極的、非論理的、直観的、具体的に発展させたものが中国の禅であるといえるのである。

ところが日本語は、助詞の働きによって、中国語よりは、一層論理的な構成力を持っている。そのため日本人は、ものごとを論理的に考えようとする。たとえば、さきほどの悉有《しつう》仏性の問題にしても、この語句のままの形では満足できず、「悉く仏性を有す」あるいは「悉有は仏性なり」という形でしか納得できなかったのである。

漢文に付せられた返り点や送り仮名は、ただ漢文を日本的に読み易くするばかりでなく、語句相互間の文法的な関係を明らかにして、それを論理的に理解するための助けとして必要だったのである。

道元禅師が正法眼蔵の著述に先だって、漢文による公案三百則を記しあつめて、それに返り点や送り仮名、振り仮名をつけたということは、興味ぶかい事実である。今日でもそのありさまが金沢本「正法眼蔵三百則」に伝えられている。同本は書写本であるが、振り仮名などは道元禅師のつけられたものをそのまま残していると考えられる。たとえば「為他知而故犯」という語の右側には、「為他《スラクハ》 知《チ》而《ニ》故《コ》犯《ボン》」、その左側には「為他知《スカレシリテ》 而故犯《コトサラスト》」というように仮名が付せられている（この公案は後に仏性の巻に引用されている。一二六頁参照）。また「什麼《いんも》」という中国の俗語には「ナニノ」「ナニト」「イツレノ」「イカナル」「イカカ」「ナニトカ」「ナニオカ」「ナニニカ」というような幾種類もの仮名が付せられている。このことからして、中国的発想を、日本語的発想に置き換えるために非常な苦心が払われたことが想像される。つまり、禅宗の先人の逆説的な言行を、ただ単に直観的非論理的に理解するばかりでなく、それをあくまでも論理的に筋道たてて理解しようという努力がなされたのである。

こうして、正法眼蔵における仮名まじりの文体の確立によって、道元禅師は禅の本義を論理的、体系的に叙述することに成功したのである。それはとりも直さず、それまで中国的であった禅が、完全に日本人の思惟形式のなかに取り入れられたことを示すものである。詩的表現が、散文的表現によって取って代わられたのである。文字による経典仏教とそれを否定する禅仏教の矛盾対立がついにここに超越総合されたのである。

正法眼蔵において道元禅師は、一つ一つの問題を十分注意して、一般の人々にもわかるように諄々として説いている。それは覚者の説くことばである。したがって、対在家、対出家の多少のニュアンスはあるとしても、説く立場は少しも変わっていない。それは人間の弱さの上にたった信仰告白の書ではない。信仰告白には動揺があり、発展があるが、ここにはそれがない。正法眼蔵には論理の展開はあるが、論理の発展がないのである。二十三年間、同じことを、さまざまな角度から同じ語調で説かれているのである。それは驚くべき強靭な持続力といわねばなるまい。

正法眼蔵の論理の展開は、水も漏らさない緊密な論理の展開である。一語として無駄には使われていない。正法眼蔵には確かに、同語の反復のように見える表現がある。しかしそれをさらに深くつきつめてゆくと、そこには非常に深い意味があって、それがやむにやまれぬ表現であることがわかる。たとえば現成公案《げんじょうこうあん》の巻のすべての細部にわたってその事がいえるのである。

正法眼蔵に一貫しているのは、一つ一つのどんなささやかなことに対しても、そこに無限の価値を見出してゆくという発想法である。それは相対的な差別観を絶した、論理を超えた論理である。

正法眼蔵の文体は、そのような論理を超えた論理を伝えるための必然性をもって生まれた文体である。それは言句の空しさに徹することによって、言句の力を最高度に発揮する、緊密な、凝縮した文体である。

では、このような文体を生んだ内的要因といったものは何であろうか。

その一つは、日本仏教における伝統的教学の成果である。仏教者道元を育てた叡山は、円教《えんぎょう》（法華経の説く完全な教理）、禅、円戒、密教を包容した総合仏教の中心道場であり、いくたの仏教者たちによる教学的発展のあとをうけていた。したがって道元の求道遍歴の契機となったといわれる「本来《ほんらい》本法性《ほんぼっしょう》、天然自性身《てんねんじしょうしん》」（註五九参照）という疑問にしても、それは少年修行僧のこころに突然浮かんだ疑問ではなかったのである。これは、人間は迷いを次第に破って悟りに達するのではなく、人間はもともと悟りを具えているのだという本覚思想に由来する問題である。これをどう受けとめるかということが、天台教団における中心課題だったのである。これに対する解答は結局、叡山では得られなかったが、ともあれこういった教学的な問題に真正面から立ち向かってゆこうとする学究的な態度や方法といったものは、道元禅師の一生に亘って貫かれているのである。

正法眼蔵の文体を生んだもう一つの、そして最大の要因は、道元の師、天童如浄禅師の宗風である。如浄禅師は、ややともすれば機智を弄して形式的な非合理主義に陥った当時の公案禅に対抗して、衰滅しつつある曹洞禅の正統を独り守っていた人である。曹洞の禅風は綿密丁寧であって、一挙手一投足をおろそかにしない。道元禅師の文体の綿密さ、息の長さということも、そういうところから来ているのである。

正法眼蔵の成立と伝播

正法眼蔵ほど複雑な伝承を経て今日に至った書物は少ないであろう。七十五巻本、十二巻本、六十巻本、九十五巻本等というさまざまな編集がなされ、それらの関係が錯綜している。

そこで、ここでは正法眼蔵の各巻が、各系統においてどのような位置を占めているかを明らかにすることにしよう。

成立年	懐弉書写年	九十五巻	七十五巻	十二巻	六十巻	二十八巻	八十四巻
一二三一		辨道話					
一二三三	一二四四	摩訶般若波羅蜜	2		2		2
〃		現成公案	1		1		1
一二三八	一二四三	一顆明珠	7		7		7
一二三九		重雲堂式					
〃	(一二四五)	即心是仏	5		5		5
〃		洗浄	54				54
一二四〇		礼拝得髄	28			8	28
〃	(一二四三)	谿声山色	25		25		25
〃	(一二四三)	諸悪莫作	31		31		31
〃	一二四三	有時	20		20		20
〃		袈裟功徳		3	41		別集4
〃		伝衣	32			12	32
〃	(一二四四)	山水経	29			14	29
一二四一	(一二四四)	仏祖	52			22	52
〃	一二四三	嗣書	39			19	39
〃		法華転法華			12		別集2
〃		心不可得	8			4	8
〃		心不可得			3		
〃	(一二四三)	古鏡	19		19		19
〃	(一二四五)	看経	30		30		30
〃	(一二四三)	仏性	3		3		3

成立年	懐弉書写年	九十五巻	七十五巻	十二巻	六十巻	二十八巻	八十四巻
一二四一		行仏威儀	6		6		6
〃		仏教	34			13	34
〃	(一二四四)	神通	35		35		35
一二四二	一二四四	大悟	10		10		10
〃		坐禅箴	12				12
〃	(一二五九)	仏向上事	26		26	(別本)1	26
〃	(一二四三)	恁麼	17		29		17
〃	(一二四三)	行持	16		下17 上16		16
〃	(一二四三)	海印三昧	13		13		13
〃	一二四四	授記	21		21		21
〃	(一二四二)	観音	18		18		18
〃	(一二七五)	阿羅漢	36		36		36
〃	(一二四三)	柏樹子	40		40		40
〃	(一二四四)	光明	15		15		15
〃	(一二四三)	身心学道	4		4		4
〃	(一二四三)	夢中説夢	27		27		27
〃	(一二四三)	道得	33		33		33
〃	(一二四二)	画餅	24		24		24
〃	一二四三	全機	22		23		22
一二四三	(一二四三)	都機	23		22		23
〃	(一二四四)	空華	14		14		14
〃	(一二四四)	古仏心	9		9		9
〃		菩提薩埵四摂法			28		別集3
〃	(一二四四)	葛藤	38		38		38
〃	(一二四三)	三界唯心	41		32		41

一二四三	(一二四三)	説心説性	42			27	42
〃	(一二四三)	仏道	44			9	44
〃		諸法実相	43			6	43
〃	(一二四三)	密語	45			15	45
〃		仏経	47			25	47
〃	(一二四三)	無情説法	46		46		46
〃	(一二六〇)	法性	48		48		48
〃	(一二四四)	陀羅尼	49		49		49
〃		洗面	50		50		50
〃	(一二四四)	面授	51			26	51
〃		坐禅儀	11		11		11
〃		梅華	53				53
〃	(一二五五)	十方	55		45		55
〃	(一二四四)	見仏	56		47		56
〃	(一二四三)	徧参	57		37		57
〃	(一二四三)	眼睛	58		44		58
〃	(一二四四)	家常	59		43		59
〃	(一二七九)	龍吟	61		51		61
一二四四		春秋	37				37
〃	(一二七九)	祖師西来意	62		52		62
〃		優曇華	64		54		64
〃	(一二七九)	発無上心	63		53		63
〃	一二五五	発菩提心		4	34		別集8
〃		如来全身	65		55		65
〃	(一二四四)	三昧王三昧	66			10	66

一二四四	(一二四四)	三十七品菩提分法	60			11	60
〃	(一二四四)	転法輪	67			16	67
〃	(一二四四)	自証三昧	69			17	69
〃	(一二四四)	大修行	68			18	68
一二四五		虚空	70		56		70
〃	(一二四五)	鉢盂	71		42		71
〃		安居	72		57		72
〃		他心通	73				73
〃		王索仙陀婆	74				74
一二四六		示庫院文					
〃		出家	75			24	75
?	一二五三	三時業		8	8		別集1
?	一二五五	四馬		9	39		別集9
?	一二五五	出家功徳		1	58		別集5
?	一二五五	供養諸仏		5	59		別集6
?	一二五五	帰依三宝		6	60		別集7
?	一二五五	深信因果		7		5	
?	一二五五	四禅比丘		10		23	
?		唯仏与仏				28	
?		生死				2	
?		道心(原題仏道)				7	
?		受戒		2		21	
一二五三	一二五五	八大人覚		12		20	
?			一百八法明門11				

表中の数字は巻次を示す。また、懐奘《えじょう》禅師の書写年は、七十五巻本・二十八巻本および十二巻本にもとづいている。ただし、六十巻本、二十八巻本のみに書写年の記されているものは、年号を括弧の中に入れてこれを区別した。

では、次にこれらの諸本の伝承の過程を、各系統別に分けて略説しよう。

A　道元が改訂、編集したと考えられるもの

七十五巻本

一二三三年以降、初稿が蓄積される。このうち少なくとも一部は片仮名書きであったらしい。

一二四二年、懐奘が原稿の校訂、清書をはじめる（平仮名）。

一二四六年以降、あるいはその前後に、おそらくは道元が七十五巻を内容に従って編成する。

一二四六？-五二年、道元が懐奘の清書した原稿の大部分を加筆、訂正、清書する（平仮名）。

十二巻本

一二四六年以降に書かれた諸巻を中心として編集される。これを二十五巻として合計百巻とする予定であったが、道元の病状が悪化したため果たされなかった。

一二五三-五五年、懐奘が道元の初稿を清書。

B　道元の改訂を経ずに流布したと考えられるもの

六十巻本

一二四三年以降、懐奘の書写本の大部分と道元の初稿の一部が、改訂本との照合を経ずに、他の門弟に伝わった。

一三二九年、義雲が右のうち六十巻を選んで編集する。その理由は、宗外に発表することが不適当と判断した巻を除外したためと考えられる。

二十八巻本

六十巻本にふくまれない諸巻を編集したもの。編年、編者不明（義雲か、その後継者であろう）。

C　以上の二系統を総合したもの

八十四巻本

一四一九年頃、梵清《ぼんせい》が義价《ぎかい》書写の七十五巻本に、六十巻本の中から九巻を加えたもの。

八十三巻本

六十巻本に、通源書写の七十五巻本の一部を補足したもの（編年、編者不明）。

九十五巻本

一六九〇年、晃全が上記諸本をもととして成立年順に編集（平仮名）。

一七九六年、玄透が九十五巻本の出版を発願し、幕府の許可をえる。

一八一六年、永平寺本山版が刊行される。

正法眼蔵伝播系統図

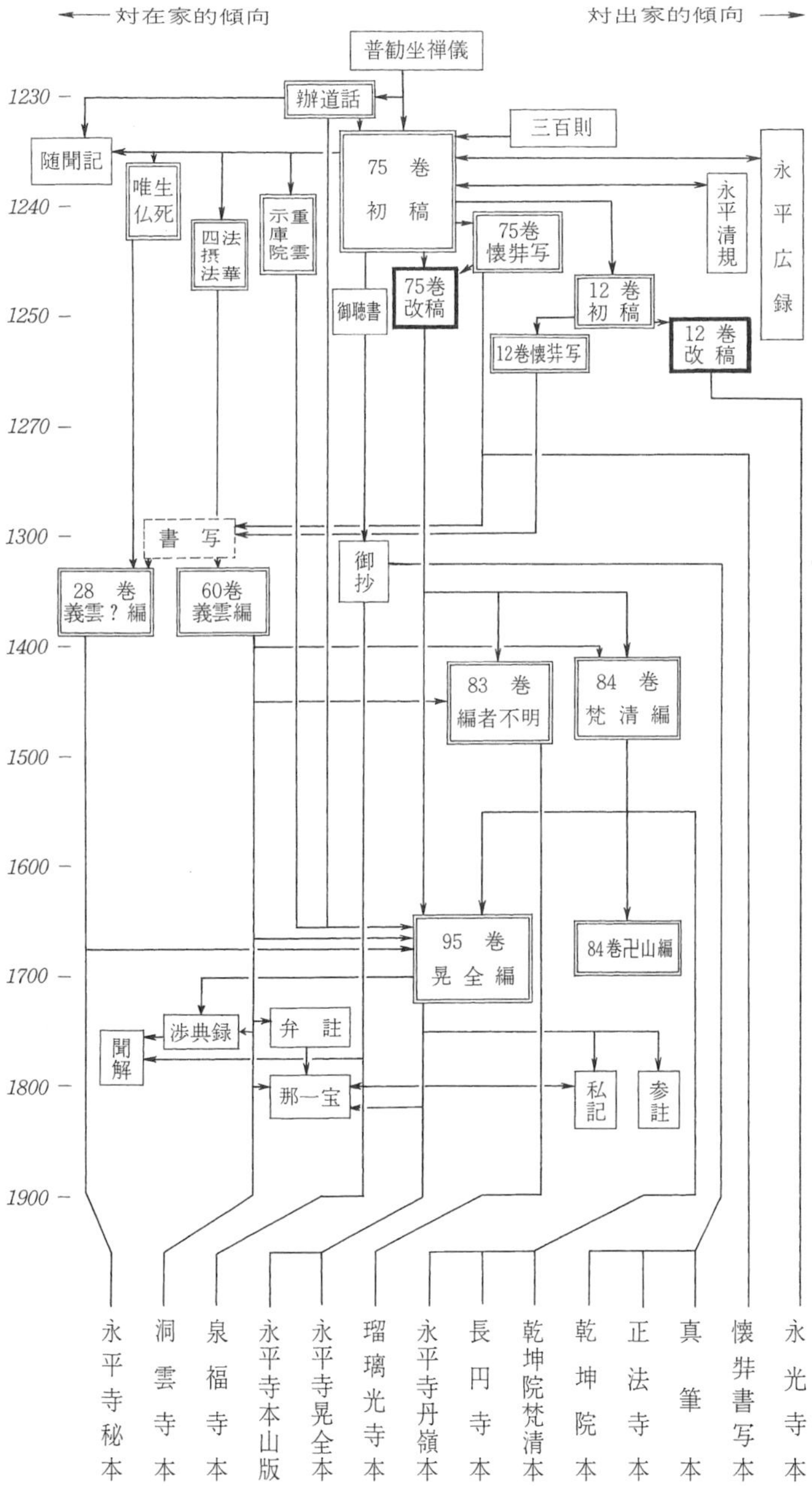

道元の企図した形に最も近いと考えられるもの
一般に仮名書き正法眼蔵として分類されているもの
関係諸本

一般に七十五巻本、十二巻本は、道元禅師の高弟、懐弉禅師の編集になるものとされてきたが、真筆本として残されている山水経の巻やその題号などから判断して、少なくとも七十五巻本は道元禅師の親修によるものではなかろうかと推測される。十二巻本は最終的には懐弉禅師の編集であるが、その編集には道元禅師の意向がかなり反映されていたに違いない。

したがって成立年順にいうならば九十五巻本が原形に近いものであるし、原著者の意図を尊重するという立場からすれば七十五巻本、十二巻本が最も正統的な編集ということができよう。

これらの正法眼蔵諸本の伝播過程と、それに関連する諸本の相互関係を図示すると、前頁の通りになる。

正法眼蔵の解釈について

正法眼蔵の解釈に当たって、わたくしたちは幸いにも多くの註解者を有している。その中でも特に重んぜられているのは次の諸書である。

正法眼蔵御聴書《おききがき》　一二五三年以前（?）　詮慧《せんね》著
正法眼蔵抄《しょう》（御抄《ごしょ》）　一三〇八年　経豪《きょうごう》著
正法眼蔵弁註《べんちゅう》　一七三〇年　天桂《てんけい》著
正法眼蔵渉典録《しょうてんろく》　一七五九年（?）　面山《めんざん》著
正法眼蔵聞解《もんげ》　一七五〇-六〇年代面山述
（異説、一七七五-六年斧山《ふざん》述）
正法眼蔵却退一字参《きゃくたいいちじさん》（参註）　一七七〇年　本光《ほんこう》著
正法眼蔵私記《しき》　一七七九年頃　蔵海《ぞうかい》著
正法眼蔵那一宝《ないっぽう》　一七九一年　老卵《ろうらん》著
正法眼蔵渉典続貂《ぞくちょう》　一八三六年　黄泉《こうせん》著
（以上、正法眼蔵註解全書所収）
正法眼蔵啓迪《けいてき》　一八九七-一九一〇年頃　西有穆山《にしありぼくざん》述

この中で最も尊重すべきは、御聴書、御抄の二書であろう。「御聴書」は、道元禅師の直弟子で、禅師なき後、永平広録巻一、巻九、巻十の編集を担当した詮慧が、禅師在世中に随侍して筆録したと伝えられるものだけに、道元禅師自身の講義の模様をかなり忠実に伝えているものと考えられる。しかし、そこには詮慧自身の解釈も入っているであろうし、道元禅師の発想や語法がそのまま残っているために、難解な個所が難解なままに残っている点も少なくない。

「御抄」は御聴書をさらに敷衍して、きめの細かい解説を下している。道元禅師滅後五十五年の時代をおいたものだけに、極めて明快に疑点を明らかにしている。詮慧の理解した正法眼蔵を、その弟子の経豪が十分にかみくだいて叙述したという点で大きな価値のある註釈書である。

「弁註」は、十八世紀後半に澎湃としておこった正法眼蔵解釈学の先駆をなすものとして注目される。この時代にはまだ原典そのものを比較考証する段階には達していなかったため、独断的な誤りも犯しているが、天桂の原典批判、解釈には極めて独自なものがある。

「正法眼蔵渉典録」や、後代にできた「渉典録続貂」は、正法眼蔵の出典を列挙したもので、原典の客観的註解のための重要な基礎をなすものである。

本光の「参註」は正法眼蔵を漢訳し、漢文で解釈したもので、かえってそのために解釈上の手掛かりとなる点を含んでいる。

道元禅師滅後約五百年間に以上の諸書が成立したのであるが、江戸時代の解釈学が完成の域に達したのは、次の聞解、私記、那一宝の三書によってである。

「聞解」は、天桂に反対の立場に立ち、「那一宝」は天桂、「私記」は蔵海の立場を継承するものであるが、この時代にはすでに「御抄」も参照され、天桂や蔵海の独創的解釈に対する批判を一応濾過した上で著されたものであるから、その解釈の立場もそれぞれに安定している。

右のような立場を総合して、さらに現代的な勝れた解釈を加えたのが、明治の巨人といわれた西有穆山の「啓迪」である。その修行の深さ、学識の高さが行間ににじみ出ており、正法眼蔵解釈上、欠かすことのできない書である。

現代のわたくしたちの感謝すべきことは、右に挙げたような先人たちの業績を参照することができることである。

そのうえ、衛藤即応《えとうそくおう》博士によって、正法眼蔵の各系統の伝承諸本の厳密な校合がなされているので、わたくしたちは、研究上非常な便宜に恵まれている。

しかし正法眼蔵は難しい。

江戸時代に、その研究に一生を捧げた学者たちも、その難解さに嘆息している。天桂は、「仮名書きの正法眼蔵は読みやすいけれども見難《がた》く、見やすいようで知り難い。五百年このかた曹洞《そうとう》門の先人たちはひとりもこの書を理解してゐない」（正法眼蔵弁註調絃）という意味のことをいい、面山は「研究をはじめてから五十年、まだその蘊奥《うんのう》をきはめていないが、ようやく塩加減はわかりはじめた」（正法眼蔵述賛序）といっている。正法眼蔵の難しさは、そういった難しさである。言句の難しさもあるが、言句の難しさが解け始めた頃から、本当の難しさが始まるのである。それは言句を超えて見徹させねばならない難しさである。いわゆる「眼蔵が眼蔵を読んで、眼蔵が聞く」という絶対的自己放棄の体験によらねばわからない難しさである。

したがって、正法眼蔵の現代訳といっても、せいぜいそういった言句を現代語に置き換えて、現代的な文脈によって説明しようとするに過ぎないのである。言句によらないものを、言句によって説明しようとするのであるから、翻訳とか解釈という仕事そのものに、大きな限界があるのである。

しかし、こういった言句の限界は、原典が言句を用いて書かれたということそのもののうちに、すでに蔵せられているのであって、そのような限界を認識しつつも、その限界を打破するために、原典において言句が用いられているのである。したがってわたくしたちもまた、解らないからといって、言句を放棄してはならないのである。行《ぎょう》とは、言句を放棄することではない。言句をつきつめてゆき、言句を突き抜けてゆくところに行《ぎょう》があるのである。解らない語句があれば、別の語句を補い、解らない思想があれば、その歴史的由来を探るなり、註釈によるなりして、何としてでも先人の説かんとするところを学び究めようとする態度が必要である。

註釈書は常に尊重されねばならないが、ときには註釈者間の見解が相違することもあるし、誤解や私意による解釈もないわけではない。それを取捨選択してゆくことが必要である。そこで、正法眼蔵を解釈するための最も重要な鍵となるのは、実は正法眼蔵それ自身である。原書は日本仏教において最大の述作といわれるほど大部なものであるから、何か解釈上の問題に突き当たったときには、原書を何べんも読み返してみるのが一番よい。多くの場合、そこになんらかの回答があるはずである。つまり、正法眼蔵は、正法眼蔵によって解釈すべきである。

所収巻解説

かつて岸沢惟安《きしざわいあん》老師が、「正法眼蔵九十五巻は、只管打坐《しかんたざ》の注脚であります」（岩波文庫版正法眼蔵跋）といわれたように、正法眼蔵はあくまでも、坐禅の書であり、実践の書である。文学書でも哲学書でも宗教思想書でもない。

しかしこの書を文学的感動なしに読むことは難しいであろうし、思想的深さに打たれることなしに学ぶことはできないであろう。というよりは寧ろ、われわれ現代人には、文学的、思想的な触れあいを通して、内面的、宗教的に入ってゆこうとする傾向が強いのではなかろうか。そのような考えから、わたくしたちは、訳出した十二巻を仮りに四つのグループにわけて排列することにする。

その第一部には思想的、哲学的方面から比較的入りやすいと考えられる諸巻（現成公案、全機、生死、有時）、第二部には文学的、芸術的方面から比較的入りやすいと考えられる諸巻（山水経、梅華、画餅）、第三部には宗教的思想的に重要だと考えられる諸巻（辦道話、仏性、行持）、第四部には具体的な実践問題を取り扱った諸巻（坐禅儀、菩提薩埵四摂法）というように排列した。

このような分け方は、ひとえに、わたくしたち編訳者の私意によるもので、難解とされている正法眼蔵に近づくための一便法に過ぎないことはいうまでもない。以下、各巻について、簡単な説明を加えることにする。

現成公案《げんじょうこうあん》の巻

道元禅師自身の奥書によれば、この巻は一二三三年八月に書かれて、九州の俗弟子、楊光秀《ようこうしゅう》に与えられたものである。京都南郊の深草に、道元禅師の率いる始めての修道場、興聖寺《こうしょうじ》が竣工落成した年である。

それが禅師の死の前年一二五二年に加筆されて、七十五巻本に採録されている。そのためにはおそらく、禅師の手元に草稿が残っていたか、あるいは楊光秀から真筆本か写本かが送り戻されたかであろう。

いずれにせよ、一二五二年よりかなり早い時期に、この巻の七十五巻本の第一巻としての地位が確立していたものと考えられる。そこで初稿から伝わったと考えられる六十巻本と、改稿から伝わったと考えられる七十五巻本を比べてみると、内容的にはそれほど大きな修正はなされていないが、字句の点では注目すべき変化がみられる。それは、六十巻本の「現成公按」に対して、七十五巻本では「現成公案」となっていることである。

成立年代順にいえばこれは、辧道話、摩訶般若波羅蜜《まかはんにゃはらみつ》についで、三番目に書かれた巻である。辧道話が禅の修行の概論書、摩訶般若波羅蜜が仏教理論の要約書であるとすれば、これは真理の体験とは何かという一層具体的な問題を深く掘り下げた巻である。したがって、もし辧道話を「坐禅の巻」、摩訶般若を「智慧の巻」と呼ぶならば、これは「さとりの巻」とでも呼ぶべき巻である。

古来、現成公案が解《わか》れば正法眼蔵が解るとまでいわれているように、この巻は正法眼蔵を学ぶものにとって絶好の参究課題であるとともに、汲んでも尽きない味わいの深い巻である。おそらく道元禅師にとっても特別に愛着のあった巻であろう。

これは僧侶たちに対して、禅門の共通語を使って説いたものではなく、俗弟子に対して平易な例を用いて禅の奥儀を示したものである。それだけに正法眼蔵の序論あるいは入門書として、七十五巻本の冒頭を占めるのにふさわしい内容をもつものである。

この巻を贈られた楊光秀という人については何も知ることはできないが、奥書の書かれた年を考えてみれば、おそらく一生出家をしなかった人であろう。しかし禅師帰朝の六年後に、すでに一書を与えられているところから察すれば、かなりの教養人であったに違いない。禅師はこの人に対して、自分が一生に亘って説き示そうとする悟りの論証を、余すところなく解説結集して与えたのである。普勧坐禅儀や辧道話のきらびやかな文体に比べて、これは何とまたすっきりしたうるおいゆたかな文体であろうか。一字一句もゆるがせにせず、いささかの虚飾も用いず、道元禅師の中心思想を要約しているのである。日本古典における最高の散文といってよいであろう。

全機の巻

一二四二年十二月、京都六波羅蜜寺《ろくはらみつじ》の近くにあった波多野《はだの》義重《よししげ》の陣内で講述されたものである。この年は興聖寺が開かれてから九年目にあたり、その翌年、道元禅師は波多野氏の請いに応じて北越（福井県）の深山に本拠を移すことになった。それには、この巻の講述がひとつの契機となったかもしれない。

現成公案と同じく、在家を相手に書かれたものだけに、専門語を多く用いず、舟の譬えなどによって、禅の死生観を平易明快に述べたものである。いざ鎌倉というときに、いつでも起って戦わねばならない武士たちに対して、一刻々々の生命の絶対性を説いて、坐禅をするにも武士としての生活をするにも、その心掛けには何の変わりもないという気持で書かれたものであろう。栄西禅師が興禅護国論を幕府に上申して禅宗の興隆を図ったとは別な意味で、禅者と武士との内面的な関わり合いがここに始まったという点からも、大いに注目すべき巻である。

生死《しょうじ》の巻

この巻はいわゆる正式の正法眼蔵七十五巻のうちには収められていないが、二十八巻秘密正法眼蔵中の一巻として永平寺宝庫に伝わり、一六九〇年に、晃全によって九十五巻本の一部として加えられたものである。

内容は、全機の巻の主体的創造的死生観とはやや対蹠的に、随順的帰投的な色彩が強い。それが浄土門の主張に似ているところから、親鸞聖人に与えられたものだという伝説や、偽作だという疑いまで出たりしたが、おそらく法然か親鸞に学んだことのある誰かに対して、相手にわかるように述べられたというのが真相ではなかろうか。一般に浄土門は易行道、禅門は難行道という見方がなされているが、それは表面的な見方に過ぎず、易行道をつきつめたところに難行道があり、難行道をつきつめたところに易行道があるのであるから、この巻で説かれている「ほとけとなるにいとやすきみち」ということばは、本質的には道元禅師の立場と矛盾しないものである(註八九参照)。しかし、対在家的色彩が極めて強いために、正法眼蔵編集当時の方針と一致せず、七十五巻本に採録されなかったのであろう。奥書が無いために成立年代は不詳であるが、その対在家的傾向から推して、正法眼蔵諸巻のうちでも、かなり初期に書かれたものであろうことが推測される。

有時《うじ》の巻

一二四〇年十月、興聖寺において筆録され、七十五巻本の第二十巻に収められたものである。

この巻の書かれた当時は、興聖寺においての修道生活も安定して、正法眼蔵の述作も規則的に行われていたらしく、この年に七巻、翌四十一年には十巻、翌々四十二年には実に十六巻の大部が成立している。おそらくこの一二四〇年代の前年は、四十代にさしかかった道元禅師にとって、精神的にも肉体的にも、最も脂ののりきった時期であったであろう。

正法眼蔵中の大部分の巻が出家在家に対して講述されたものであることがその奥書に記されている(奥書のある九十三巻のうちの六十七巻に示衆の語がある)が、少数の巻には、示衆の記録がない。そのような巻のうちには、辦道話や現成公案の巻のように、明らかに弟子たちに読ませるために書かれたと考えられる巻もあるわけである。有時の巻の奥書にも「仁治元年庚子開冬日、興聖宝林寺において書く」とあるばかりで、示衆の語はない。したがってこの巻は、当時ただちに講義されたものではなく、正法眼蔵の一部として述作されただけだと考えることもできる。しかし、道元禅師の在世中に詮慧が御聴書を書いたと推定されることから、一二四〇年代にこの巻についての詳しい講義がなされたことはほとんど確実であろう。

いずれにせよ、「学道の人すべからく寸陰を惜しむべし」(正法眼蔵随聞記)といった、道元禅師にとって、過ぎゆく一刻々の価値を明らかにすることが、僧団内に厳しい緊張を保ってゆくための不可欠の要請であったに違いない。その要請に応えるために書かれたのが本巻なのであって、時間についての単なる抽象的な論議ではないのである。

正法眼蔵に共通なことは、過去の禅籍や仏典からの引用文を前《さき》に呈示して、それについて独自の解釈を加えながら論理を展開してゆくという形式である。本巻もまたこの形式を踏んでいるが、ここに構築された時間論は、大乗仏教の伝統的な時間論の上に、中国の禅宗が発達させた直観的、即物的、逆説的発想が加わり、それがさらに道元禅師の総合的叙述的個性によって体系づけられたものであって、現代哲学の立場からみても価値多き、深遠な思想が述べられている。

山水経《さんすいきょう》の巻

一二四〇年十月の間に、有時《うじ》、袈裟功徳《けさくどく》、伝衣《でんえ》につづいて成立し、講述されたものである。七十五巻本の第二十九巻に位する。

この年の春、谿声山色《けいせいさんしき》の巻を著して「山水が一夜に八万四千句のおしえを説く」という蘇東坡《そとうば》の詩を敷衍した道元禅師が、さらに「青山運歩」「東山水上行」などという禅語を発想の手掛かりとして、仏道の立場から天地自然をどう見るかということを明らかにしているのである。

始めてこの巻に接する読者は、その逆説的表現に驚くかも知れないが、実は道元禅師がここで説こうとしていることは、禅でいう非論理、不立文字《ふりゅうもんじ》とは、論理のないことや論理を無視することではなく、論理を徹底的につきつめていった処にある、論理を超えた論理だということである。そのような立場から、禅師は当時、宋で行われていた禅門の風潮にものたらず、これを激しく攻撃しているのである。

のちに、義雲によって六十巻本の編集からはずされて、二十八巻本の一部として秘匿された時代があったのも、このような理由によってであろう。そういえば、この巻の書かれた一二四〇年から四一年の前半にかけて、中国禅に対する強い批判がなされているが、このことは一二四一年春に、日本達磨宗の懐鑑《えかん》、義价《ぎかい》、義演などがそろって興聖寺に投帰したことと無関係ではないであろう。つまり、禅ならば何でもよいのではなく、はっきりとした批評眼をもって真実の仏法を修めなければならないということを切々として説いているのである。

ここにいう「山水」とは無礙《むげ》なる自己をいうのである。それは、真理にめざめ、真理を体現している自己である。真理は普遍的なものであり、それ自身完結したものである。その限りにおいて不動なるものであるが、同時に真理は現実において個々に生かされ実現される。真理のそのような動的な面を、「山が歩く」という語によって表現しているのである。

梅華《ばいか》の巻

一二四三年十一月に著され、のちに七十五巻本の第五十三巻として収載された。

この年は道元禅師にとって極めて多産な年であった。興聖寺を詮慧《せんね》に譲って京都郊外を後にした禅師は、越前志比庄《しひのしょう》、吉峰《よしみね》の古寺に落ちついて、おそらくは大仏寺（のちの永平寺）の建設を計画しながら、会下《えか》の増団や在俗の信徒たちに、実にエネルギッシュな説法を行なっている。この夏、越前に着いてから、正法眼蔵十九巻、興聖寺時代を合わせると実に年内に二十四巻の著述がなされ、さらに洗面の巻の後書がかかれている。またこれに並行して、懐奘による原稿の整理筆写も快調に行われた模様である。

この前年八月に、道元の師である故天童如浄禅師の語録が宋から届けられた。そこに収められている梅華の詩数篇に接した道元禅師は、先師《せんじ》に対する追慕の念やみがたかったに違いない。その詩をもととして約一年三ヵ月後に、この巻が成ったのである。「この時、日本国仁治四年癸卯十一月六日、越州吉田県吉峰寺《きっぽうじ》に在り。深雪三尺、大地漫漫」という奥書によっても、禅師が先師如浄に呼びかけているような息づかいが感ぜられる。

また、「楊梅桃李をゑがかず、春そのものをゑがくことができたのは、わが先師のみである」というくだりなど、みずからが選びとった生涯の師に対する誇りと傾倒が現われていて、わたくしたち後学のものを感動させてやまない。

画餅《がびょう》の巻

一二四二年、全機の巻に先立って書かれ、興聖寺で講義されたものである。七十五巻本では第二十四巻として収められている。

この巻は特に難解で熟読を要するが、その発想のしかたが実に奇想天外で、あっといわせるような論理的展開がなされている。

かりに「絵画などというものは絵空事《えそらごと》にすぎない」というのが日常的論理だとすれば、「絵空事によってこそ自己の真実が表現できるのであって、そのほかに真実はない」というのが絵画の論理、芸術の論理であろう。それを道元禅師は「画餅でなければ餅ではない」というように、表現するのである。それは詭弁的ともきこえる表現でありながら、その背後には一貫した論理的主張がなされているのである。禅でいうリアリティと芸術でいうリアリティの共通性を端的に示すものがこの巻であるといえよう。「空」「無」を媒介とした禅と中世芸術の関わり合いを知るためにも、格好の手掛かりとなる巻である。

辦道話《べんどうわ》の巻

これは、正法眼蔵中、一番最初に書かれた巻である。一二三一年八月筆録され、七十五巻本、六十巻本のいずれにも採録されず、一六九一年になってようやく九十五巻本に加えられた。面山著の正法眼蔵闢邪訣《びゃくじゃけつ》（一七三八年成立）によると、京都のある公卿の家に伝わったものだという。

一二二七年、宋から帰国して、広く坐禅をすすめようとした道元禅師を待っていたものは、旧仏教側からの強い反感であった。そのため禅師は洛中追放の申し合わせをうけて、京都市外、深草に移らねばならなかった。そこで禅師は布教を断念して修行三昧の日を送るとともに、先人たちの語をまとめて一巻の書を著した。それが漢文による正法眼蔵三百則の集成である。

しかしその間にも、禅師の名声を伝え聞いて求道の念にもえて参集する人も少なくなかった。その人たちに対して坐禅の意義を伝えることを目的として書かれたものがこの巻である。当時の仏教者たちの間では、なぜ禅師が坐禅を強調するのかということに疑問をもつ人も少なくなかったであろう。そのような人たちの疑点を明らかにするために、後半に十八個の問答がつけ加えられたのである。形容詞の多い格調高い文章は、新宗の宣布という重大使命を自覚した青年禅師のひたむきな情熱を現わして余すところがない。文体平明で、出家在家を問わず、その志によって万人が救われるという趣旨がよく通じている。

この巻の撰述によって、道元禅師に対する崇敬はいっそう高まったことであろう。一二三三年、信徒たちの熱望が実って、深草極楽寺の旧跡に興聖寺が建った。そしてその翌年、高弟懐弉が参投することによって僧団の水準もいっそう高くなり、道元禅師の関心も、出家在家を問わずに指導することから、僧団の育成に集中されてゆくことになるのである。この巻が七十五巻本に加えられなかったのは、その内容に対在家的傾向が強く、そのために、対出家的傾向を強めていったそれ以後の正法眼蔵の撰述方針と、合致しなかったためであろう。したがって、この巻は正法眼蔵の一部としてよりは、むしろ道元禅の入門書、概論書としての独立した地位を与えられるべきものであろう。原巻は前半の総論と後半の十八問答から成り立っているが、本書ではそのうちの総論のみを収めた。

尚、辦道の辦は、道元禅師自身の用法によれば「力《つと》める」という意味の「辦」であって「わきまえる」という意味の「辨」ではない。底本は古写本に従って「辨」を用いているが、本書では道元禅師自身による用法の場合には「辦」を用いた。

仏性《ぶっしょう》の巻

この巻は一二四一年十月成立し、興聖寺において講義されたものである。七十五巻本では、現成公案、摩訶般若波羅蜜についで第三巻となっている。

西洋中世のある神学者は「万物は善である」と主張したが、万能の神の本質をつきつめてゆけば、そのような結論に至らねばならないのであろう。そしてその背後には、キリスト教神学の高度な発展がなければならなかったのである。

道元禅師の「万物は仏性である」という思想もまた、大乗仏教が興起してから数百年も経た後に、始めて成立することのできた思想であって、大乗仏教の一つの頂点をなすものである。この巻が辦道話、現成公案と並んで、宗門内で最も尊重される所以である。

原巻では、仏教および禅宗史上有名な二十近くの仏性論が呈示批判されているが、本書では専門的になることを避けて全巻二十一章のうちの九章だけを採録した（章のわけ方は、岡田宣法博士による)。分量は原巻の約三分の一に当たる。

行持《ぎょうじ》の巻

この巻は一二四二年、興聖寺において書かれたものであるが、示衆の記録はない。七十五巻本の第十六巻として収録され、のちに義雲が上下二巻にわけて六十巻本に採録している。

正法眼蔵九十五巻のうち、一巻として仏教的、禅的実践の問題を取り扱っていない巻はないのであるが、この巻は特に、釈尊をはじめ三十三人の先人たちの実践のさまを叙述して、その意義を伝えたものである。

原巻は大部なものであるが、本書では上巻二十四章のうち九章だけを収めた(分類は岡田宣法博士による)。分量は全巻の約八分の一に当たる。

坐禅儀の巻

一二四三年十一月に書かれ、越前の吉峰寺で講述されたものである。七十五巻本では、第十一巻に収められている。

坐禅の具体的な方法を述べたもので、禅の奥儀書である正法眼蔵にとって不可欠の巻である。

菩提薩埵《ぼだいさった》四摂法《ししょうぼう》の巻

一二四三年五月、興聖寺時代の最後の時期に書かれたものである。七十五巻本には加えられず、法華転法華《ほっけてんほっけ》の巻とともに、一三二九年に義雲によって六十巻本に加えられている。

この両巻には辦道話の巻と同じく、奥書に「入宋伝法沙門《にっそうでんぼうしゃもん》道元」の署名があり、示衆《じしゅ》の語はない。おそらく在家の誰かに与えるために、このように署名されたものではなかろうか(これと同じ署名があるのは、この巻のほかに、辦道話、伝衣、嗣書の三巻である)。

布施、愛語、利他、同事は、僧俗を問わずに実践されるべき大乗仏教の徳目であるが、ここでは特に在家を意識して書かれたような暖かい語調が感じられる。仏教徒に限らず人間全般に普遍的な倫理の根本となる教えを説いたものである。

索　引

あ

阿育王　人**5**. 153
『阿育王経』　註**703, 706**
阿育王山広利寺　年*1223*
愛語　註**692, 717**. 151, 155, 156
愛処　51, 135
愛心　156
腭(あぎと)　150
悪　25
阿笈摩教(阿含)　註**562**. 120
アサンガ　→無著
阿修羅　註**95**
あす(明日)　32
阿誰　127
阿那箇頭　129, 130
アナートマン　註**8**
阿耨菩提(阿耨多羅三藐三菩提の略)　註**454**. 104
阿鼻獄　註**247**. 62
『阿弥陀経』　註**60**
阿羅漢　註**364**. 85
阿羅漢果　註**362**. 85
あらはれざれども，かくれず　註**630**. 135
安住　47
菴中不死の人　註**598**. 127
暗人　160
安否　155
暗夜　75
安養院(深草)　年*1230, 1231*
菴羅　註**706**
行李(履)　註**25**. 6, 11, 126, 127

い

伊　註**147**. 39(→かれ)
威　158
異　20
意　40, 41, 42
威音王已前　註**166**. 83
争何(いかに)　129
息　150
潙仰宗　註**492**. 107
易行道(他力)　註**89**. 解234
意句半到也有時，意句半不到也有時　43
いく法界を量局として　註**181**. 49
惟儼　→薬山惟儼
いさご(砂)　153
潙山霊祐　人**23**
意旨　53
委悉　132
意趣　124
以心伝心　註**143**
以水為命(以空為命，以鳥為命，以魚為命，以命為鳥，以命為魚)　註**44**. 10-11
為説　63
為他有　125
到(る)処　73(→トウショ)
一異　註**388**. 91
一盂　註**644**. 138
一会一期　8上
一隅　122
一化　138
一現　76
一言相契へば万古移らず(一言相契，万古不移)　註**352**. 83
一時　註**33**. 7, 109
一時一日　138
一時一法　17
一事一心　17
一食　139
一時現，一時不現　註**412**. 95
一時のくらゐ　註**33**. 7, 23
一乗　註**141**. 93
一定　27
一条　30
一条拄杖　96
一条鉄　118
一塵　100, 111, 154
一途　59
一動一静　97
一日　142, 143, 144
一如　27
一人　111, 112
一任　31, 36, 119
一念頃　註**353**. 83
一仏二仏　142
一分　154
一両　註**546**. 117
一類　註**555**. 118
一老一不老　註**442**. 100
一回　65
一境　58
一経　31, 138
一茎草　註**276**. 68, 96
一曲　59
一句一偈　註**700**. 152
一華　註**291**. 71, 72, 80, 82
一華は五葉を開き　79
一向　35
一切　53, 73, 160
一切衆生　25
一切衆生悉有仏性　註**520**. 113. 解223
一切衆生無　註**585**. 125
一切諸仏　96, 113
一切祖師　113
一切の衆生はみな仏性有り，狗子甚麼と為てか無なる　125
一切の諸法は畢竟解脱にして所住有ること無し　59
一切の存在物　註**3**(2)
一枝　72, 73
一悉　114
一出一不出　131
一瞬　註**30, 36**. 解220, 221
一性　91
一生参学の大事　105
一生叢林　註**661**. 141
一生不離叢林　註**661**
一心　91
一水　69
一寸坐れば一寸の仏　解219
一斉　65
一声　90
一隻眼　註**145**
一銭一草の財(たから)　152
一相　111
一草一象　29
一多のきはならんや　104

一端　59
一超　109
一通　註**390**. 92
一通これ万通なり，一通は一法なり　92
一滴　10, 61
一天　108
一音の法　131
一般両般　58
一法　註**52, 390**. 36, 91, 156
一法纔に通ずれは万法通ず　91
為道　121
いとやす(易)きみち(道)　註**89**. 25
未審(いぶかし)　129, 130
いま(今)　136
いまの生　16
印可証明の語　註**510**
インド人　解224
因縁　33, 76, 85, 145
因縁力　152
恁麼　註**65, 401**. 28, 34, 42, 43, 83, 93, 94, 97, 118, 124. 解224
甚麼　75, 126
恁麼の時節　73
陰陽　註**438**. 99

う

有　註**8, 10, 92, 129**. 33, 34, 35, 114, 115, 116, 126
ヴァスバンドゥ　→世親
魚　10, 11, 67
魚をつ(釣)る　66
有時　註**92**. 26〜43
「有時」の巻　→「正法眼蔵有時」
有時現成　36
有時の而今　30
有時の片片　33
有時は意到りて句到らず……　40
有時は伊(かれ)をして揚眉瞬目せしむ　38
有情　註**275**. 48, 114, 138
有情世界　68
有情にあらず　註**180**. 48
有草有象　29
宇宙説　註**206**
優曇華　註**293**. 72
有なり時なり　註**126**. 34
優鉢羅華　註**294**. 72
有部(説一切有部)　註**593**. 126
有仏性　128, 132
海　39, 158
有無　56
有無の有　註**531**. 114
有無の無　122
梅は早春を開く　註**343**. 82
雨露　60, 77, 148
運　99
蘊　註**421**(→五蘊)
云為　註**375**. 88, 145
雲雨風水　73
雲巌曇晟　人**26**
運啓　註**267**. 67
雲月是同　註**340**. 81
雲居道膺(弘覚大師)　人**27**. 128, 141
雲水　註**393**. 74
雲中　67
雲衲霞袂　註**393**. 92
運歩　47, 48, 49, 50, 56
『雲門広録』　註**205, 282, 433**
雲門(宗)　註**492**. 108
雲門文偃(匡真大師)　人**30**. 註**626**. 52, 98
雲遊萍寄　106

え

衣　註**683**
依　註**70**(→依正)
会　註**109**. 128
永遠　註**36**
永慶寺(豊後)　年*1245*
栄西　→明菴栄西
叡山(比叡山延暦寺)　年*1212*, *1214*. 解225
『永平広録』　註**2, 12**
永平寺　年*1246*, *1247*, *1253*
永平寺本山版(『正法眼蔵』)　解228
慧可大師　→大祖慧可
懐鑑　年*1241*. 解235
衣衫　註**683**. 149
依自　58
衣持　138
会取　4, 9, 116, 118, 136
依正　註**70**. 18, 51, 65, 115, 135
会上　107
懐弉(孤雲)　年*1234*, *1235*, *1236*, *1242*, *1243*, *1244*, *1245*, *1247*, *1253*. 解228, 230
懐譲　→南岳懐譲
回生回死　註**664**. 142
依水　58
会草不会草　29
会象不会象　註**109**. 28
依他　58
慧忠　→南陽慧忠
衛藤即応　解231
『淮南子』　註**668**
越(国)　註**83**. 22
廻途　註**186**. 50
会得　註**14**
慧能　→大鑑慧能
衣被　138
会不会　129
縁有　114
縁覚　註**141, 654**
縁起　註**632**. 115, 136
縁起は行持なり　136
『圜悟広録』　註**72**
圜悟克勤　人**35**. 19
遠山のはな(花)　151
円成　77
演暢　111

お

王位　153
往還　117
扇(あふぎ)　13
王宮　138
応供　85
黄金　14
黄泉(無著)　解230
横担・竪担　96
黄梅山　119, 149
黄梅山の五祖　→大満弘忍
黄檗希運　人**24**. 33
黄檗の行棒　54
往来　註**107**. 28
岡田宣法　解238
『御聴書』　→『正法眼蔵御聴書』

憶想　58, 65
屋裏　註**251**. 64
和尚　13
鬼　57
おぼろげの福徳　註**300**. 74
親　52
憶ふに昔当初(そのかみ)未悟の時……　89
恩愛　註**671**. 145
恩給　註**295**. 73
怨家　145
隠顕存没　135
遠近　156
飲食を節量すべし　149
怨親　157
怨敵　155
恩徳分　76
恩分　77

か

果　註**652**(→果蓏：カラ)
跏　註**682**(→跏趺)
我(が)　註**8**, **24**. 116
開演　71, 109
開華　71, 72, 77
開悟　註**14**. 108
開五華　72
開五葉　80
骸骨　139
界尽　34
開闡　80
廻天　註**717**. 156
海徳　註**38**. 9, 10
開発　90
開明　87, 88
火焰裏　60
画角　89
かがみ(鏡)にかげ(影)をやど(宿)すがごとし　4
鏡を磨く(磨鏡)　註**638**. 137
鏡を破る(破鏡)　註**638**. 137
画飢　101
家郷　137
家業　92, 101
芽茎生長　118
各各　104
学業　92
覚他　111
確爾　109
学習　117
覚樹王　109
覚者　註**5**. 117
学者　116
客塵　註**535**. 115
覚知　註**54**. 3, 60, 111, 117, 118, 121, 135
覚道　109
学道　92, 102, 117, 124
『学道用心集』(道元)　註**89**, **717**. 年*1234*
学得　128
学人　98
覚念(俗弟子)　年*1253*
学仏道　54
学仏のともがら(輩)　64
覚了　註**14**. 117, 118
過現当来　82
過現未　註**111**
過現来　83
過去　註**28**, **29**. 135
過去・現在・未来　87, 135
我執　註**8**
家常　129
家常茶飯　126
迦葉尊者　→摩訶迦葉
迦葉仏　註**569**. 122
掛搭　註**302**. 75
荷沢神会　註**29**
掛搭不得　75
かた(語)ればくち(口)にみつ　104
価直　143
活計　46, 51, 53, 64, 92, 95, 100, 131
夾山　註**384**. 90
夾山善会　人**22**. 註**81**. 22
合取　116
葛藤　註**214**. 72, 108
葛藤断句　註**214**. 54
活鱍鱍地　35, 73
活路　13, 57
華亭江　註**272**. 67
華亭江の賢聖　→夾山善会
画図　86, 95, 97, 99, 101
何必　註**57**. 13
画餅　91～102
「画餅」の巻　→「正法眼蔵画餅」
画餅飢に充たず(画餅不能充飢)　註**392**. 92, 93
跏趺　149
家風　9, 96, 105
火風は上にのぼり，地水は下にくだる　62
家風をきく　註**41**. 9, 105
画仏　96
下方　59
何法　88
我逢人　註**158**. 42(→逢)
上(かみ)　註**91**. 62
かみをうやまふ　註**91**. 25
果蓏(カラ)　139
迦藍　註**642**
果裏　118
瓦礫　110
伊(かれ)　38, 43
漢　117
勘過　94
看看　33
寒巌義尹　→義尹(ギイン)
欠気一息　註**686**. 150
願楽(ガンギョウ)　註**701**. 153
看経　108
閑供養　註**645**. 138
寛繋　149
間隙　31, 134
管見　51
喚作　註**296**. 72, 124
『管子』　註**726**. 158
ガンジス河(恒河)　註**518**
慣習　39
元住　136
元正　82
元正啓祚　82
眼睛　註**151**, **255**. 40, 50, 65, 72, 74, 76, 77, 78, 79, 83, 87, 88, 113, 114, 115, 144
眼睛を打失する　註**298**. 73
観世音菩薩　註**321**
観想　29, 144
鑑智僧璨(三祖)　人**8**
眼中睛　76
閑道　註**476**. 106
寒凍摩挲　71
観音導利興聖宝林寺(興聖寺)　年*1233*, *1235*, *1236*, *1239*, *1243*
勘破　81
閑夢　89

眼目　48
関棙　註**159**.42
含霊　111

き

飢(不飢)　102
機　註**62**,110
祇　註**425**
義　123
儀　註**672**.158
(寒巌)義尹　年*1241*,*1242*
希運　→黄檗希運
義雲　解228
義演　年*1241*.解235
(徹通)義价　年*1241*,*1244*,*1247*.解228,235
機関　註**64**.16,18
奇巌怪石　96
擬議　59
虧闕　47
棄嫌　2
義玄　→臨済義玄
きし(岸)　6
岸沢惟安　解232
紀事の書　144
疑著　27,48,50,58,65,67,76,94,101,127
義準　年*1241*
帰省　→葉県(セッケン)帰省
貴賤　156
希遷　→石頭希遷
義存　→雪峰義存
『吉祥山永平寺衆寮箴規』(道元)　年*1249*
魏徴　註**717**
『喫茶養生記』(栄西)　人**37**
喫著　95
吉峰寺　年*1243*
既得恁麼　註**132**.36
きのふ(昨日)　32
客観　註**18**.解219
脚尖　56
撃不能　53
蚯蚓有仏性，蚯蚓無仏性　131
蚯蚓斬れて両段と為り……　128
九淵　註**237**.59
休歇　註**21**.5
窮亀　註**719**.156
究極　49
九山迷盧　註**206**.53
旧枝　79
旧枝是梅華　84
休息　148
丘塚　138
究徹　註**14**.52,87
究辦　47
去　17
経　註**162**
境　註**135**,**196**.37
教(せしむる)　註**147**
今日　32,88
行　解220
教伊揚，教伊瞬　39
境界　51,58,111
行願　註**729**.160
驚疑　63,65
教化　151.解219
教家　126
教外別伝　註**162**.解220
香厳智閑　註**391**,**392**,**445**
軽忽　140
行思　→青原行思
行持　註**621**.134,135,136,137
「行持」の巻　→「正法眼蔵行持」
教籍　107
行取　142,143,144
行処　62
匡真大師　→雲門文偃
行説　141
形体憔悴　140
形段　註**127**.35
経典　註**458**.解220
経典の分類　註**141**
行道　51
狂風暴雨　71
行不得底を説取し説不得底を行取す　140-141
形名　註**189**.50
経論　註**397**.92
経論師　120
玉殿朱楼　註**115**.30
許多　20,37
虚無思想　註**8**
去来　27,30,36,94,95,97,136
きは(際)　註**53**,**516**.10,112
筋骨　100
琴詩酒　註**724**.158
禽獣霊秀　66
経行(キンヒン)　139
経豪　解230

く

句　40,41,42
愚暗　75
空　註**10**.65
宮　66,69
遇一行修一行　12
空王　註**182**.48
空間的存在　註**92**
空華　註**314**.77
空劫已前　註**166**.46
窮子　註**640**.137
究尽　12,15,34,35,46,63,69,76,102
究尽の大道　15
宮殿　9,57,59,63
空輪　註**206**.59
究竟　58,109
草　148
くさ(草)の露　8
草は棄嫌におふ　2
狗子　75,124,125,126,128
狗子仏性　註**586**.124
狗子還仏性有りや也た無しや　123-124,125
『倶舎論』(世親)　註**28**,**111**,**674**.年*1208*
共住　75,110
九十五巻本(『正法眼蔵』)　解226～227(表),228(C)
救生　106
具足　80,120,158,160
弘通　106
倶動　129,130
功徳　註**38**,**170**,**188**.32,46,47,49,50,51,56,80,82,90,102,112,134,135,145,151,154
瞿曇　註**150**.73,77,79,80,87
弘忍　→大満弘忍(コウニン)
愚夫　159
功夫　58,70,83,94,97,98,105,120,122,126,129,131,144

功夫参学　18, 129, 136
求法　105
弘法　106
雲(くも)　55, 59
愚蒙　123
供養　136, 153
くらゐ(位)　註**33**. 8
句裏　122
群有　114
郡県　138
君子　155
薫修　93, 96
群生　105, 114
群類　109, 114

け

偈　註**700**. 152
礙　41
経営　95
形骸　143
荆棘　73, 79
罣礙　註**35**, **156**. 8, 19, 21, 41, 122
慶元府　註**285**. 年*1223*. 70
渓山各別　註**340**. 81
景岑(和尚)　→長沙景岑
啓祚　83
髻中の明珠　註**665**. 142
『啓迪』　→『正法眼蔵啓迪』
景徳寺　→天童山景徳寺
『景徳伝灯録』(略：伝灯録)　註**1**, **2**, **29**, **81**, **94**, **149**, **155**, **159**, **192**, **260**, **276**, **290**, **329**, **336**, **383**, **392**, **401**, **402**, **426**, **442**, **445**, **538**, **541**, **548**, **549**, **560**, **582**, **600**, **608**, **616**, **638**, **641**, **656**, **660**, **663**, **665**, **666**, **675**, **680**, **687**
経聞　32
谿林　89
経歴　32, 36, 37
経歴の功徳　32
解会　31, 35
華開　48
華開世界起　註**290**. 72
華開葉落　註**637**. 137
激揚　106, 110
懈惓　137
乖向　49
計功　35
『華厳経』　註**18**, **36**, **61**, **621**
『華厳五教章』(法蔵)　註**36**, **92**, **111**
袈裟　註**681**. 148
華枝同条参　84
華情　79
解脱　註**5**, **14**, **63**. 23, 51, 59, 63, 100. 解218
解脱者の論理　解219
下地為江河　61
華地悉無生　註**325**. 78
結果　72, 79
結跏趺坐　149
決定　129
結纏　72
決了　142, 143, 144
結良縁　75
化道　111, 117
外道　51, 54, 55, 60, 99, 116, 132, 138
繋縛　59
華発　80
外物　37
華裏　77, 80
仮立　93
見　33
賢　註**564**. 66, 70
現　17
玄覚　→永嘉(ヨウカ)玄覚
現行　60
見解　21, 30, 93, 118, 119
乾坤　100
見在　107
現在　註**28**, **29**. 53, 135, 155
玄旨　106
見取　4, 6, 9, 51, 78
見取会取　9
賢首大師　→法蔵
見処　50
見性　註**14**, **198**
賢聖　152
見成　13, 51, 134, 136
現成　註**2**, **63**. 13, 14, 15, 20, 21, 34, 35, 36, 46, 50, 52, 53, 54, 55, 56, 57, 61, 64, 69, 79, 80, 91, 94, 95, 97, 98, 102
見成公案　註**2**
現成公案　註**2**, **49**. 12, 42
「現成公案」の巻　→「正法眼蔵現成公案」
現成道成の時節　註**405**. 93
賢人　61, 64, 67
見心見性　註**198**. 51
鎌子(話)　註**210**. 53
『建撕記』　註**59**
現前　102, 155
眷属　76, 100
現代人　解221
現代訳　解231
見徹　35
検点　8, 49, 97
拳頭　註**255**, **552**
玄透(即中)　解228
(斧山)玄鉉　解230
建仁寺　年*1202*, *1217*, *1227*, *1230*
建仁の全公　→仏樹明全
見仏　註**14**. 85, 121
見別　77
見聞　55, 74, 75, 76, 82, 94, 106, 121, 135
見来　93
堅牢　100

こ

悟　註**14**. 3, 8
期　131
顧愛　155
功　61
劫　註**137**. 425
香　71
業　58
吾有　80, 84
公案　註**2**, **401**, **458**. 61
公案禅　解225
強為　註**129**. 35, 66, 69, 134
光陰　144, 149
光陰を護惜すべし　149
公胤(園城寺)　年*1214*
行雲行雨　88
公円(天台座主)　年*1213*
江河　61
江河の精　61
弘覚大師　→雲居道膺
恒河沙数　註**518**. 112
拘牽　94, 100
孝行　註**715**. 155
功業　93, 153
曠劫多生　143
高高たる峰頂に立つ　26

亙古亙今　116
交衰　71
江西，馬祖　→馬祖道一
吾有時　32
光色　100
講者　90
強弱　56
好手　86
向上　42, 55, 132
興聖寺(深草)　→観音導利興聖宝林寺
江心　67
広成　66
(版撓)晃全　解228, 234
『興禅護国論』(栄西)　人**37.** 解233
高祖　註**601, 657.** 128, 141
業増上力　115
高大　80
広大　111, 153
向他道　121
黄帝　註**265.** 66
叩頭　66
崆峒華封　註**265.** 66
弘道大師　→薬山惟儼
搆得　註**567.** 122, 126
弘忍　→大満弘忍
降伏　155
行歩　47, 56
光明　20, 27, 77
膠膩　100
五蘊　註**421.** 96, 135
孤雲懐弉　→懐弉
久我通親　年*1202*
久我通光　年*1248*
後漢　108
互換　138
古鏡　註**666.** 142
語句　55
虚空　97, 135
克勤　→圜悟克勤
国土　59, 63, 73, 77, 144
国利　138
五家　註**492.** 108
五華　註**291.** 72
古賢　143
五眼　註**320.** 77
『護国正法義』(道元)　年*1242*
心の大小　154
古今　66, 81, 89, 119
後際(未来)　註**29**
護持　148
五色　註**233**
其疾如風　48
誤錯　58
護惜　149
『御抄』　→『正法眼蔵御抄』
悟上　3
古聖先賢　144
悟迹の休歇　5
五祖　→大満弘忍
古則　註**2**
五祖法演　人**33.** 89
『古尊宿語録』　註**661**
五大　註**233, 245.** 62
国界　66
兀兀　150
乞食　138
業識　註**587.** 115, 125
骨髄　55, 142
悟道　89
『五燈会元』　註**143, 158, 169, 210, 384**
悟入　註**14**
このきは(際)　註**516.** 112
このところをうれば　註**48.** 11
このみち　註**50.** 11
故犯　127, 128. 解224
糊餅　註**433.** 95, 98
古仏　註**172.** 26, 46, 65, 69, 71, 72, 73, 74, 83, 86, 92, 97
後仏出世　85
古仏中の古仏　82
悟本大師　→洞山良价
語脈　81
孤明　126
五門　105, 107
虚融　註**577.** 123
五葉　註**291.** 80, 81
五葉一華の道　82
古来　67, 89, 142
箇裏に帰す　註**26.** 6
是什麼物(これなにものか)恁麼来　註**401, 524.** 93, 113, 116
古老　117
語話　53, 129
今　註**330.** 80
言　81
勤学　123
根茎　119
根茎枝葉　100, 119
言語　126, 131, 155
金剛　註**674.** 56, 148
『金光明最勝王経』　註**243, 244**
昆虫　73
今仏　92
根本　155
根・力・覚・道　註**431.** 97
建立　62
金輪　註**206**

さ

財　152
西和尚　→明菴栄西
歳寒心　89
最極　73
罪根　75
在山　67
最上　108
最上無為　104
斉す　84
在世　138
歳旦　82
西天　117
西天東地　87, 108
西天二十八祖　80, 113
菜餅　95
坐臥を脱落すべし　註**677.** 148
朔風　89
朔風雪に和して谿林を振ふ　89
槎槎牙牙　71
坐処　148
坐定　150
坐上の修　112
坐禅　註**458.** 111, 148, 149, 150
「坐禅儀」の巻　→「正法眼蔵坐禅儀」
『坐禅箴』(宏智正覚)　解223
坐禅人　109
策起眉毛　85
昨今の道理　31
薩埵　160
さと(悟)り　註**14.** 2, 3, 8. 解219

悟りからの解脱(証)　註14
坐蓐　註673. 148, 149
作仏　註14. 85, 119, 120, 121, 122, 148
さへ　註156. 41
作法　94
沢(さわ)　69
衫　註683. 148(→衣衫)
山河　30, 79
山海　39, 40
参学　註107, 186. 28, 37, 47, 49, 52, 54, 55, 56, 62, 64, 68, 69, 76, 77, 80, 91, 92, 93, 94, 99, 102, 105, 106, 113, 120, 129
参学眼　54, 81, 86
参学眼力　9
三祇百劫の熏修　註425. 96
参究　註107. 19, 43, 49, 51, 56, 65, 70, 81, 83, 93, 97, 101, 118, 120, 130
山外人　註177. 48
三賢　註564. 120
山賢　66
参見　108
三業　註495. 109
参差　149
三際　註241. 61
山寺　74
三十二相　註423. 96
三十年よりこのかた　124
参熟　14
三乗　註141. 93
三乗十二分教　註141, 162. 38
三途　註499. 109
山水　46, 94, 96. 解235
「山水経」の巻　→「正法眼蔵山水経」
サンスクリット語　註3
三頭八臂　註95, 620. 26, 27, 30, 31, 34, 132
山川　106
参禅　148
三祖　→鑑智僧璨
『参註』　→『正法眼蔵参註』
山中人　註174. 48
参徹　57
『参同契』(石頭希遷)　人15
参到参不到　43
山徳　10
参徳人　75
三衣　註643
参仏眼　86
参仏参祖　82
山不流　67
参飽　9, 121
三菩提　93
三昧　註14, 456. 104, 109
三昧華　77
三明　註430. 97
参問　38
三友　註724
参来参去　37, 43
山流　49, 63, 65, 67
三領の衣　139
山林　137, 140

し

死　2, 7, 15, 17, 19, 20, 131, 132
自　12, 158
時　註92. 26, 27, 31, 32, 33, 34, 35, 40, 42
事　158
慈愛　155
始有　114
四果　註364. 85
自界　65
自覚　111
智閑　→香厳(キョウゲン)智閑
時間　註29. 解220
色　註17. 4, 65
識　註54
始起　116
『史記』　註722
『私記』　→『正法眼蔵私記』
直下　註42. 10, 56, 115
直指人心見性成仏　註198
直須　123
直証　註14, 509. 110
色声香味触法　58
識神　132
直截根源人未識　註537. 115
測度　註440. 59, 67, 91, 99
直道　121
直入　31
色法　97
自狂　106
竺尚書　128, 129
自己　註62, 63. 3, 13, 57, 127, 136
自己にあはず　117
自己放棄の体験　解222
自己をつる　67
自己をならふ　4
自己をわする　4
自古今　註374. 88
只今　127
時さるべからず　註111. 30
師資　108
指示　38, 47
時々　28, 29, 32
師子吼　註521. 113
示衆　47
四洲　151
止宿　138, 139
始終　125
自受用　註456. 111
自受用三昧　註456. 104, 108
四摂　160
枝条大囲　119
此生他生　152
四摂法　註690
慈心　156
至心廻向　註520
自心自性　6
四維　62
此世他世　152
時節　2, 30, 50, 56, 65, 73, 94, 131
時節の長短　註36. 8
四祖　→大医道信
舌　150
自他　33, 158
四大　註245, 421. 62, 96, 135
自他一如　157
親しく仏に見え来る　85
自他の因縁　145
七十五巻本(『正法眼蔵』)　解226～227(表), 228(A)
七縦八横　56
七仏祖　註339. 80
室　122
実　66, 97, 98
悉有　114, 115, 116, 118, 122
悉有の一悉を衆生といふ　註527. 114
悉有は仏語なり　註532. 114

悉有は仏性なり（悉有仏性）
114, 122
湿乾　56
実帰　註**194.** 51, 135
日月　143, 144
日月星辰　135
失誤　137
膝行　66
十聖三賢　註**564.** 120
七通八達　50, 141
竹篦　100
七宝　註**193.** 50, 57, 96
十方　87, 92, 113, 134
十方諸仏　100
十方の水　56
十方法界　註**498.** 109, 110
十方無尽　76
十方無量　112
四天下　85
使得　41
慈念　155
自然　79
自然の外道見　55
師範　55
糍餅　95
慈父大師　137
自分を捨てる　解220
四宝　註**420.** 96
嗣法　122
自魔　註**371.** 88
しも（下）　62
只麼　註**401**
蹉過　35, 76, 126, 144
釈迦牟尼　註**150**
釈迦牟尼仏（大師釈尊，釈尊）
人**1.** 註**1, 339.** 66, 85, 107,
113, 122, 137, 138
這竿恁麼短を得る　註**448.**
101
邪教　60
錯有時　43
釈尊　註**5, 96, 150**（→釈迦牟
尼仏）
邪解　117, 123
邪計　55, 116
邪見　116
這箇　註**178.** 48, 102
邪師　106
邪執　132
捨身　153
邪心　137
這頭　註**414.** 95
『舎利相伝記』（道元）　年*1227*
主　66
取　註**73**
衆　159
雌雄　108
住位　註**128.** 35, 59
縦横　104
習学　27, 124, 158
充飢　101
十号　註**429.** 97
宗旨　38, 53, 58, 82, 102,
113, 122, 124, 130, 134, 141
終始　83
住持　104, 108, 113
種子説　註**555**
終日　141
執着心　註**14**
従諗　→趙州従諗
宗す　註**146.** 39
習禅　註**455.** 150
周旋　110
充足　9
重担　106
脩竹　99, 100, 101
脩竹芭蕉画図に入る　99
十二巻本（『正法眼蔵』）
解226～227（表），228（A）
十二時　27
十二時使　95
十二頭蛇　註**647.** 138, 139
『（仏説）十二頭陀経』　註**647**
十二年の修道　67
十二分教　註**141.** 38
臭皮袋　93
秋風を帯して秋風にやぶる
100
住法位　註**121.** 34, 35
宗門　108
従来　91, 109
十六摂　160
聚会　87
衆会　152
主観　註**18.** 解219
修行　註**36.** 2, 28, 34, 134,
135, 154. 解219
修行の発足　29
受業　101
樹下　139
樹下草庵　92
樹功　72, 73
樹功より樹功せり　註**288.**
72
修懺　108
首山省念　人**31.** 40
種子　75, 118, 136, 156
寿者命者　註**47.** 11
修証　註**14, 203.** 3, 11, 12,
33, 52, 53, 56, 58, 111, 115,
150
修証一如　註**401**
修証即不無　56
修証不二　註**510**
衆生　註**5.** 2, 3, 27, 114, 115,
151, 154, 155, 156
衆生有仏性，衆生無仏性
120, 121
衆生快便難逢　註**542.** 116
拄杖　68, 100
拄杖払子　26
受身捨身　153
頌す　85, 90
樹石鬱茂　66
修せざるにはあらはれず
104
衆善奉行　→諸悪莫作，衆
善奉行
術　148
『述異記』　註**200**
『出家授戒作法』（道元）
年*1237*
出現　50
出生死　15（→生死）
出世　140
出入　136
出路に一如を行ず　註**464.**
105
衆に示す　47, 71, 73, 83, 84
衆法　註**3.** 17, 20
須弥　註**206.** 100
須臾　註**444.** 100
受用　110
聚落　138
樹林　57
純一　108
『春秋左氏伝』　年*1206*
春秋冬夏　101
春到　72
春風　73, 90

順風　註**167**. 47
瞬目　76(→揚眉瞬目)
春容　71
処　80
序　89
自余　76
諸悪莫作，衆善奉行
　註**400**. 93
正　註**70**(→依正)
生　2, 7, 8, 15, 16, 17, 18, 19,
　20, 23, 34, 94, 132
聖　註**564**. 66, 70
声　註**17**. 4
証　註**14**. 34, 85, 91, 104, 109
橦　112
請　138
使用　63, 105
定　註**456**. 129
成　17
常　48
『長阿含経』　註**307**
世友　註**28**
乗雲　註**167**. 47
証会　註**14**. 109
浄衣(乞食)　138
青黄赤白　96
青黄赤白黒　58
証果　152
証画　102
小獃子　註**215**. 54
正覚　109
正覚　→宏智(ワンシ)正覚
照鑑　49
情隔　77
証究　13
証空(上人)　年*1247*
正解　106
上下　34, 62
称計　74
枝葉華果　118
上下縦横　62
浄潔　100
小見小聞　50
相見　註**14**. 81, 95
証験　13
相見問訊　註**301**. 74
小許　89
照顧　122
証拠　註**14**
小悟　註**14**
証悟　註**14**
焼香　108
常恒　112
昇降上下　註**122**. 34
荘厳　50, 109
荘厳光明　27
上座　人**29**. 140
上座部仏教　註**28**
称讃　140
上山　30
定山神英　人**23**. 註**81**. 22
上山渡河の時　註**114**. 30
正師　54
生死　註**29, 80, 81**. 22, 23,
　24, 25, 97
生死(出生死，入生死，捨生
　死，度生死)　15
「生死」の巻　→「正法眼蔵生
　死」
生死即涅槃　註**80**. 23
生死に著す　24, 25
生死の全機　20
生死のなかに仏あれば，生死
　なし　22
生死のほかにほとけをもとむ
　23
生死をはなる　25
生児　52
声色　註**17**. 143
正直　108
小実　53
『成実論』　註**388**
精舎　註**642**
正種　106
常任　註**24**. 6, 14
趙州従諗(真際大師)　人**20**.
　註**276, 541, 661**. 123, 124,
　125, 126
静処　148
生生　註**326**. 78
小乗　註**141, 364**. 54, 60
小条　79
条条　118
清浄解脱の法性　57
蕭々たる雨夜　145
証上に万法をあらしむ
　註**463**. 105
証上の修　註**510**
正身端坐　150
憔悴　140
生すなはち不生　23
蹤跡　65, 148
消石の日　註**584**. 124
証せざるにはうることなし
　104
笑殺人　132
生前　140
浄禅師　→天童如浄
性相　114
証相　111
消息　46, 89, 101
証則　註**511**. 111
上足　105
『摂大乗論釈』(唐訳)　註**39**
静中　111
勝躅　註**264**. 66
紹定　註**471**. 106
正的　註**565**. 120
正嫡　註**523**. 113
正伝　註**22**. 5, 76, 81, 87, 92,
　93, 105, 107, 108, 139, 154
上天　67
上天為雨露　60
正伝の活路　13
正当　127
承当　註**306**. 76
正道　151
証道　115
上堂　71, 73, 82, 84
成道　註**14**. 28, 37
正当恁麼　94
正当恁麼時　註**65**. 16, 18,
　29, 78, 97, 114, 121
『証道歌』(永嘉玄覚)　註**537**
正当現成　21
正当時　49
生なるわれ　18
小児子　82
証入悟出　註**14**. 111
聖人　124
省念　→首山省念
小梅華　77
定は動かし智は抜く　129
賞罰　159
焼餅　95
生仏　註**11**. 2
証仏　3
成仏　註**14, 519, 563**. 120
少分　74
牆壁　註**192**. 50, 57, 110, 111

牆壁瓦礫　註**618**. 110, 132
正法　註**3**. 76, 77, 84, 107
上方　59, 60
剰法　35
正法眼　註**1**
正法眼蔵　註**1**. 87, 139
『正法眼蔵』(大慧宗杲著)
註**1**
「正法眼蔵・阿羅漢」　No.34.
年*1242*
「正法眼蔵・安居」　No.79.
註**26**. 年*1245*
「正法眼蔵・一顆明珠」
No.4. 年*1238*
「正法眼蔵・恁麼」　No.29.
年*1242*
「正法眼蔵・有時」　No.11.
註**636**. 年*1240*. 26～43.
解234～235
「正法眼蔵・優曇華」　No.68.
年*1244*
「正法眼蔵・王索仙陀婆」
No.81. 年*1245*
『正法眼蔵御聴書』(詮慧)
註**2, 49, 62, 75, 76, 102, 103, 113, 156, 160, 169, 171, 174, 177, 189, 202, 251, 254, 282, 292, 358, 371, 385, 395, 439, 442, 522, 524, 527, 537, 542, 544, 549, 550, 551, 556, 557, 584, 589, 590, 591, 592, 598, 605, 620, 622, 624, 677**. 解230
「正法眼蔵・海印三昧」
No.31. 註**45, 565**. 年*1242*
「正法眼蔵・家常」　No.64.
年*1243*
「正法眼蔵・葛藤」　No.46.
註**336**. 年*1243*
「正法眼蔵・画餅」　No.40.
年*1242*. 91～102. 解236
「正法眼蔵・看経」　No.21.
年*1241*
「正法眼蔵・眼睛」　No.63.
年*1243*
「正法眼蔵・観音」　No.33.
年*1242*
「正法眼蔵・帰依三宝」
No.88
『正法眼蔵却退一字参』
→『正法眼蔵参註』
「正法眼蔵・行持」　No.30.
註**173**. 年*1242*. 134～145.
解238
「正法眼蔵・行仏威儀」
No.23. 年*1241*
「正法眼蔵・空華」　No.43.
年*1243*
「正法眼蔵・供養諸仏」
No.87
「正法眼蔵・谿声山色」
No.9. 註**451**. 年*1240*
『正法眼蔵啓迪』(西有穆山著)
註**10, 88, 129, 157, 163, 181, 183, 184, 231, 250, 252, 407, 408, 415, 434, 487, 530, 533, 534, 536, 553, 567, 583, 610**.
解230, 231
「正法眼蔵・袈裟功徳」
No.12. 年*1240*
「正法眼蔵・現成公案」
No.3. 註**88, 500, 544**. 年*1233*, *1252*. 2～13. 解232～233
「正法眼蔵・見仏」　No.61.
年*1243*
「正法眼蔵・光明」　No.36.
年*1242*
「正法眼蔵・古鏡」　No.20.
年*1241*
「正法眼蔵・虚空」　No.77.
註**157**. 年*1245*
『正法眼蔵語源考』(松浦秀光)
註**1**
『正法眼蔵御抄』(経豪)
註**8, 18, 29, 33, 36, 37, 52, 53, 55, 57, 78, 101, 102, 118, 119, 125, 145, 147, 148, 163, 175, 176, 181, 188, 220, 221, 227, 240, 273, 274, 287, 288, 325, 326, 331, 332, 333, 348, 365, 369, 370, 411, 416, 417, 418, 419, 450, 630, 639**. 解230
「正法眼蔵・後心不可得」
No.19. 年*1241*
「正法眼蔵・古仏心」　No.44.
註**127**. 年*1243*
「正法眼蔵・坐禅儀」　No.58.
年*1243*. 148～150. 解238
「正法眼蔵・坐禅箴」　No.27.
註**42, 43, 458**. 年*1242*, *1243*
「正法眼蔵・三界唯心」
No.47. 年*1243*
「正法眼蔵・三時業」　No.84.
年*1253*
「正法眼蔵・三十七品菩提分法」　No.73. 年*1244*
「正法眼蔵・山水経」　No.14.
註**162**. 年*1240*. 46～70. 解235
「正法眼蔵山水経」真筆本(全久院蔵)　口絵2
『正法眼蔵参註』(本光瞎道著)
註**69, 389**. 解230, 231
『正法眼蔵三百則』(道元)
年*1235*. 解224, 237
「正法眼蔵・三昧王三昧」
No.72. 年*1244*
『正法眼蔵私記』(蔵海)
註**53, 157, 203, 209, 249, 274, 278, 340, 346, 349, 370, 390, 465, 494, 496, 537, 549, 563, 568, 712**. 解230, 231
「正法眼蔵・示庫院文」
No.82. 年*1246*
「正法眼蔵・嗣書」　No.16.
年*1241*
「正法眼蔵・自証三昧」
No.75. 註**89**. 年*1244*
「正法眼蔵・四禅比丘」
No.90
「正法眼蔵・十方」　No.60.
註**49, 156**. 年*1243*
「正法眼蔵・四馬」　No.85
「正法眼蔵・重雲堂式」
No.5. 註**91**. 年*1239*
「正法眼蔵・受戒」　No.94
「正法眼蔵・授記」　No.32.
年*1242*
「正法眼蔵・出家」　No.83.
年*1246*
「正法眼蔵・出家功徳」
No.86
『正法眼蔵述賛序』(面山端方)
解231
「正法眼蔵・春秋」　No.66.
年*1244*
「正法眼蔵・諸悪莫作」
No.10. 註**116**. 年*1240*
「正法眼蔵・生死」　No.92.
22～25. 解234
『正法眼蔵渉典続貂』(黄泉無著著)　解230

『正法眼蔵渉典録』(面山端方)
解230
「正法眼蔵・諸法実相」
No.50. 註**476**. 年*1243*
正法眼蔵諸本伝播系統図
229
「正法眼蔵・深信因果」
No.89
「正法眼蔵・身心学道」
No.37. 註**33, 48, 251, 269, 327**.
年*1242*
「正法眼蔵・神通」 No.25.
註**77, 194**. 年*1241*
「正法眼蔵・心不可得」
No.18. 註**573**. 年*1241*
『正法眼蔵随聞記』(孤雲懐奘)
註**455, 458**. 年*1234*, *1238*.
解234
「正法眼蔵・説心説性」
No.48. 年*1243*
「正法眼蔵・全機」 No.41.
註**44**. 年*1242*. 15〜21.
解233〜234
「正法眼蔵・洗浄」 No.7.
年*1239*
「正法眼蔵・洗面」 No.56.
年*1239*, *1243*, *1250*
「正法眼蔵・即心是仏」
No.6. 註**339**. 年*1239*
「正法眼蔵・祖師西来意」
No.67. 年*1244*
「正法眼蔵・大悟」 No.26.
註**638**. 年*1242*, *1244*
「正法眼蔵・大修行」 No.76.
年*1244*
「正法眼蔵・他心通」 No.80.
年*1245*
「正法眼蔵・陀羅尼」 No.55.
年*1243*
『正法眼蔵註解全書』11冊(神保如天, 安藤文英共編)
解230
「正法眼蔵・伝衣」 No.13.
年*1240*
「正法眼蔵・転法輪」 No.74.
年*1244*
「正法眼蔵・道心」 No.93.
註**37**
「正法眼蔵・道得」 No.39.
註**662**. 年*1242*
「正法眼蔵・都機」 No.42.
年*1243*
『正法眼蔵那一宝』(老卵著)
註**19, 114, 116, 180, 181, 220, 446, 597**. 解230, 231
「正法眼蔵・如来全身」
No.71. 年*1244*
「正法眼蔵・梅華」 No.59.
年*1243*. 71〜90. 解235〜236
「正法眼蔵・柏樹子」 No.35.
註**57**. 年*1242*
「正法眼蔵・鉢盂」 No.78.
年*1245*
「正法眼蔵・八大人覚」
No.95. 年*1252*, *1253*
正法眼蔵付属摩訶迦葉 80
『正法眼蔵闢邪訣』(面山端方)
解236
「正法眼蔵・仏経」 No.52.
註**162**. 年*1243*
「正法眼蔵・仏教」 No.24.
註**22, 162, 613**. 年*1241*, *1242*
「正法眼蔵・仏向上事」
No.28. 註**368**. 年*1242*
「正法眼蔵・仏性」 No.22.
註**517**. 年*1241*. 113〜133.
解237〜238
「正法眼蔵・仏祖」 No.15.
年*1241*
「正法眼蔵・仏道」 No.49.
註**566**. 年*1243*
「正法眼蔵・徧参」 No.62.
註**107, 176**. 年*1243*
『正法眼蔵弁註』(天桂伝尊著)
註**26, 33, 114, 167, 199, 256, 599, 695, 696, 697**. 解230
『正法眼蔵弁註調絃』(天桂伝尊著) 解231
「正法眼蔵・辦道話」 No.1.
註**33, 42, 50, 53, 89, 146, 177, 386, 412, 455, 510, 563, 684, 685**. 年*1231*. 104〜112.
解233, 236〜237
「正法眼蔵・菩提薩埵四摂法」
No.45. 年*1243*. 151〜160.
解238
「正法眼蔵・法華転法華」
No.17. 註**175**. 年*1241*
「正法眼蔵・法性」 No.54.
年*1243*
「正法眼蔵・発菩提心」
No.70. 年*1244*
「正法眼蔵・発無上心」
No.69. 年*1244*
「正法眼蔵・摩訶般若波羅蜜」
No.2. 註**326**. 年*1233*. 解233
「正法眼蔵・密語」 No.51.
註**55, 103**. 年*1243*
「正法眼蔵・無情説法」
No.53. 年*1243*
「正法眼蔵・夢中説夢」
No.38. 註**47**. 年*1242*
「正法眼蔵・面授」 No.57.
註**329**. 年*1243*
『正法眼蔵聞解』(面山端方述)
註**12, 34, 43, 44, 118, 122, 130, 132, 133, 147, 161, 170, 183, 190, 199, 208, 229, 232, 233, 242, 248, 257, 273, 277, 280, 283, 289, 291, 295, 300, 313, 317, 323, 324, 327, 328, 330, 334, 340, 345, 352, 366, 368, 372, 378, 379, 386, 387, 396, 403, 405, 406, 409, 410, 436, 440, 449, 452, 457, 459, 463, 464, 486, 495, 500, 504, 512, 515, 516, 528, 529, 535, 545, 546, 548, 552, 554, 571, 572, 575, 581, 586, 596, 603, 612, 614, 618, 625, 627, 633, 634, 635, 658, 671, 676, 707, 708, 713, 723, 727**. 解230, 231
「正法眼蔵・唯仏与仏」
No.91. 註**180, 667**
「正法眼蔵・礼拝得髄」
No.8. 註**41**. 年*1240*
「正法眼蔵・竜吟」 No.65.
年*1243*
正法輪 65
証明 153
生滅 註**30, 166**. 2
正門 104
小聞 50
声聞 註**141**. 54, 60, 92
少聞薄解 132
生也全機現, 死也全機現 19
情量 101, 118
少林(寺) 註**142**. 77
丈六金身 註**99**. 27, 33, 34
丈六八尺 註**96**. 26, 30, 31

諸縁　145, 148
所呵　51
蜀錦和璧　註**357**. 84
濁乱　144
所解　54
所見　64
諸見　58
所居　64
所作　154
所在　130
諸山　53, 55, 56
諸時　33
所住　59
諸聖　115, 118
所成　59
初心　117
諸水　54, 58
所積　50
初祖　→菩提達磨
諸祖　108, 134
諸象　58
所知覚　60
所陳　註**218**. 55
諸人　152
所不肯　51
諸仏　註**5, 386**. 2, 3, 51, 91, 104, 108, 109, 112, 115, 117, 122, 134, 135, 136, 142, 143, 154
諸仏出現於世　73
諸仏如来　註**452**. 104, 109
諸仏の大道　15
諸法　註**3**. 2, 59, 111, 136
諸法実相　77
諸法の仏法なる時節　2
助発　110
諸無の無　123
諸物　91
所用　94
諸類諸頭　36
諸類の水　58
思量　註**687**. 17, 60, 62, 88, 109
思量箇不思量底　註**687**. 150
地輪　註**206**
師礼　66
心　註**18, 196**. 58
身　58
神　註**615**. 158
心意識　100, 117, 148
尽有　32, 35
尽有尽界　29
尽界　28, 32, 34, 37, 73, 78, 79, 101, 115
尽界は心地なり　註**327**. 79
人間　139
心境　註**512**. 111, 114
真訣　107, 108
深広　80
神光慧可　→大祖慧可
尽虚空　109
真箇の動著　註**548**. 118
親覲　94
審細　37, 47, 51, 97, 130, 136
真際大師　→趙州従諗
深山　137
新枝　79
唇歯　150
尽時　29, 35
真実　106, 107
真実人体　57
尽十方　82
尽十方界　100
親子並化　註**202**. 52
人舎　138
新州　註**561**
神秀　人**11**. 註**680**
『晋書』　註**719**
新条　83, 136
身心　6, 9, 18, 49, 62, 63, 64, 65, 77, 96, 102, 108, 135, 142, 150
甚深　111
身心脱落　108, 109
深深たる海底に行く　26
『信心銘』(僧璨)　人**8**
身心を挙す　4
神頭鬼面　92
親曽見仏　86
身相心性　57
神足　107
進退　37, 57
尽大地, 尽虚空　18, 19
神丹(国)〔震旦・真丹〕　註**482**. 107, 119
心地　79, 154
真智　92
尽地　28
塵中格外　註**40**. 9
神通　註**77, 167**. 20, 115
神通光明　20
心転物, 物転心　註**713**. 154
真如　註**401**
心念　60
深般若　109
真筆本(『正法眼蔵』)　解230
真父　137
神変神怪　72
進歩　註**45**. 11, 49
心法　97
尽法　101
尽法界　62
身命　137, 143, 155
甚妙不可思議　110
心目　99
親鸞(聖人)　註**520**. 解222, 234
真理　註**2, 3, 49, 401**. 解218
身力　153
尽力　36
真竜　註**277**. 68

す

睡　139
『瑞応経』　註**307**
水火　110
随喜　154
髄吾得汝　註**358**. 84
水上　56
水是水功徳　69
推度　123
水中の風流　67
水陸の衆　36
水輪　註**206**
随類　58
随類の諸水　註**230**. 58
嵩山　註**142**. 77
数軸　97
杜撰のやから　53
頭頭　10
頭頭物物　28
頭陀　138, 140
頭然をはらふがごとく　註**678**. 149
僧迦僧泥　註**649**. 139
僧泥沙者傴　註**650**. 139

せ

是　註**144**. 38, 39, 85
清　71

青黄赤白　→ショウオウ
聖化　66
誓行　註**647**
斉肩　118
青原行思　人**13**.註**281**,**282**.33,107
聖賢高徳　66
清香　72
青山　註**169**.46,47,48,49
青山常に運歩し石女は夜児を生ず(青山常運歩石女夜生児)　47,51,52
青山白雪　97
聖人　64,67
精神の動揺　註**14**
斉整　149
青丹　94
西天二十八祖　→サイテン
西来　79
精藍　註**642**.138
青緑　96
世界　註**62**.34,61,68
世界裏の華開　註**176**.48
石烏亀　註**426**.97
脊骨　149
赤心　118,122
尺寸　8
石霜楚円　註**538**
石頭希遷(無際大師)　人**15**.註**139**,**675**.33,38
尺璧　註**668**.143
世間　65
世親(ヴァスバンドゥ)　註**28**,**555**
世人　135
世世生生　155
世俗　126,155
世尊　註**150**.113(→釈迦牟尼仏)
切　註**402**
説一切有部(略：有部)　註**28**,**593**
絶学無為の閑道人　註**476**
殺活の因縁　註**227**.57
雪宮　77
質礙　註**576**.123
葉県帰省　人**32**.40
説時　141
説著　63,98,127
説取　144
説心説性　註**197**.51
雪山　註**319**.77
截断　109
説道　47
刹那　註**444**.100
説の時行路無く，行の時説路無し　141
説法　131
雪峰義存　人**28**.註**662**,**665**,**666**.141
節目　註**466**,**487**.105,107
雪裏梅華　73,76,78,81
節量　149
説話　82
専一　38
善会　→夾山(カッサン)善会
全跏　149
宣鑑　→徳山宣鑑
全機　註**62**.20,21
「全機」の巻　→「正法眼蔵全機」
全機現　17,20,21
善巧　註**718**.121,156
善巧方便　87,144
千曲万重色　註**376**.89
先賢　144
千眼　註**321**.77
全現成　15,50
全公　→仏樹明全
千光房　年*1212*
千功万徳　註**377**(→功徳)
前後際断　註**29**.6
善根　152
銭財　138
前際　註**29**
先師(天童如浄)　71,83,87,88,99
禅師　22
先師古仏　73,74,75,82,84,85,86,87,88
先師天童古仏　→天童如浄
禅師峰(越前)　年*1243*
善種　152
禅宗　解219,220,224
千種万般　58
禅定　註**456**
先人の教え　解222
船子徳誠　人**21**.註**270**,**271**.67
前生のたから　151
先達　120
『選択本願念仏集』(法然)　解222
前程　註**100**.27
先哲　106
先徳　54
染汚　135
禅話　53
先尼　註**24**,**543**.116
詮慧　解227,234,236
尖筆頭　87
全表裏　78
千変万化　96
訕謗　138
千峰万峰　31
善也不思量，悪也不思量　148
宣揚　111
禅林　註**475**.106
禅を越えた禅　註**162**

そ

僧　13,54
象　註**109**
『雑阿含経』　註**361**
『草庵歌』(石頭希遷)　人**15**.註**598**
『増一阿含経』　註**400**,**699**
雑穢　109
僧家　74
霜華　105
(雑華)蔵海　解230,231
僧伽梨　註**643**
相礙　92
曹谿山大鑑禅師　→大鑑慧能
(大慧)宗杲　人35
僧璨　→鑑智僧璨
相似　126
『荘子』　註**265**,**669**
僧食　140
壮士の臂を屈伸するがごとく　註**75**.20
僧衆　153
増長　155
騒人　75
倉卒　123
相待　95
相対　91
帀地漫天　134
宋朝　55,75,117

宋土　54
曹洞禅　解225
曹洞宗　註**492**. 107
蔵に蔵山する　註**280**. 70
相符　101
相逢　57, 88, 95, 102
双放双収　125
草木　50, 71, 72, 73, 110, 111, 118, 157
叢林　註**475**
楚円　→石霜楚円
即　20
俗　52, 54, 60
側耳　94
速疾　100
即此離此　註**160**. 42
『続伝灯録』　註**154**
祖師　98, 105
祖師西和尚　→明菴栄西
祖師西来　108
祖師西来意　註**142**, **426**, **662**. 38
祖師本来茲土　73
祖宗　91, 93
祖祖　107
その人　註**573**. 122
作麼生(ソモサン)　124, 130, 132
そら(空)　10, 11
酥酪　註**61**. 14
某甲(ソレガシ)　38
尊儀　75
存在時間　註**92**
尊者　85, 107, 138
尊宿　註**161**. 43
飡食　157
存没　135

た

多　20
他　12, 158
態　158
大安楽の法門　150
大医道信(四祖)　人**9**. 122
大慧宗杲　人**35**
大和尚　71
大海　9, 100
大鑑慧能(曹谿山大鑑禅師・六祖)　人**11**. 註**162**, **401**, **510**, **548**, **561**. 107, 119, 121, 122, 123
大解脱地　109
太原孚上座　人**29**. 89
大悟　註**14**. 3, 38, 54, 90, 101
醍醐　139
大悟話　註**428**. 97
大光明　111
滞言滞句　51
太子　67
大死　101
大枝　79
大師　107, 113
大師釈尊　→釈迦牟尼仏
大寂禅師　→馬祖道一
大衆　40, 84
『大集経』　註**80**
大小　118
大聖　51, 64, 66, 99
大乗　註**141**
『大乗起信論』(馬鳴)　註**18**
大乗思想(仏教)　註**28**, **510**. 解218
大宋(国)　53, 74, 105, 106, 108
大祖慧可(神光・慧可大師・二祖)　人**7**. 註**336**. 107
大尊貴生　註**337**. 80
『対大己五夏闍梨法』(道元)　年*1244*
大地　14, 77, 135
大地有情同時成道　137
大地高天　72
大地虚空　26, 135
『大智度論』　註**674**
大道　15
第二人　115
大梅法常　人**23**. 註**81**
太白峰　105
太白名山　71
第八祖　註**646**(→摩訶迦葉)
『大般涅槃経』　→『涅槃経』
『大般若経』　註**136**, **678**
『大比丘三千威儀経』　註**647**
大仏寺(永平寺)　年*1243*, *1244*. 解236
『大仏寺辨道法』(道元)　年*1245*
『大宝積経』　註**235**, **699**
退歩歩退　49
『大梵天王問仏決疑経』　註**1**, **143**
大満弘忍(五祖)　人**10**. 註**680**. 119, 121, 122, 149
大迷　3
対面不相識　88
大陽山楷和尚　→芙蓉道楷
宝　69
薪(たきぎ)　註**28**. 6, 7
他己　5, 57
多劫の功徳　145
他国跉跰の窮子　註**640**. 137
打坐　108
他受用　註**456**
他生　143
只一枝　73, 78, 80, 81
奪却　91
脱体　42, 82, 127
達彼達此　118
脱落　註**20**, **575**. 5, 83, 108
拕泥滞水　註**617**. 132
他人　127
多般　59
他法　41
他類　65
達磨　→菩提達磨
丹臒　註**407**. 94, 96
端坐　108, 109, 150
端坐参禅　註**458**. 104
断絶　134, 135
短促　16, 27
端的　91
単伝　104, 107, 108, 114, 120
檀度　註**704**. 153
檀波羅蜜　154
団圝　註**324**. 78

ち

地　59
智慧　100
知覚　105, 110, 117
知及　93
畜生　54
竹声　101
地華　77, 78
知見　63, 64, 65, 67, 109
知識　105, 106, 108
知者　117
治生産業　153
地水　62
地水火風空　58, 100

地石　52
馳走　143
遅遅たる華日　144
地中　68
知而　127,128
痴人　132
著　註**101**.544
著眼看　56
チャクラ　註**31**
『中阿含経』　註**111**
中国語　解223
忠国師　→南陽慧忠
中国禅　解219
中国禅宗関係地図　205
註釈書　解232
中世文化　解221
仲冬　71
中道　註**8**.解219
昼夜　148
『中論』(竜樹)　註**28,29,30,111**
超越　註**10,575**
長遠　16,27
長河　14
超関脱落　註**465**.105
長久　100
張玄素　註**717**
聴許　74,93
超古超今　64
張三李四　註**97**.26
長沙景岑　人**19**.註**451,616**.128
聴取　4
跳出　註**10**.2,57
長短の図　101
長短方円　96
長短を超越　99
長竹　99
長長出　5
調度　101
聴得　98
頂䫌　註**255**.51,56,58,65,113
超仏越祖　98
重宝　143
頂門　71,72
頂門限　76
塚間　139
覰見　28,99
枕上　89
珍重　註**714**.155
朕兆未萌　註**166**.46
朕兆未萌已前　54
沈溺　50

つ

通　註**389**.92
通源　解228
『通玄真経』(伝辛鈃著)　註**239**
通達　12,47,62,134
通路　57
月　5,8

て

底　註**656**
帝王　159
泥龜　註**422**.96
低下　50
弟子　85
嫡嗣　40,138
趯出　56
滴露　8
鉄漢　98,124
鉄牛　38
徹見　註**14**
鉄拄杖　97
徹通義介　→義价
手を背にして枕子を摸る　註**76**.20
天　30,54,55,158
天雨　註**310**
天雨曼陀羅華　註**308**.76
転境転心　註**196**.51
天下　107
天華　76
天桂(伝尊)　解230
天月　8
伝持　107
田地　註**108**.29
展事役機　註**435**.98
天衆　36
天上　152
天上天下唯我独尊　註**307**.76
天真　109
転身転心　81
天真の師範　註**219**.55
『伝心法要』(黄檗希運)　人**24**
天石　52
転疎　117
典座　註**384**.90
『典座教訓』(道元)　年*1237*
天地　73,100
展転広作　註**506**.110
天堂　73
天童(山)景徳寺　年*1223*,*1225*,71
天童如浄(浄禅師・先師古仏)　人**36**.註**284,470**.年*1225*,*1227*.71,83,86,105.解223,225
『天童如浄禅師続語録跋』(道元)　年*1241*
天王天衆　36
転法　122
転法輪　註**31**.113
転物物転　註**451**.102
転輪聖王　註**268**(→輪王)
天を補す　註**201**.52

と

度　註**704**(→檀度)
東　註**205**(→東山水上行)
討　註**302**(→討掛塔)
到　41,42,80
道　註**525**.32,46,53,65,67,73,92,97,113,123,124,131,136,141,144,152,159
動　129
道一　→馬祖道一
到恁麼　29
堂奥　註**253**.64,74,75
当隠　136
道楷　→芙蓉道楷
同学同参　136
討掛塔　註**302**.74
東漢　註**486**.107
道環　註**622**.134,135
透関の時　36
道元禅師　註**2,89,198,455,472,520**
道元禅師像(宝慶寺蔵)　口絵1
『道元禅師清規』　註**684,685**
同語　110
道吾　註**76**
道業　51
東西　37
同参　12,120,136

東山水上行　　註**205**. 49, 50, 51, 52, 55
洞山良价(悟本大師)　　人**26**. 註**402, 442, 549, 626**. 140
『洞山録』　　註**626**
導師　　107
同死　　119, 136
道旨　　86, 125
同事　　註**694**. 151, 157, 158, 160
道事　　112
到事到時　　79
同時発心，同心発時　註**103**. 28
到時未了なりといへども，不到時来なり　　41
道著　　51, 56, 59, 63, 95, 98, 130
動著　　註**129**. 35, 50, 117
同修　　112
道取　　註**73**. 19, 39, 43, 69, 78, 82, 93, 98, 99, 120, 121, 122, 123, 126, 129, 130, 131, 132, 142
当処　　100
到処　　註**328**. 79, 80
『唐書』　　註**724, 725**
同生　　12, 17
堂上　　71
道成　　94
道場　　109
動静　　56, 117
等正覚　　註**14**. 109
同生同死　　119, 136
道信　　→大医道信
道尽箇　　82
東漸　　79
唐・太宗　　註**717**
透体脱落　　116
透脱　　註**63, 208, 232**. 15, 46, 47, 51, 53, 55, 58, 63
冬暖夏涼　　148
東地　　107, 113
東地の五代　　81
道底　　97
東土六祖　　80
道徳　　註**167**. 47
道得　　註**132**. 36, 122, 126, 127, 130, 141
撞入　　126, 127
当人　　110
道念　　106
道は成じて白雪千扁し去り，画き得て青山数軸来る　　97
唐・武宗　　註**271**
蹈翻　　10
稲麻竹葦　　註**547**. 117
道膺　　→雲居道膺
同余界　　註**723**. 157
到来の時節　　131
道理　　6, 13, 28, 30, 40, 48, 50, 52, 83, 153
統領　　151
燈籠　　26
土塊　　註**422**. 96
吐却　　註**116**. 31
徳　　66, 158
得一法，通一法　　12
得開　　86
独覚　　→縁覚
得悟　　註**14**. 3
徳山宣鑑　　人**28**
禿子　　54
得著　　74
毒手　　124
得処　　13
独処　　138, 139
徳誠(和尚)　　→船子(センス)徳誠
特地　　136
得道　　註**14**. 22, 73, 97, 106, 152, 154
得本　　註**173**. 47
ところとしていた(到)らずといふことなき道理　　13
度取　　143
吐出　　89
土石　　50
土地　　110, 111
とぶらふ　　註**368**. 87
途中　　126
ともなり　　17
鳥　　10
度量　　27
呑却　　註**116**. 30
曇華　　76
曇晟　　→雲巌曇晟

な

内外　　110, 114, 119
内外の典籍　　62
乃至　　71, 72, 73
『那一宝』　　→『正法眼蔵那一宝』
ナーガルジュナ　　→竜樹
那竿恁麼長を得る　　註**447**. 101
那畔　　註**182**. 49
南岳懐譲　　人**12**. 註**510**. 107. 解223
難行道(自力)　　註**89**. 解234
南宗禅　　人**11**. 註**162**
男石女石　　註**200**. 52
南泉の鎌子話　　註**210**. 53
南泉普願　　人**16**. 註**210, 541**. 53
難得難聞　　註**566**. 121
南北の言　　122
南陽慧忠(忠国師)　　註**192**. 445

に

二位　　107
肉　　139
而今　　30, 31, 40, 46, 59, 73, 76, 79
而今の山水は古仏の道現成なり　　註**163**. 46
而今の到処　　註**328**. 79
西有穆山(瑾英)　　解227
二十八巻本(『正法眼蔵』)　解226〜227(表), 228(Ｂ)
二乗　　註**141**. 99
二祖　　→大祖慧可
日深月深　　128
日本語　　解224
『日本国越前永平寺知事清規』(道元)　　年*1246*
日本達磨宗　　解235
若　　註**262**. 65
入画図　　87(→画図)
乳水　　56
入泥入水　　33
入之一字　　127
乳餅　　95
入仏入魔の分　　註**436**. 98
如去　　142
如今　　89
如実　　51
如浄　　→天童如浄

『如浄和尚語録』　註**286**, **298**, **342**, **350**, **356**, **361**, **367**, **373**, **437**
如是　註**401**. 93(かくのごとく)
如是実相　註**279**. 69
汝得吾皮肉骨髄　註**529**. 114
汝得は吾髄なり　註**336**. 80
如如　註**401**
如来　註**150**. 40, 65, 76, 77, 139, 140, 142, 151, 157
如来正法輪　65
如来は常住にして変易あることなし　113
ニルアートマ　註**8**
人有南北なりとも仏性無南北なり(人有南北仏性無南北)　122, 123
人見　59
人間　註**62**. 63, 66, 152, 157. 解220
人間のさかひ　67
人中　73
人天　56, 65, 73, 76, 77, 107, 117, 138
人天華　73
『人天眼目』(智昭編)　註**143**
忍辱　138
人人　104
人は作仏すとも仏性は作仏すべからず　122
人法　101
人里　74
人慮　67

ぬ

奴婢　143

ね

涅槃　註**14**, **30**, **80**, **125**. 23, 34, 36, 134
『涅槃経』(『大般涅槃経』)　註**262**, **319**, **519**, **520**, **521**, **543**, **611**. 解223
拈一　註**256**. 65
拈華　40, 84
拈華微笑　註**143**(→揚眉瞬目)
拈拳頭　118
念想観　148
拈出　88, 95
拈ずる　註**242**. 62, 76
念仏　108
拈放　註**575**. 123
念慮　53, 54, 55
年老　140

の

能経歴の法　37
濃血　57
能受　註**698**. 152, 153
能成　59
衲僧　71, 72, 114
乗物　註**141**(→三乗十二分教)

は

馬　註**155**. 41
はひ(灰)　6, 7
「梅華」の巻　→「正法眼蔵梅華」
梅開早春の道　82
梅華満旧枝, 梅華全旧枝　83-84
拝請　66
拝問　66
排列　註**102**. 28, 34
破顔　76, 84
破鏡　137(→磨鏡破鏡)
白屋　145
波斯匿王(プラセーナジット)　人**4**. 84, 85, 86
芭蕉　99, 100, 101
馬祖道一(江西大寂禅師)　人**14**. 註**143**. 33
『馬祖道一禅師語録』　註**143**
波多野広長　年*1245*
波多野義重　年*1242*, *1243*, *1250*, *1253*. 解233
鉢盂　註**644**(→一盂)
八十三巻本(『正法眼蔵』)　解228(C)
八十四巻本(『正法眼蔵』)　解226～227(表), 228(C)
八旬の仏寿　137
白居易　註**724**
八不　註**30**(→不生)
発明　83
華　57
はな(放)ちわす(忘)る　24
はな(放)てばて(手)にみ(満)てり　104
華は愛惜にち(散)る　註**12**. 2
太(はなはだ)無端　71
はな(花)を風にまかす　153
波羅蜜　註**704**(→檀度)
春　37
春の経歴はかならず春を経歴するなり　37
春は梅華に在りて画図に入る　86
半菴羅果　153
半有時　35, 43
晩学　76, 117
半跏趺坐　149
半究尽の有時　35
半箇の聖人　124
万古不移　83
半座　140
万事　148
磐石　註**675**. 148
万春　82
万象百草　28
般若　註**54**. 105(→慮知)
『般若心経』　註**30**
般若多羅(プラグニャータラ)　註**290**
万法(マンボウ)　註**3**. 2, 3, 4, 6, 9, 69, 82, 91, 98
万法ともにわれにあらざる時節　2
万法に証せらる　4
万物　82, 109
万物咸新　82, 83
万物潜蔵　89

ひ

飛去　31
比丘(僧)　註**648**. 138
ひげ　153(→註**702**)
臂韝　84
鼻孔　71, 114
比準　67
非情にあらず　註**180**. 48
非思量　150
皮袋　註**131**. 35, 82, 126, 127, 128, 144
被中　139
畢竟　55, 59

ひと(人)　157, 158
ひととき(一時)のくらゐ(位)
→一時(イチジ)のくらゐ
人に逢ふ　註**14**
非男女石　52
皮肉　92
皮肉骨髄　註**207**. 53, 65, 74, 114
誹謗　50
眉毛を策起す　註**361**. 85
眉目　39
百億華　註**313**. 76
百歳　143
百雑砕　118
辟支仏　註**654**. 140
百丈懐海　人**14**
百千劫　37
百千世界　37
百千万劫　142
百大劫　83
百頭　112
餅　94, 95, 96
病雀　註**720**. 156
標準　104
表裏　80
表裏団圝　註**324**. 78
毘盧舎那仏　註**36**
非流　69
東をむいて百千世界をゆきす(過)ぎて　註**136**. 37
賓頭盧(ピンドーラ・バラドヴァージャ)　人**3**. 84
貧道　註**474**. 106

ふ

趺　註**682**(→跏趺)
不違　157
不恁麼　40, 129
風　108
風煙　148
風火　註**544**. 117
風火未だ散ぜず(風火未散) 129, 131
風規　106
風性　註**59**. 13
風性常住，無処不周　註**59**. 13
風水　110, 137, 157
風中　68
風流　註**269**. 67, 124
風輪　註**206**. 59
不壊　40
不会　註**109**. 136(→会象不会象)
父王　66
不覚不知　註**175**. 48
不可誇　註**292**. 72
不可思議　110
不可称量　110
不管　94
不堪　130
普願　→南泉普願
『普勧坐禅儀』(道元)　註**464**. 年*1227*, *1233*
不教伊　註**148**. 39
伏惟大衆(伏して惟れば大衆)　註**348**. 82, 83
不空　註**557**. 119
覆蔵　127
不去　142
布薩説戒　年*1247*
不思議　51
不死人　127
不修　145
不受一塵　116
不充飢　95
不生　註**30**. 7, 23, 94
不思量　148
不審　註**715**. 155
不進退　37
布施　註**691**, **704**. 151, 152, 153, 154
不是　註**144**, **148**. 38, 39
浮世　144
不染汚　150
不染汚の行持　註**14**
布僧伽梨　138
不曽染汚　134
付属嫡嫡　80
不退転　155
不退不転　139, 157
ふち(淵)　59
不知覚　60
不張不微　150
仏　註**5**, **150**. 3, 34, 59, 96, 140. 解218
仏有　註**594**. 126
仏会　140
仏儀　138
仏経　62
仏教　解221
『仏境界経』　註**687**
『仏教に於ける時の研究』(中山延二)　註**111**
仏化　110, 111, 112
仏家　107
仏語　114
仏向上　110, 129
仏国　86
仏国土　61
仏寺　139
仏事　110, 111
仏寿　註**641**. 137
仏住　135
仏樹明全(建仁の全公・全公)　人**38**. 年*1217*, *1221*, *1223*, *1225*. 105
仏性　註**57**, **519**. 60, 114, 117, 119, 120, 123, 130, 131, 132
「仏性」の巻　→「正法眼蔵仏性」
仏成　135
仏之与性，達彼達此　118
仏性は成仏よりさき(先)に具足せるにあらず，成仏よりのち(後)に具足するなり　120
仏心　註**162**. 135
仏身　109
仏心印　註**490**. 107
仏心宗　解218
仏舌　114
仏祖　註**150**, **172**, **190**. 47, 49, 50, 51, 53, 54, 60, 61, 62, 63, 64, 87, 93, 101, 113, 114, 115, 126, 129, 134, 142, 144, 145
仏祖華　73
仏祖正伝菩薩戒　年*1225*, *1235*, *1247*
仏祖世界　68
仏祖に正伝す　註**370**. 87
仏祖の骨髄　55, 142
仏祖の児孫　60
仏祖の身心　142
仏祖の大道　54, 134
仏祖の道業　51
仏祖の面目　142
仏祖の面目骨髄　註**667**

仏祖不出現　49
仏智慧　112
仏印(ブッチン)　註**490**, **495**, **496**. 107, 109
仏転　7
仏土　61
仏道　2, 12, 37, 62, 64, 155
仏道の児孫　120
仏道をならふ　4
仏徳　110
仏となるやす(易)きみち(道)　25
仏如来　76
仏の教え　註**3**(3)
仏の御いのち(命)　24
仏の十号　註**429**
仏非　註**626**. 135
仏仏祖祖　135, 149
仏法　註**3**. 2, 7, 12, 13, 23, 30, 98, 107, 108, 109, 110, 120, 128
仏法伝来　107
仏法の証験　13
仏法不到今日　49
仏面祖面　註**546**. 117
不到　41, 42
不同　57, 58
不道　102
不動転　37
不得　50, 102
蒲団　149
不貪　151
ふね(舟・船)　6, 9, 18
舟の機関　18
舟の時節　18
ふね(舟)のほかにわれなし　18
普遍的真実　註**3**(1)
『付法伝』　註**1**
父母妻子　154
父母所生の面目　註**403**. 94
父母未生の時　註**166**(→空劫已前)
父母未生の面目　註**404**. 94
不滅　註**30**. 7, 23
芙蓉道楷(大陽山楷和尚)　人**34**. 47
不用得　127
不来　142
プラセーナジット　→波斯匿王
不流　65, 69
不立文字　註**162**. 解235
文偃　→雲門文偃
分上　104
分別　60
分別智　註**54**(→慮知)

へ

平常心是道　註**541**. 116
米麺　94
『碧巌集』　人**35**
遍界　16, 115
徧界我有　註**539**. 116
徧界不曽蔵　註**538**. 115
便宜　95, 153
変怪　71
辦肯　6, 42
辺際　5, 10, 109
辺事　128
辦取　8
『弁註』　→『正法眼蔵弁註』
辦道　58, 83, 97, 105
辦道功夫　97
「辦道話」の巻　→「正法眼蔵辦道話」
辺表　註**250**. 63
遍方　105
遍法界　109, 110
変易　113

ほ

方　9
法　註**3**, **459**. 5, 9, 33, 104, 107, 110, 151, 152, 153. 解218
逢(我逢人, 人逢人, 我逢我, 出逢出)　42
暴悪の言語　155
法位　註**28**. 6, 34, 46
法雨　118
暴雨　71, 72
方円　10
法演　→五祖法演
法王　67
包含　144
傍観　63
傍観者　124
抛却　123
『宝鏡三昧』(洞山良价)　人**26**
方隅法界　62
放下　106
豊倹　註**9**. 2
法眼宗　註**492**. 107
宝財　137
放捨　148
報謝　153, 156
法常　→大梅法常
北条時頼　年*1247*
法術　150
謗する　65, 69
方迹　27
法蔵(賢首大師)　註**36**
宝徹　→麻谷(マヨク)宝徹
法道　75
法爾　115
法然(源空)　解222
法の辺際を離却す　5
方便　54, 156
忙忙業識幾時休　註**537**. 115
法ほとけ(仏)をと(説)く　註**613**. 131
法門　150
法益をかうぶる　73
法楽　109
法輪　7, 73, 76, 109
『宝林伝』　註**1**
法輪のさだ(定)まれる仏転(転法輪)　註**31**. 7
方路　124
穆山　→西有穆山
北宗禅　人**11**. 註**162**
睦州(道明)　註**2**
卜度　131
北斗　23
菩薩　註**141**, **564**, **690**. 92, 154
補治　138
菩提　註**14**, **124**. 34, 36, 93, 115, 134
菩提薩埵　略：菩薩
「菩提薩埵四摂法」の巻　→「正法眼蔵菩提薩埵四摂法」
菩提達磨(初祖, ボーディダルマ)　人**6**. 註**142**, **291**, **336**, **358**, **458**, **523**. 107
法界　49, 61, 62, 68, 97
法界中尊　76
『法句経』　註**663**
『法華経』(『妙法蓮華経』)　註**263**, **640**, **665**, **716**

発心　28, 34, 105, 134, 135
払子　26
発足　29
ほとけ(仏)　註**5**. 22, 23, 24, 25, 104, 154
ほとけ(仏)の御いのち(命)　24
ほとけ(仏)のこころ(心)にいる　24
ほとけ(仏)法をと(説)く　131
保任　註**113**, **132**. 30, 36, 63, 134
歩暦　100
本有　114, 116, 136
本郷　106
本具　151, 153
凡愚庸流　61
梵語　註**3**
本光(瞎道)　解230
稟持　106, 108
本地　註**497**. 109
稟受　142
本修行　112
本証　註**14**. 110
凡聖　77, 101, 111
凡聖等一　註**512**
凡聖の情量　註**446**. 101
本証妙修　註**510**
本水　註**229**. 58
梵清(太容)　解228
『本草綱目』　註**702**
煩悩　註**535**
凡夫　註**5**. 30, 33, 36, 63, 118, 119
凡夫の時節　30
凡夫の法　註**118**. 33
本分人　5, 74
本分人となる　註**14**
本面目　112
本来人　132
本来の面目生死なし　86, 109
本来本法性，天然自性身　註**59**. 解225
凡流　111

ま

毎物毎事　27
摩訶　註**309**
摩訶迦葉(迦葉尊者・第八祖・マハー・カーシャパ)　人**2**. 註**1**. 80, 84, 107, 138, 139, 140
磨鏡破鏡　註**638**. 137
驀箚(マクトウ)　71, 72
莫離　127
魔子　54
松も時なり竹も時なり　31
末法(思想)　解220, 222
まど(惑)ひ　2
摩尼珠　註**226**. 57
麻油　139
迷ひ　註**14**
迷ひからの解脱(悟)　註**14**
麻谷(マヨク)宝徹　人**18**. 13
満界是有　116
曼殊沙華　註**310**. 76

み

未証拠者　33
微塵　77, 109
水　4, 8, 10, 11, 56, 57, 59, 60, 61, 62, 63, 64, 67, 68
水に月のやど(宿)るがごとし　8
水のいた(到)らざるところ　60
水の道は天に上りて雨露となり，地に下りて江河と為る(文子)　59
未曽有　74
未曽聞の道　73
未朕兆　49
密有　註**55**. 13
弥天　8
微妙　111
命　註**44**(→以水為命)
明菴栄西(西和尚)　人**37**. 註**472**. 年*1214*. 105
名位　92
妙有　114
妙華　57
妙功　47
冥資　109
命者　11
妙声綿綿　112
妙術　104, 108
明星　註**149**. 40
明浄　109
明全　→仏樹明全
妙法　註**3**. 104
『妙法蓮華経』　→『法華経』
名利　106, 144
明歴歴　88
未来　註**29**. 83, 135
弥勒(マイトレーヤ)　註**555**
民間の法　66

む

無　註**8**, **10**, **129**, **585**. 35, 123, 124, 125
無為　註**455**. 109
無我　註**8**, **18**
無間断　110
無窮　110, 158
無間業を招かざることを得んと欲せば……　65
無間地獄　註**247**
無際大師　→石頭希遷
無際了派　年*1223*, *1224*
無始　116
無始劫来　132
無自無他　註**512**
無著(アサンガ)　註**555**
矛盾　解219, 220
無生　註**326**. 78
無上等正覚　註**454**
無上の仏法　105
無上菩提　78, 97
無処不周底　13
無尽　110
無尽法界　112
無数華　71, 72
無造作　110
無想天　註**246**. 62
無対　91
無端　註**287**. 71
無知(迷ひ(1))　註**14**
無道心に慣るる頭は我箇裏に不可也　74
無等等　109
無仏性　122, 123, 132
無分　123
無分別智　註**54**(→慮知)
無無の無　註**572**. 122
無理会話　53, 54
『無量寿経』　註**75**
無量の法　17
無量無尽　83

無をまつ　125

め

目　6, 150
迷　3
迷郷　106
迷悟　2, 56
明日清月　72
明主　158, 159
迷情　79, 111
銘す　65
明窓　145
迷中又迷の漢　3
命脈　註**189, 317.** 50, 77
冥陽　36
迷盧　註**206**
滅　2, 23
滅すなはち不滅　23
面山(端方)　解230
面授　註**363.** 85
面目　36, 49, 74, 91, 142
面面　151
面面満拈華　84

も

妄有　114
妄縁起　115
猛火　57
『蒙求』　註**720**
『毛詩』　年*1206*
妄想　129, 130
沐浴　156
摸揉　36
餅(画に描いた餅)　→「正法眼蔵画餅」
物転心　註**713.** 154
物物　28
『聞解』　→『正法眼蔵聞解』
文子(辛銔)　註**238.** 59
聞著　63, 74, 98, 101
問取　85, 123, 124, 126
問訊　74
問端　85
聞法　121

や

夜　註**199.** 52
薬　101
薬山　註**271.** 67
薬山惟儼(弘道大師)　人**17.** 註**93, 94, 138, 143, 68.** 38
野田中　139
山　31, 40, 47, 48, 50, 64, 65, 66, 67, 69, 70, 158, 159
山是山, 水是水　註**282.** 69
山の山児を生ずる時節　50
山の仏祖となる道理　50
山を愛する人　66

ゆ

唯務坐禅　149
誘引　39
雪漫漫　註**323.** 71, 77, 78
雪を帯びて寒し　85
遊化　104

よ

永嘉玄覚　註**259, 537**
容顔　160
楊光秀　年*1233*. 解232, 233
栄西　→明菴栄西
用心　128
容身の地　148
様子　9, 37, 126
腰帯　84
用大のときは使大なり, 要小のときは使小なり　10
楊梅桃李　86
揚眉瞬目　註**143.** 38, 43
用不著　93
葉落　137
楊柳　84
瓔珞　註**39.** 9, 57
余外　87
良観(伯父)　年*1212*
吉峰の古寺　解236
余者　39
余輩　105
余仏　93
よも(四方)の世界　10

ら

蓏　註**652**(→果蓏)
来　17, 41
礼拝　13, 74, 75, 108
羅漢供養会　年*1249*
羅篭　註**134.** 36
欄堦露柱　63
乱想　6

り

理会　54
理会路　54
離却　5
利行　註**693, 721.** 151, 156, 157
『李嶠雑詠』　年*1203*
力量　87, 91, 100, 102, 122, 123
驪珠　註**669.** 143
李勣(唐)　註**702**
利他　156
『立春大吉文』(道元)　年*1247*
利益　110, 156
流　65, 67, 69
柳眼新条に発し, 梅華旧枝に満つ　83
竜魚　57, 63, 65
竜牙居遁　註**426**
流行　50
流山　註**183.** 49, 50
竜樹(ナーガルジュナ)　註**28**
流水　49, 63
竜蛇　101
流落　69
量　62
良价　→洞山良价
量局　49
両華　71
両浙　註**469.** 105
霊山(霊鷲山の略)　註**479.** 107
両頭　129, 130
繚乱　73
料理　註**249.** 63
慮知　註**54.** 13
輪王　註**268.** 67
臨済義玄　人**25.** 40
臨済宗　註**492.** 105, 107
臨済の挙喝　54
『臨済録』　人**25.** 註**1, 120**
隣談　94

る

累足　149
流演　107
流注　59

流通　59, 107, 110
流布　126

れ

礼儀　155
冷暖　56
嶺南人　註**561**. 119, 120
嶺南人無仏性　119, 120, 121
嶺梅　89
跉跰の窮子　137
霊祐　→潙山霊祐
『列子』　註**201**
『聯灯会要』　註**59, 579, 597, 662**

ろ

驢　註**155**. 41
楼閣　63
老漢　註**150**. 80
老古錐　註**344**. 82
老少の相　註**413**. 95
臘前　89
楼台　57
老梅樹　71, 72
撈波子　註**574**. 123
(父幼)老卯　解230
撈摝　註**574**. 123
露臥　139
六群禿子　註**216**. 54
六十巻本(『正法眼蔵』)
　解226～227(表), 228(B)
六塵　註**233**
六祖　→大鑑慧能
『六祖壇経』　人**11**
六大　註**245**. 62
六道　註**499**. 109
六波羅蜜　154
六波羅蜜寺　年*1243*
驢前馬後漢　註**600**. 127
露柱燈籠　26
論理の展開　解224

わ

わが朝　105
我物にあらず　註**697**. 151
或従経巻　121
或従知識　121
和睦　155
吾常に是において切
　註**402**. 93
われなる生　18
吾に正法眼蔵涅槃妙心あり，
　摩訶迦葉に付属す　註**1**
吾は茲土に本来し，法を伝へ
　て迷情を救ふ　註**329**. 79
『宏智広録』　註**76**. 579
宏智正覚　人**36**. 解223

禅文化学院沿革

昭和三十年、禅文化研究所開設。昭和三十四年四月九日、禅文化研究所を改め発足。以来名古屋市において参禅会、講演会、正法眼蔵研究会等を催す。
名古屋市千種区城山町一-七十二-四　善篤寺内
初代院長中村宗一（元曹洞宗教学部長、元善篤寺住職）

●現代訳 **正法眼蔵**

昭和四十三年四月　一　日　初　版第　一　刷発行
平成　五　年六月二十五日　初　版第二十六刷発行
平成　十四　年六月　三十　日　新装版第　一　刷発行
令和　七　年六月　三十　日　新装版第　八　刷発行

編　者　禅文化学院
発行者　柴田敏樹
印刷者　田中雅博
発行所　株式会社　誠信書房
東京都文京区大塚三-二〇-六（〒112-0012）
電話　〇三-三九四六-五六六六（代表）
URL https://www.seishinshobo.co.jp/

●印刷／製本　創栄図書印刷株式会社

ISBN 978-4-414-10118-8 C 1015